社会网络、社会支持与老年人健康的互动研究

李 莉 著

中国原子能出版社

图书在版编目（CIP）数据

社会网络、社会支持与老年人健康的互动研究 / 李
莉著. --北京：中国原子能出版社，2023.8

ISBN 978-7-5221-2907-5

Ⅰ. ①社… Ⅱ. ①李… Ⅲ. ①社会网络–关系–老年
人–保健–研究②社会保障–关系–老年人–保健–研究
Ⅳ. ①C912.3②C913.7③R161.7

中国国家版本馆 CIP 数据核字（2023）第 163075 号

社会网络、社会支持与老年人健康的互动研究

出版发行	中国原子能出版社（北京市海淀区阜成路 43 号　100048）
责任编辑	白皎玮
责任印制	赵　明
印　　刷	北京天恒嘉业印刷有限公司
经　　销	全国新华书店
开　　本	787 mm×1092 mm　1/16
印　　张	14
字　　数	222 千字
版　　次	2023 年 8 月第 1 版　2023 年 8 月第 1 次印刷
书　　号	ISBN 978-7-5221-2907-5　　　　定　价　**68.00** 元

发行电话：**010-68452845**　　　　　　　版权所有　侵权必究

前　言

我国在早期鼓励生育政策的影响下，目前也开始步入老龄化社会。如果广大老年群体缺乏良好的社会网络和系统的社会支持，很可能出现各种各样的身体健康和心理健康问题。因此，老年人作为社会的弱势群体，迫切需要社会的关注和支援。

研究显示，社会网络关系对老年人的健康至关重要，尤其体现在社会网络类型和社会关系质量对健康的促进作用，拥有社会关系数据量较多、社会关系质量较高的老年人，身心健康状况较好。

还有一些资料表明，老年人从家庭、朋友、邻居、社区和单位等方面获得的支持或援助越多，在社会中受尊重、被支持、被理解的情感需求越易得到满足，其越倾向于利用社会支持，如此生活质量也得到了相应的提高，精神心理状况越好，身体更健康。因此，加强对老年人的社会支持，拓宽和巩固老年人社会网络，不但有利于提高老年人的生活质量，且有利于促进老年人的健康和长寿。

本书第一章从宏观角度对社会网络和社会支持两个方面进行全面介绍和厘定，加深读者对两个内容的认知和理解。第二章主要聚焦于老年人健康问题，内容主要包括老年人生理、心理变化、老年人健康的综合评估、城乡老年人的健康状况、老年人的健康养老服务等。第三章重点阐述了婚姻、居住、经济社会地位、社会变革及生命历程的不同社会要素与老年人健康的关系。第四章至第六章则是基于实证视角，通过数据搜集、变量选择、研究假设及模型构建等方法，对社会网络与老年人健康、社会支持与老年人健康、社会工作与老年人健康等三对关系的互动进行详细描述和解释。

本书不仅论及了老年人社会支持和社会网络的结构，也涉及社会工作介入老年人健康管理，论述了不同支持给老年人提供的动力及不同社会网络下老年人身心状况的差别，最后提出了相应的对策。全书对老年人社会支持、社会网络、健康状况等各方面进行研究，研究从头到尾逻辑严谨，结构完整，文字精练，一切结论都从调查资料的统计分析中得出，没有任何主观的臆测和妄断。由于作者水平有限，书中难免存在疏漏之处，希望广大专家学者和读者朋友批评指正。

目 录

第一章

社会网络与社会支持面面观

第一节　社会网络相关研究

一、社会网络概述

（一）社会网络的概念界定

1. 西方学者对"社会网络"概念的定义

传统社会学倾向于将人看作是独立的个体，并且从角色和行动方式层面来解释个人行为。近年来，社会学家逐渐发现人不是孤立的个体。个体与个体不仅有着密切的联系，这种联系也会深刻地影响双方的行为。20 世纪 40 年代，阿尔弗雷德·拉德克利夫－布朗首次使用了"社会网"概念，将社会结构界定为"实际存在的社会关系网络"。而后科尔曼、格兰诺维特、林南等社会学家取得一系列学术成果，使得这个领域成为学界的新宠。社会网络这个概念被提出后，学界对这个概念的认识不断深入和明确。

1969 年，米切尔将社会网界定为存在于一群特定个体之间的一组独特的联系，这些联系的整体特征可以有效解释这群人的社会行为。这个概念仍较模糊，但是它强调了社会网络相异于个体特征的关系特征，这就道出了社会网络的基本内涵。1973 年，马克·格兰诺维特对社会网络下了一个经典的概念：社会网络就是个体在获得信息、资源及社会支持过程中，可以识别和利用的结构。这个概念影响深远，它提出了社会网络的功能意涵：即为个体提供信息和资源等方面的社会支持。这个定义模式被后来的许多人所继承。比如迪伦·沃克等人的定义就是从功能层面进行阐释的。他认为社会网络是一系列的社会联系，人们通过这些社会联系建立自我认知，获得情感、物质和信息支持。ZIMMER 公司认为社会网络由提供诸如信息等各种资源的联系所组成的，是主体获得资源、社会支持过程中以便识别和利用的结构。

较之于功能意涵，结构意涵是学者们强调的另一个重要方面。罗伯特·卡恩等人认为，社会网络是社会关系的一个子概念。而社会关系概念包括两大概念构件：结构和功能。其中社会网络代表社会关系的结构方面，社会支持代表社会关系的功能方面。B·韦尔曼的定义就特别突出社会网络的结构层面。他认为社会网络就是一种社会成员彼此连接的关系模式，这种关系模式体现了社会结构的特征。

可以说，功能意涵和结构意涵是社会网络概念定义的两个最重要的方面。现今学界对社会网络的理解，主要是从这两大层面上铺展开来。当然，也有学者试图对这两大意涵进行整合。比如茨韦特瓦就认为社会网络是一个分析的概念，用以描述个人或群体之间的连接结构。这样的网络有许多的功能，提供社会支持是其中的功能之一。社会支持是在网络结构之内，个体成员通过互动和交流时所提供的。麦奎克也认为，社会网络是一组相互联系的个体所组成的模型，这个模型能够使他们以一种独特而又互利的方式进行互动。

功能意涵主要是从微观角度对社会网络进行理解，结构意涵主要是从宏观角度对这个概念进行把握。前者强调社会网络在提供社会支持方面的作用，后者强调社会网络在整体结构上的特征。目前学界对社会网络的定义分化为两种倾向，实际上是由学者们研究角度的不同所决定的。加拉斯基维奇和斯坦利·沃瑟曼就指出：和其他许多社会学研究领域一样，社会网络的研究领域也分化为微观和宏观两种倾向。前者成为个体网研究，后者成为整体网研究。在个体网研究中，研究的重点是包括有序对、二分体和三分体在内的子图。在整体网研究中，研究的重点是整体社会结构。

实际上，在社会网络研究早期阶段，有学者把个体网称作 Personal Network，把整体网称作 Social Network。后来在埃里克森和科恩等人的影响下，大部分放弃使用 Personal Network。这样，Social Network 的概念就同时包含个体网和整体网两种类型。虽然社会网络微观和宏观在研究领域上没有彻底分化，然而研究角度的巨大差异直接导致了他们对概念理解的不同。比如从个体网的功能意涵对社会网络进行定义的代表人物格兰诺维特，就是个体网研究的佼佼者；从整体网的结构意涵对社会网络进行定义的代表人物韦尔曼，却是整体网研究的领军人物。

除了社会网络概念定义的功能和结构之争之外，也有学者试图对这个概念进行简洁化定义，以方便研究中的实际运用。布拉斯的定义就被国内外许多学者所引用。他认为社会网络是社会行动者及其相互之间关系的集合。斯坦利•沃瑟曼和凯瑟琳•福斯特从社会网络分析的专业角度给出了定义。他认为，社会网络是指一组被称为网络节点的个体，以及彼此之间关系的集合。一个网络的首要特征是各节点之间出现信息上的交流。这个定义在社会网络分析领域被广泛认可。奥马利和彼得马斯登认为社会网络是指一组被称为网络节点的个体，以及彼此之间关系的集合。

除了对概念内涵进行深入挖掘外，又有学者对社会网络的概念外延进行扩展和解读。罗宾邓巴和斯普尔斯从社会网络的规模和强度层面指出，社会网络内的联系亦有不同的特征和性质。艾伦•巴顿从交往对象上说明，社会网络是指个人与其家庭成员、朋友和熟人建立的交往关系。达尔阿斯塔等学者从交往频率上指出，社会网络是指具有频繁互动特征的，相互联系的个体集合。华雷斯和亚斯尼则从联系的性质说明社会网络是指一群互动人群组成的集合体，而这种互动包括交流、社会支持、亲密关系等。

2. 我国学者对"社会网络"概念的定义

对于社会网络这个概念，国内学者大多沿用了国外的概念。首先对这个概念进行界定的，是专注于研究方法的学者。袁方在其《社会研究方法教程》中对社会网络进行如下定义：社会网络是一组已经或可能、直接或间接连接的点，这些点的特征及他们之间关系的全体。而后刘军在《社会网络分析导论》一书中指出，社会网络是指社会行动者及其间的关系的集合。一个社会网络是由许多点（社会行动者）和各点之间的连线（行动者之间的关系）组成的集合。这类学者的定义明显借鉴了国外社会网络分析学者的经典定义，将社会网络定义为点和线的集合。后来许多相关学者在对这个概念进行定义时，都承袭了这个思路。罗家德和林聚任的定义就归属此类。他们都认为，社会网络指的是社会行动者之间连接而成的关系结构。

如果上述定义依旧是方法类书籍中常见的模式定义，国内学者在实证研究中对这个概念的理解则显得丰富多彩。下面列举几个较具代表性的定义。刘能认为，社会网络指社会行动者之间人际关系的空间格局。建构社会网络的基本材料是社会关系，而社会关系又是社会行动者之间由于互动而形成的经验联结。张文宏从微观视角出发将社会网络理解为社会支持网，即个人能够获得各种资源和支持的社会关系。张云武认为，社会网络可以被看作社会资本，它在个体生活问题的处理中能够发挥重要的作用。任义科等学者认为，社会网络是社会行动者及他们之间的社会关系。社会网络的研究主要是沿着两个方向进行，即整体网络和个体网络。在他们的理解中，社会网络主要是指整体网络。而个体网络则用社会支持网加以替代。赵延东认为，社会网络是人们在日常互动中形成的关系网状结构，是社会资本的重要表现形式。

3. 本书对"社会网络"概念的定义

从上面的定义中不难发现，同国外学者一样，国内学者根据研究领域的不同对这个概念的理解同样分化为两种不同的定义倾向：功能倾向和结构倾向。专注于个体网研究的学者，诸如张文宏、赵延东等学者，倾向于从微观角度的功能内涵对这个概念进行定义。专注于整体网研究的学者，诸如刘能和任义科等人，对这个概念的理解则带有宏观角度的结构倾向。综合国内外学者的定义，较为认同奥马利的看法。对社会网络而言，功能内涵和结构内涵同样重要。不能抓住一个方面而否认另一个方面。综合上述分析，将社会网络作如下定义。

社会网络是一群特定的个体之间的一组独特的、经常性的关系结构。这种关系结构虽然有不同的规模和密度。然而都是通过交流、社会支持、亲密关系等互动方式加以建立和维持。目的是满足网络内个体情感、物质、服务和信息等方面的需要。我们认为，这个定义是理解社会网络更加完整的视角。一方面它注重从微观视角考察网络的功能属性，这就为社会网络赋予了研究价值。另一方面，它也从宏观角度考察网络的宏观结构，这就为研究提供了整体性的视角。显然，本书对社会网络的理解，体现了整体网研究的中观视角。我们对这个概念的定义，也是整个研究的基础。后文一系列研究假设的提出，都是基于理解整体网研究特有的中观视角。在这些假设中，既有考察个体网络功能内涵的假设，也有考察整体网络结构位置的假设，还有考察整体网络场域影响的假设。

（二）社会网络的功能类型

1. 社会网络的功能

（1）社会网络在人们的日常生活中发挥着重要的功能

一方面，每个个体在面对许多决定和选择的时候，除了自己的意见之外，还在很大程度上受到朋友网络、家庭网络或同事网络的影响；另一方面，社会网络也是信息和建议的一个基本来源，无论我们走进一个新的环境还是要接触一个新鲜的事物，社会网络均给我们提供了重要的信息参考和建议的源泉。在当今社会，特别是职业领域，建立社会网络或者寻求网络已经成为组织发展的重要环节。

（2）社会网络研究是社会学研究内容的拓展

社会科学研究的对象应是社会结构，而不是单个个体。通过研究社会网络，有助于把个体间关系、"微观"网络与大规模的社会系统的"宏观"结构结合起来。在符号互动理论产生之前，社会学理论大致经历了以奥古斯特·孔德、艾米尔·迪尔凯姆为代表的实证主义和以马克斯·韦伯为代表的人文主义两大思想传统。实证主义认为，社会是一种客观的存在，社会先于个人、集体先于部分，人们认识社会必须采取客观的态度，不涉及价值和意义的东西。人文主义则主张，社会是主体性存在，没有人就没有社会，研究社会必须运用体验性和解释性的方法，不涉及意向的现象就不是社会现象。可见，这两种传统要么是只见社会不见人，要么是只见人不见社会。在社会网络的视野下，社会结构是在各不相同的层次上使用的。它既可用以说明微观的社会互动关系模式，也可说明宏观的社会互动关系模式。也就是说，从社会角色到整个社会，都存在着结构关系。运用社会网络分析，可以研究人们社会交往的形式、特征，也可以分析不同群体或组织之间的关系结构。

2. 社会网络的类型

（1）从社会联系强度的视角分类

社会网络可以分为强关系网和弱关系网。所谓强关系网，是指人们在其中投入更多时间、更多感情，并且彼此更为亲密也更为频繁的提供互惠性服务的关系。当一个人遇到困难，自己不能解决的时候，应该向谁求助？自己认识的人可能很多，但不是所有的人都可以成为求助的对象。一般而言，都是向那些和自己保持强关系的人求助，这些是基于亲缘、血缘、地缘或者是业缘的父母兄妹、最亲近的朋友或就近的邻居，这样的社会网络不是随意选择的，而是在平日的社会互动中逐渐形成的。弱关系网与强关系网相对而言是指那种自我卷入不多甚至没有卷入的关系，大多数人的弱关系网要比强关系网多出许多，因为认识的人很多，但至真至亲的人总是有限的。然而，弱关系的作用却不能因此被忽视，"中国人的关系取向，在日常生活中最富有动力的特征是关系中心或关系决定论"。在中国人的行为模式中，中国人是讲究人情、关系、面子和熟人的，在自己固有的强关系网中无法实现需求的时候，就会动用弱关系网寻找，最终达成目的；同时弱关系也不是一成不变的，弱关系网可以发展为强关系网。

（2）从社会网络的性质分类

网络可以分为两种类型：一种是双向联系的网络，这种网络强调社会联系的双向性，是一对一的相互交流形式，比如说同学中的交流网你可以什么事都不做，就是相互之间聊天，这就是一种双向的网络，相互之间都承认是一种朋友关系；另一种网络叫作单向关系网络，这种网络强调社会联系的单向性，是一种多对一的社会网络形式，比如大家民主选举某个人当班长，有钱人向没钱人借出。还有咨询网、师生网、权威关系网等。中国社会的关系网有这样的特征，情感交流肯定是双向的资源交换，在特定的条件下是单向的，但长久来看还是双向的。中国人的关系，借贷的周期或者时间可能会很长，这一点与西方不同，西方人一般很怕欠别人的人情债，要么就是不欠你的人情，要么就是会很快还掉。中国人在这方面与西方不同。

（三）社会网络的相关理论

社会关系，是社会学的传统研究课题。但在过去的几十年中，学界对制度和组织普遍关注，含义广泛而模糊的社会关系受到明显的忽视。新制度主义兴起后，社会关系在社会分析中的作用重新受到人们的关注。"社会网络"概念，最早是由英国著名人类学家拉德克利夫布朗于 20 世纪 30 年代提出的。50 年代，巴恩斯在那篇关于挪威渔村的著名论文中，首次把形而上学的"社会网络"概念转化为量化而系统的实证研究。这项研究为后来社会网络研究的兴起提供了坚实的基础。

在之后二十年内，只有为数不多的学者致力于社会网络研究，具有代表性的有亨特、布劳和科尔曼。然而到了 20 世纪 70 年代，白格兰诺维特提出"弱关系假设"后，社会网络引起越来越多学者的关注。许多学者从社会网络视角对社会结构、社会事实甚至社会运动进行描述、分析和阐释，并发展出一系列重要的理论。受到华裔学者、著名社会学家林南教授的影响推动，20 世纪 80 年代，我国大批知名学者先后投身于该研究领域，取得了丰硕的成果。前人栽树，后人乘凉。上述质量兼优的理论成果，为本书假设的提出提供了重要而丰富的理论支撑。

我们介绍的理论主要包括两个方面：关系性质理论和关系结构理论。关系性质理论，考察关系强度、关系规模和关系异质性等对社会资本的影响。关系结构的理论实际上就是社会网络分析中整体网研究的相关理论，它致力于考察网络中心度、网络密度、派系等结构要素对社会资本的作用。显然，关系性质理论体现了社会网络概念中的功能内涵，和社会资本概念中的个体倾向。关系结构理论则体现了社会网络概念中的结构内涵，和社会资本概念中的整体倾向。前者注重从微观方面对社会网络本身进行考察，后者注重从宏观方面对网络结构进行解释。

在涉及关系性质的理论中，关系强度一直是学者关注的热点。这得益于该领域著名学者格兰诺维特的研究推动。他的"弱关系假设"理论，使得关系强度研究成为社会网络研究领域的一棵长青树。在该理论中格兰诺维特指出，关系的强度可按互动频率、情感强度、密切程度和互惠行动四个维度来测量。强关系具有较高的同质性，通过强关系进行的信息传播将会被局限在较小的范围内。而弱关系由于较高的异质性，能够使其成为群体间的纽带。与弱关系假设相对应的是强关系理论。该理论认为社会网络的强弱程度关系到网络中贮存资源的数量和质量，这种强弱程度的差异将最终影响网络中角色的收益情况。在不确定性的环境当中，强关系比弱关系更加值得信赖。边燕杰是强关系理论的代表人物。他在其成名作《找回强关系》中指出：较之于弱关系，强关系在信息传播时的作用更大，更能够为网络个体带来资源上的便利。

这两种观点显然都有各自的合理之处和局限之处。对于这个问题，国内学者李继宏指出强关系假设的缺陷是简化了社会网络，并假定了多元社会中并不存在的高同质群体。弱关系假设的缺陷存在着两个或者更多没有任何交集的群体。张文宏在借鉴韦尔曼观点的基础上指出，由于关系在内容和强度上具有异质性，这就给强弱关系的讨论提高了难度。然而把上述理论放到本研究中便可以清晰的发现：由于老年人社区社会网络具有封闭性和单一性等特点，这就避免了关系异质性和关系开放性带来的分析障碍。显然，在单一而封闭的社区社会网络中，强关系假设显然更加适合作为本研究的理论依据。

较之于关系强度，对关系规模进行的研究起步还要早一些。本书在研究社会网络的时候，最先讨论的就是网络规模。实际上，学者们在测量社会资本的时候，经常采用网络规模来进行替代。譬如波特认为，个体的社会网络越多，他所拥有的社会资本量就越大。林南也指出，一个人的社会网络规模越大，其所能占有的社会资本越丰富，越有可能在社会行动中占据优势地位。我国学者边燕杰也认为个人网络关系的数量，直接决定了其拥有社会资本的数量。范成杰通过实证研究发现，城市居民中个体拥有的社会网络规模越大，社会能力就越强，可利用的资源就越丰富。除了网络强度和网络规模，由林南和伯特等学者开创的网络异质性分析也是目前学界讨论的热点。

由关系强度、关系规模和关系异质性组成的关系性质研究，是社会网络分析中最为重要的研究领域。除了这个领域外，学界关注的另外一个主要角度便是关系结构。正如伯特所宣称的：行动者所拥有的社会资本多少并非是由关系强度所决定，而是由其在网络中所处的位置所决定。个体在网络中的位置，比网络关系的强弱更重要。有关关系结构的理论，实际上就是社会网络分析中整体网研究的一系列突出成果。实际上，拉德克利夫布朗在20世纪30年代首次提出"社会网"概念时，他对社会网的理解就是一种结构的观点。本书继承并发展了这种社会网络的结构观，并取得了一系列成果，最终形成了今日的整体网研究领域。在这个领域中，最著名的学者要数弗里曼，他提出中心性理论，是社会网络分析用来解释网络结构的核心理论。

在著名论文《社会网络概念划分的中心性》中，弗里曼首次总结出中心性的三个量度指标：局部中心性、中间中心度和整体中心度。局部中心度也称点度中心度，是指个体所拥有的与其他个体产生关系的数目。在社会网络分析中，这个指标的测算就是与该个体直接相连的线条数目。某个个体在网络中拥有的局部中心度越高，他在局部网络中的受欢迎程度就越高。中间中心度又称中介中心度，是指网络中的个体多大程度上在其他个体之间扮演媒介作用。在社会网络分析中，这个指标的算法是计算有多少条关系连线通过该个体。显然，如果某个个体处在许多网络的路径之上，可以认为此人居于重要地位。因为该个体具备控制其他个体彼此交往的能力。

如果中间中心度是测量个体在网络中对其他个体的控制程度的话，整体中心度则是考察个体在网络中不受其他个体控制的程度。整体中心度又称作接近中心度，这个指标用以测量个体在整个网络中的受欢迎程度。其基本的计算方法是将某一节点与其他节点间的距离加和后求倒数。除了常用的三种中心度指标外，近年来一种被博纳提奇定义的特征向量中心度的指标受到越来越多的关注。特征向量中心度的提出是为要考察网络中的节点与网络绝对中心的距离对节点自身的影响。上述中心性指标，均是测量个体在关系网络中居于怎样的地位，拥有怎样的权利。中心度指标越好的个体，他们在社会网络中越处于优势位置，获得物质、情感等多种资源的可能性就越大。

除了中间性以外，整体网中有关密度和派系的研究也是学者们关注的重点。密度的作用已经被许多学者所证实。在正向的网络中，网络的密度越大，它给嵌入网络中的个体带来的社会资本相应就会越多。另外，由于在各种群体中都会存在一些内镶于群体内部的次级小团体，社会网络分析把这类小团体称之为派系。社会网络分析假定，小团体内的个体间关系要比小团体间的个体间关系更紧密，故此划分小团体的主要方法是找出关系结构图中联系相对紧密的子图成分。以此为基础，本书能够对网络的派系进行一系列量化上的解释和分析。

二、社会网络结构

米切尔根据四个结构维度和五个互动维度测量社会网络：结构维度包括网络的考察基点、密度、可达性和范围；互动维度分别是网络内容、强度、频率、持久性和方向。米切尔的维度核心其实就是后来的网络结构、资源和关系强度，值得强调的是，他还发现了资源和关系强度之间的互动关系。在米切尔的基础上，提奇将资源和关系维度区分开来，更清晰的提出从交易内容、联系特征与结构特征来考虑社会网络特质，其中结构特征是指整体网络的特质，包括网络规模（网络成员的数量）、密度（网络实际联系数量与可能联系数量的比例）、集群性（网络中联系密集区域的数量）、稳定性、开放程度（一个社会单位可能的实际联系数量与可能联系数量的比例）、可达性（网络中任意两个个体之间的平均联系数量）、集中度（受正式等级关系影响的程度）、明星（网络中拥有最高职位的个体）、联络员（不是集群的成员但是连接着多个集群的个体）、桥（是多个集群成员的个体）、守门员（联系社会单位与外部领域的个体）、脱离者（与网络解除关系的个体）等 12 个外显特征。可以看出，米切尔和提奇是将关系强度区别于社会网络结构。

米切尔和提奇等所提出的这些测量维度比较全面并在后来的研究中得到了广泛的采用。之后的国内外学者对社会网络结构特征的研究主要集中在对网络规模、倾向性、网络的密度、强度、多样性等几个维度上，同时，关系强度也逐渐地被囊括进社会网络结构的范畴。比如奥尔德里奇、齐默、约翰·斯科特分别从网络大小、网络强度、网络密度、网络间距、网络异质度来研究社会网络；伍德沃德从网络多样性、网络活动、网络强度、关系类型和网络时间等几个角度来研究社会网络；亨利·R·格雷夫从网络大小、网络强度、网络密度、网络间距、网络背景五个方面入手，研究表明这五方面对获取资源具有积极影响，进而可以提高社会的参与度；罗纳德·伯特认为社会网络结构包括三个维度，即网络规模、密度和层次；国内学者林剑亦从网络规模、网络强度、网络成员的异质性角度来研究社会网络。此外，学者们亦不断丰富和完善社会网络的维度与测量方法，其中较为重要的包括惠顿提出网络复杂性的维度，特指网络成员的目标、产品和服务等的差异化程度；迈克尔·达文在网络结构和资源的基础上，提出了网络规范和动态性过程，达文认为网络动态性是研究最少的一个方面，应该结合网络结构和资源等维度来研究网络动态性。

从上面的理论回顾中可以发现，很多社会网络结构维度的涵义存在很大程度的重合，同时，也存在集体层面的社会网络结构维度和个体层面的网络结构维度的区别。结合以往关于社会网络的研究，本书重点回顾网络规模、网络密度、异质性和联系强度这四个个体层面的社会网络结构维度。

（一）网络规模

网络规模是指网络成员的数量，自我中心网络的规模是排除"自我"之外其他网络成员的数量。在创业领域，往往按照与研究对象讨论重要问题的"核心讨论网"来确定网络规模。美国大多数学者都将"核心讨论网"的规模限定为五人，如范·埃姆利克在研究性别对个体网络影响时，要求响应者依据有价值资源贡献程度列出其他某种类型社会网络（如非正式的社交网络、工作网络和建议的网络）中的五个成员；伦祖利在研究家族关系是否影响性别和网络对结果的影响时，要求被调查者指出愿意或能够与他讨论社会活动的人员中的最开始的五个；辛格在研究机会识别时，就要求研究样本指出对他们机会识别有帮助的五个网络成员。根据威廉·莫尔顿·马斯顿对美国 GSS 问卷的研究显示，美国人"核心讨论网"的规模平均为 3.01。

（二）网络密度

对于整体网络来说，网络密度是指所有网络成员的实际联系数量与最大联系数量的比率；对于"自我中心"网络而言，网络密度则只计算"自我"以外的实际联系数量与最大联系数量的比率。网络密度一直是社会领域里广泛采用的测量接近和控制网络资源能力的指标。网络密度越大，网络成员之间互动的频率就越高，网络资源在成员之间的循环与交换也越容易。在网络规模不大的自我中心网络之中，直接计算"他人"之间没有联系的数量常常被用来反映自我中心网络结构洞的程度，比如辛格在社会网络对机会识别影响的研究中，就将社会网络中"他人"之间没有直接联系的数量直接作为结构洞的数量。

（三）网络异质性

网络异质性是指社会网络对象之间各种属性的相异程度，"自我中心"网络的异质性是"自我"以外的其他网络成员之间各种属性的相异程度。惠滕认为异质性是社会网络联系中的重要特征之一，并指出网络成员在网络目标、服务、产品或目标群的相异程度，即领域的相似性或功能性差异化是社会网络的重要特征。网络异质性越差，网络中能够带来的资源也越单一；而关系网络中的成员异质性越强，所拥有的网络资源跨度越大，个人关系网络的异质性可以克服网络资源的重复性，提高控制社会资源的能力和接近多元信息的可能性。

（四）关系强度

在社会网络与社会资本研究中，格兰诺维特提出的"弱关系的力量"已成为一个经典命题。弱关系指的是网络成员之间较宽松的关系，它不同于家庭成员或者朋友之间的强关系。格兰诺维特认为弱关系会带来更多异质性的信息和资源，而强关系则会带来很多冗余的信息和资源，因此，弱关系可能是比强关系发挥更强有力的作用。格兰诺维特强调的是通过扩展弱关系来获得资源的重要性。我们对这个问题进行了大量实证研究，得出的结果却并不一致，尤其在强调"差序格局"的中国文化背景下，往往愿意提供资源和支持的网络成员都是强关联的。

三、社会网络测量

采用社会网络分析方法对人际关系的网络结构特征的测量，主要有提名法和定位法两种，其中提名法被广泛运用。

提名法有多种，最有代表性的是博特和韦尔曼的方法。

伯特的方法最为简明。他主持的 1985 年美国综合社会调查项目主要研究了美国人的核心讨论网。具体方法就是询问被调查者"半年来与谁讨论过重要问题"，让被调查者一一列举。然后就前 5 个人，详细回答其社会地位、教育程度等个人特征，并要求对这 5 个人彼此的关系做出回答。

韦尔曼对加拿大多伦多市东约克人的两次研究也很著名。第一次调查，要求被调查者说出他觉得关系最亲密的家庭成员之外的 6 个人，并提供每个人的详细信息及相互之间的关系强度。第二次调查，要求被调查人回答出自己与其保持重要联系的所有人，随后又邮寄问卷让被调查者回答在 15 种帮助中向每个网络成员提供了哪几种，从每个网络成员接受了哪几种。

以上两种方法各有特色：博特的提名法简明易操作，但只能测量最为亲密的关系，而且没有考察各种关系提供的不同帮助。相对而言，韦尔曼的调查既考察了亲密关系，又考察了不太亲密的关系，既考察了支持性关系，又注意到了非支持性关系对支持性关系的影响，并对于何种人提供何种帮助也进行了精细的研究，因而值得借鉴。但韦尔曼的调查样本局限于东约克人，且第二次调查样本太小，不一定具有很强的代表性，需要以后的研究予以克服。

四、社会网络特征

社会互动是通过社会网络进行的。社会网络由人们之间复杂的联系网所组成。社会网络的载体主要是初级群体，与次级群体的组织结构关系相比，它要松散得多。初级群体的人际网络是在人的生活中自然形成的。通常一个成年人会产生这几种网络类型：亲属网络（亦称血缘关系，包括父系、母系、姻缘 3 种关系）、邻居网络和老乡网络（地缘关系）、同学和校友网络（业缘关系加情感关系）、朋友网络（情感关系）、同事网络（业缘关系加情感关系）。社会网络的特征如下。

（一）弥漫性

社会网络存在于人与人之间，不能离开个人而独立存在，却不完全依附于个人。它不像私人物品可以独自拥有，在使用时，必须要有两个人以上。如果我们把每一个人作为一个网络中的结来看的话，那么，一个人的网络除了自身的网络关系外，还有一些网络的外延，例如亲属网络的外延，就有父辈的网络、妻子（丈夫）的网络和子女的网络。从理论上讲，通过社会网络，可以达到世界任何一个地方。正常社会网络总是在一种较小的范围内展开的，也没有扩张的冲动。如果想要把它作为谋利的工具，就有了扩张的冲动，它通过各种资源的交换，使社会网络产生出一种"滚雪球"效应，可以通过一个网点达到另一个网点。

（二）多重性

社会网络在本质上就是复杂的多重社会关系在一个人身上的体现。一个人与一个人的关系是一条线，几个人的关系交织就形成了一张网。一个人生活在多种群体或组织中，一个人在社会中处于多种角色，一种角色表现了一种社会关系，一个人在社会生活中扮演着多种社会角色，是多种社会关系的交织点，一个人的社会位置就是社会网络的一个网结点。社会网络平时是松散的，但是，只要行动者需要，可以在短时间内串联起来，形成几种初级人际关系网络的交叉、重叠。

（三）隐蔽性

社会网络是无形的，是种能感觉得到，却看不见、摸不到的东西，无法对社会网络做出精确的定量分析，也无法准确地描述网络的规模或内幕，而只能感觉到社会网络的力量存在。相对于公共生活的互动而言，社会网络具有匿名性，是一种私人场域中的互动关系，具有初级群体的私密性与情感性特征，互动中涉及一些个人深处的情感或者利益。社会网络既可以用于健康的个人互动，解决个人的发展，也可以用于不健康的隐蔽性交换活动。前者因个人的私密性而不愿意为人所知，后者因其越轨性而不愿意暴露。特别是当人们将社会网络当作工具来使用时，它成为生活中人们竞争的"秘密武器"。

第二节　社会支持相关研究

一、社会支持的概念

"支持"作为一个普通概念对人们来说并不陌生。自从有了人类社会，人们之间的相互支持就已经存在。对社会支持的研究可以溯源到 19 世纪法国社会学家杜尔凯姆那里，他通过对自杀的研究发现社会联系的紧密程度与自杀有关。而"社会支持"作为一个科学的专业术语被正式提出来则是 20 世纪 70 年代的事情。社会支持的概念最早来源于精神病学的研究，之后社会学家、流行病学家、心理学家等都从各自的理论立场出发，对社会支持加以研究。早期将社会支持作为个体从他人或社会网络中获得的一般或特定的支持性资源，这种资源可以帮助个体应付工作生活中的问题与危机。

目前学术界对于社会支持概念的界定可谓是众说纷纭。不过，纵观国外的社会支持的概念界定，大都是从四个方面来定义，即功能取向、结构取向、互动取向和主观评价取向。

（一）功能取向上的社会支持概念

功能取向上的社会支持概念即支持行为在满足受助者的需要和解决问题的过程中发挥了不同的功能。如托佐夫通过区分社会支持的形式对社会支持的功能作了描述，认为社会支持"是这样一些行动和行为，其功能在于帮助某个核心人物实现个人目标，或者满足其在某一特殊情形下的需要"。社会病理学家卡普兰指出，社会支持是一个人的基本需要（情感、自尊、评价、归属、身份及安全的需要等）通过与显著的他者之间的互动而得到满足的程度。他概括出三大类包含社会支持成分的活动：第一类是帮助人们策动资源；第二类是处理有关情绪问题；第三类是为那些出于特殊压力情况下的个人提供物质和认知上的支持，或分担某些事务。此外，社会病理学家克布认为，社会支持是"指向对象的信息，使之认为：一是他或者她得到关照和爱护，二是受到尊重和评价，三是归属于一个交往和相互有义务的网络。"皮吉也认为社会支持是显著的他人（如家庭成员、朋友等）为某人提供的功能，可以包括工具性的、信息上的及情感方面的功能。也可以说，社会支持是"一个人的基本需要通过与他人的互动得到满足的程度。基本的需要包括情感、自尊、评价、归属、身份及安全的需要等。这些需要既可以通过社会情感的支持，也可以通过工具性支持得到满足"。

20 个世纪 70—80 年代的社会支持的研究和学术成果明显地受到了功能取向的社会支持概念的影响。这种功能取向的研究主要着眼于社会支持对人的情感上的支持，对其他方面的功能提及较少。

（二）结构取向的社会支持概念

结构取向的社会支持概念倾向于从"社会嵌入"的角度分析人与人之间直接或者间接的联系，包括家庭关系、邻里关系、朋友关系、同事关系等。也就是说，持结构取向的社会支持概念的学者认为，在人与人之间存在一些直接和间接的纽带，这些纽带将人维系在一起，构成家庭、朋友和同类。这些纽带通常指的是社会网络，他们被视为社会资源的指标，在危机的时候发挥着社会支持的功能。按照结构主义者的分析，社会网络仅仅指的是一系列纽带的枝节和基础，这些纽带将社会系统成员的内在联系维系在一起。"他们将社会系统中成员关系有秩序的安排进行了分析，并试图勾画出这些结构，描述它们的模型或类型（通常使用一系列从数学图表理论产生的理论），以揭示出这些模型或类型对不同结构中的个体成员行为的影响。这些结构包括个体、团体、组织等类型。"因此，这种视角也可以理解为网络的视角。在社会网络的视角下，通常从网络的重要的基本特征，如网络规模、网络密度、网络关系的构成、网络成员的空间地理距离及接触频率、持久性等来分析这种结构性的人际关系对人的影响。这些即使是现代化、工业化的到来发生了大规模的社会变迁，社会结构和人际关系模式也发生了重大的改变。但是人始终是社会的人，社会人之中还是存在极其密切的网络关系，紧紧地把人联系在一起。此外，还有本书从整体网络的角度来研究某一社会系统中各种角色关系的整体结构，去分析社会系统内部联系和分裂的模式、网络结构随着时间而发生的各种变化、系统成员以直接和间接的方式相互联系在一起的各种模式及其关系。

（三）主观评价取向的社会支持概念

社会结构的方法认为只要存在社会网络就能对社会成员提供社会支持。但是社会网络并不等于社会支持。因为，社会支持对社会成员的作用或效果更重要的是取决于是被支持者对社会支持的一种主观感受。所以，学界又兴起了一种主观评价取向的社会支持的概念。对使用这种方法的学者来说，社会支持被视为一种个人经验而不是一系列的客观行为，强调社会支持是一种主观感受。由于对社会支持的研究并不能完全从支持受助者实际得到的程度进行评价，而受助者的主观感受与支持所发生的实质效果往往并不重合，因此，对于受助者感觉的评价就成为社会支持的一个观察视角。在多数情况下，支持源所提供的社会支持所产生的社会效果和被支持者对这种支持效果的体察是比较接近的。然而，有的时候，支持源对被支持者提供了社会支持，但被支持者没有体验到这种社会支持。或者说，由于被支持者产生了幻象，对本来没有的社会支持产生了一种体验。因此，社会支持在这里就是一种主观的个人体验而非客观的社会行为。按照这种理解，社会支持被认为是"一种个人对他（她）的社会环境及其所能够给予支持的认知性评估，也是他（她）对可以得到的支持的有效性及可靠性评估"。持类似观点的还有舒梅克尔和罗内尔及巴瑞拉等人。如舒梅克尔和罗内尔将社会支持定义为"在至少两个人以上之间进行的资源交换过程，这一过程被（支持）提供者或接受者理解为旨在增加接受支持一方的复制福祉"。巴瑞拉等人则认为社会支持分为三大类别，分别是嵌入的、感知的和实际的社会支持，其中感知的社会支持（知觉的角度）是对自己与他人联系的一种认知评价。可见，这些学者均把社会支持理解为至少两个人之间的交换，而且这种交换是提供者和接受者都可以意识得到的。主观评价取向的社会支持概念引入了交换、感觉、资源等概念。由于这些概念着眼于交换者的感觉，因此，社会支持对接受者就可能产生不同的影响，即这种支持可能是正向的（如互惠），也可能是负向的（被支持者对社会支持的过度依赖或者强烈排斥）。但是，这个观点仅仅是强调个人和个人之间的联系，正式组织和群体的支持则被忽略。

（四）互动取向的社会支持概念

越来越多的学者也开始采用互动的取向来研究社会支持。这些学者将社会支持看作在个人与其社会网络之间进行的一种复杂的、连续的和相互交易的过程，而这种交易过程往往发生在一个不断变迁的生态环境中。萨拉逊提出："传统上所谓的社会支持包含了人与环境之间互动的方方面面，他们由亲密的社会关系，以及同一系列由人、组织环境和总体的文化期待定义的有关的大型场所归程。"沃克斯也指出，社会支持涉及在一定生态环境下同他（她）的支持网络之间发生的交易或相互影响的动态过程，他特别提出了在人的因素、支持过程和社会情境因素和不幸之间存在的某种交流模式。互动是一个双向的过程，人们的基本需要是在社会互动中得到满足。为了获得社会支持，个人必须维持与他人的关系，以便在需要时能得到某种支持和帮助。与此同时，对获得的社会支持进行某种评价，而这种评价又可能形成网络资源的更新。因而，社会支持所指涉的正是行动者与他人之间的互动过程，这个过程受到了个人和社会环境的影响。而社会支持的研究从心理维度转向互动维度，这也体现了社会支持概念由"静态"向"动态"转变的过程。此外，林南等学者曾对社会支持的多种概念进行综合的研究及讨论，他在 1986 年提出社会支持的综合性定义，以整合不同学者的观点。根据这一综合性的定义，社会支持被认为是"意识到的或实际的由社区、社会网络和亲密伙伴提供的工具性或表达性的资源。"

国内不同的学者根据自身研究的视角，对"社会支持"这一概念的理解也形成了各种不同的看法。郑杭生从社会行为性质来理解社会支持，并认为这种社会支持是无偿性的："在笼统的意义上，我们可以把社会支持表述为各种社会形态对社会脆弱群体即社会生活有困难者所提供的无偿救助和服务。这种社会支持的主体既可以是国家机构、民间社会自发组织，也可以是个人、志愿者团体等。而且这种社会支持的对象仅限于社会脆弱群体而非全体社会成员，支持的手段既包括现金和实物帮助，也包括各种直接的服务。"丘海雄则把社会支持当成一种社会交换，他指出："广义而言，社会支持既涉及家庭内的供养与维系，也涉及从各种正式与非正式渠道所获得的支持与帮助。社会支持不仅是一种单向的关怀或支持，它在多数情况下是一种社会交换。"李强从外界压力和社会适应的关系来界定社会支持，他认为，从社会心理刺激与个体心理健康之间关系的角度来看，社会支持应该界定为一个人通过社会联系所获得的能减轻心理应激反应、缓解精神紧张状态、提高社会适应能力的影响。

和郑杭生等人对社会支持的主体的界定不同，陈成文把社会支持的主体认定为一种社会网络，他认为，从社会学意义上来说，社会支持是一定社会网络运用一定的物质和精神手段对社会弱者进行无偿帮助的一种选择性社会行为，并认为社会支持具有社会性、选择性、无偿性。张文宏、阮丹青从社会网络的角度来分析社会支持（网）。他们认为："个人的社会支持网是由具有相当密切关系和一定信任程度的人所组成的。社会支持网在规范个人的态度和行为时发挥着重要的影响，它也是个人的一种重要的社会资源。从一般意义上说，社会支持指人们从社会中所得到的、来自他人的各种帮助。财务支持和精神支持是个人社会支持的两个重要方面。"从这个界定可以看出，社会支持的对象是所有社会成员，并不是仅仅限于社会弱势群体，并且这种支持是基于一定的人际关系网络而形成的。

此外，唐均等人把城市贫困家庭的社会支持和社会保障并列起来，认为正式的社会保障制度包括社会保险、社会救助、择业就业、社区帮困，而非正式的社会支持网络包括社区帮困、家庭支持、亲属之助、邻里援手。社区帮困既是正式的社会保障，又是非正式的社会支持。

在综合国内外学者研究的基础上，周林刚将社会支持进行了概括与梳理。他认为社会支持"从其性质上来看，不外乎以下这两大块：一是客观可见的支持，包括物质支持、网络支持（稳定的社会关系如婚姻、同事、朋友等，不稳定的社会联系如非正式团体等），这种社会支持不以个体感受为转移，是客观存在的现实；二是主观体念的支持，即个体在社会生活中受尊重被体谅的情感支持及满意度，这类支持与个体的主观感受密切相关"。

二、社会支持的分类

与社会支持的概念一样，关于社会支持的分类同样没有取得一致的意见。在划分社会支持的类型时，有些突出社会支持的活动或内容，而有些则强调社会支持的功能。

（一）从活动或内容的角度分类

从活动或内容的角度对社会支持进行分类的主要有巴瑞拉和爱因雷提出了社会支持的六个类型，分别是物质帮助（提供物质和金钱）、行为帮助（分担任务）、亲密互动（传统的、漫谈式的咨询活动）、指导（提供建议、信息或指令）、反馈（提供关于行为、思想或感情的反馈）、积极的社会互动（以娱乐或休闲为目的的互动）。沃克斯将社会支持区分为财务支持、行为帮助、提供建议或指导、情感支持；葛特列仅将社会支持分为问题解决或情感维持两类；卡普兰提出了三大类活动类型：为动员资源和管理情感问题提供帮助，分担任务，为处理特定的社会压力事件提供物质的和认识上的帮助；韦尔曼运用因子分析法，将社会支持分为感情支持、小宗支持、大宗支持、经济支持、陪伴支持五项。

（二）从功能角度对社会支持分类

从功能角度对社会支持进行分类主要内容如下。

林南将社会支持分为工具性支持和表达性支持两大类。科恩和威尔斯从社会支持功能的角度提出，可以将社会支持划分为四种类型。

1. 尊重的支持

尊重的支持指的是个体被他人尊重和接纳。

2. 信息支持

信息支持即有利于对问题事件进行说明、理解和应对支持。

3. 社会成员身份

社会成员身份即能够与他人共度时光，从事消遣或娱乐活动。这可以满足个体与他人接触的需要，转移对压力问题的忧郁或者通过直接带来正面的情绪影响来降低对压力的反应。

4. 工具性支持

工具性支指提供财力帮助、物资资源或所需的服务。范德普尔则将社会支持分为三大类型：情感支持（与配偶有矛盾时舒解、精神安慰、重大事项咨询）、实际支持（家务劳动、患病时帮助、借钱、借生活日常用品、帮助填表）和交往支持（一同外出、拜访）。

三、社会支持的测量

社会支持是一个由环境因素和个体内在认知因素共同构成的多维度概念。然而在对社会支持的研究中，各有其侧重，对社会支持的理解千姿百态，与此相应，开发了各式各样的测量工具，有多少研究几乎就有多少个对社会支持的测量"。对社会支持的测量，自我报告法是常用的方法。主要是被试回顾自己在过去的一年或者半年中，向哪些人寻求支持，从哪些人那里获得了支持，这种支持的程度有多大；或者采用一些结构化的调查问卷，根据一些事先编写好的问题，让被试回忆某一时间段中获得社会支持的情况。

社会支持的常见测量工具包括以下几种。

PRQ-85：人力资源问卷（PRQ-85）测量社会支持的多维特征，采用多轴评定编制量表，包括得到信息、情感、物质等方面的帮助；主动帮助他人；自身价值被他人认可。PRQ-85 以社会关系的度量为基础，分为两部分：有关个人的资源和对资源的满意度。

NSSQ：以卡恩的社会支持概念为基础发展而来，Norbeck、Lindsey 和 Carrieri 编制的量表，包括三个方面：功能支持，网络支持和支持的丧失。

SSQ：萨拉逊等人编制的社会支持问卷，分为两个维度：社会支持的数量，主要涉及客观支持，即需要的时候能够依靠别人的程度；对所获支持的满意程度，评定的是对支持的主观体验。

ISSI：亨德森等人编制的社会交往量表分为社会支持的可利用度和自我感觉到的社会关系的适合程度两个维度，是目前比较有影响力的社会支持问卷之一。

PSSS：格尔格·齐梅特等人编制的领悟社会支持量表是一种强调对社会支持个体的自我理解和自我感受的量表，分别测定个体领悟到的来自各种社会支持源如家庭、朋友和其他人的支持程度，以总分反映个体感受到的社会支持总程度。

社会关系网络问卷：弗尔曼等人编制，侯志瑾翻译修订。该问卷包括八个维度，包括工具性支持、价值增进、对关系的满意度、冲突、惩罚情感支持，亲密感，陪伴娱乐性支持。

Dssl：杜克大学的社会支持量表用以评价老年人社会网络的大小及如何利

用网络。该量表包括三个分量表，共 23 个条目。三个分量表是：第一，社会交往分量表（4 个条目）：主要从客观上反映受试者的社会交往情况；第二，察觉到的社会支持分量表（7 个条目）：主要测量受试者从主观上感觉到的社会支持情况；第三，工具性支持分量表（12 个条目）：用于测量受试者可利用的社会支持，如家人和朋友的帮助。该量表根据社会网络的大小及感觉社会支持的频度采用 3 级评分，分数越高，说明获得的社会支持越多。该量表测量简便，具有较高的信度与效度。

社会支持行为问卷中文版：台湾学者陆洛于 1994 修订的社会支持行为问卷主要包括三个维度：具体的、情感的及资讯的社会支持行为，共 15 个题目。问卷以四点量表作为分辨其社会支持程度高低的依据，总分越高，代表其社会支持率越高。

MOS：舍伯恩和斯图尔特编制的社会支持问卷，用来测试老年人的社会支持率。该问卷含有 20 个与社会支持有关的问题，可测试社会支持的四个维度，包括心理支持（有 8 个问题），行为支持（有 4 个问题），感情支持（有 3 个问题）和活动支持（有 3 个问题）；另有一个额外的项目，即有人帮你放松，消除紧张。

自 20 世纪 80 年代初以来，我国开始大量使用评定量表用于对心理卫生的研究，有的直接移植国外的量表或稍加修订，有的则在参考国外文献的基础上设计新的问卷，但未见有评定社会支持的量表。由于 SSQ 和 ISSI 等国外流行的问卷其中相当一部分条目不太符合中国国情，且条目繁多。郓玉玲根据社会支持系统理论，结合高龄老人健康长寿基础的调查数据，设计社会非正式支持系统指标体系，该指标体系由三个子系统构成：生活自理能力、经济援助、社会心理支持。其中生活自理能力用洗澡、穿衣、上厕所、室内活动、吃饭等五个指标测量；经济援助用生活费为主要来源测量；社会心理支持用婚姻状况、居住状况、身体不舒服或生病时主要照顾者三个指标测量。

在我国的心理卫生研究中，问卷和条目的数量有越来越多的趋势，单考虑到我国受试者对问卷调查不习惯，文化素质略低于西方国家的因素，为了提供评定社会支持的工具，肖水源于 1986 年设计了一个 10 条的《社会支持评量表》，并在小范围内试用。该量表包括客观支持（3 条）、主观支持（4 条）和对社会支持的利用度（3 条）等三个维度。1990 年又根据使用情况，进行了小规模修订，目前采用的社会支持量表多采用多轴评价法。问卷的设计基本合理，条目易于理解，不会产生歧义，具有较好的信度和效度，重测信度也较好。通过该量表的测量，可以较好地反映个体的社会支持水平，能更好地帮助人们适应社会和环境，提高个体的身心健康水平。一般用于 16 岁以上的成年人。该量表两个月重测总分一致性 r=0.92；各条目一致性在 0.89±0.94 之间，表明该问卷具有较好的重测信度。鉴于此，本研究在社会支持的调查方面，将选取肖水源的社会支持量表。

四、老年人社会支持

社会支持是与社会弱势群体的存在相伴随的社会行为，老年人的生活能力逐渐衰退，而心理依赖则与日俱增，他们非常需要社会各方面为他们提供经济和服务方面、物质和精神方面的支持。

作为社会群体中的老年人，由于自身存在着生理衰老或病理衰老，器官功能衰退，劳动能力减弱或丧失，生活自理能力下降，参与社会活动意识淡化，其生活能力相对于生活的依赖性呈反向发展，能否得到相匹配的社会支持，对于老年人的身心健康非常关键。

老年人社会支持从内容来说，包括经济和服务两个方面。它们可以满足老年人的三类需要：一类社会化和个人成长的需要；二类日常生活协助的需要；三类危机时的介入，如生病时的协助、丧偶时的慰藉等。

有人从经济、日常生活照料和精神等三个层面对社会支持进行了分析。其中老年人获得的具体经济收入支持主要包括单位离退休金、子女的"月钱"和实物上的帮助、社会救济和社会互助、社区的小额现金资助和社区互助。日常生活照料支持包括身体照料、家务料理和其他日常活动的帮助；精神慰藉支持包括情感支持和心理慰藉。

还有学者认为，老年社会支持中的经济收入支持包括生活来源、月收入、月支出和生活照料；精神慰藉支持包括和家人关系，和亲朋关系及子女孝顺程度。

（一）老年人社会支持系统

随着市场经济的建立和发展，我国的社会形态和结构正在发生深刻的变化。为适应社会变化，中国政府和有关部门对于弱势群体，特别是对老年群体的社会支持工作也进行了不懈的探索，取得了显著的成绩。尽管在很多方面仍存在问题，但是从总体来看，我国老年弱势群体的社会支持体系的主要构架已经基本形成，主要包括以下四个方面。

第一，政府支持。政府是老年人社会支持网络中最有权威的方面，对老年人的支持主要体现为制定和宣传老年人方面的法律法规和政策，并实施督查，建立和推行相关制度，实行资金投入。城乡老年支持体系具有不同的特征，其中城市老年支持体系以政府作为支持主体，在经济、医疗，服务保障上，为老年人的生活供养提供了一条重要防线。在农村，政府支持主要是社会救助。可见，在老年社会支持方面，政府仍然扮演着社会资源分配者的角色，支持的本质实际上是一种资源再分配，支持的形式与过程则表现为单向的施助与受助，而社会资源尚未充分得以开发。

第二，机构支持。主要包括老年服务机构和其他机构。老年服务机构又可以根据其功能分为养老机构、老年文化娱乐机构、老年用品商店、老年旅游公司等。其他机构包括新闻机构、教育机构等，通过舆论和老年教育关注老年人的健康，支持老年人的生活。

中国的养老机构在满足老年人的福利需求和生活供养方面做出了积极的贡献，养老服务机构的发展关系到老年人群体切身利益。在中国，养老机构兴起于 20 世纪 50 年代后期。城市为社会福利院，收养城市中的"三无老人"，即国家对没有劳动能力、没有收入来源、无人赡养或无抚养人的老人实施机构供养，所需经费几乎全部由国家财政提供。农村为敬老院，集中供养"五保"老人。随着社会福利社会化的推进，中国养老机构的收养对象正在从过去的"三无"老人和"五保"老人转变为面向全社会所有的老年群体。

第三，社区支持。随着传统社会向现代社会的变迁，人口的高老龄化趋势日益明显，家庭结构的小型化发展，家庭养老功能的不断弱化，越来越多的老年人需要由社会资源来提供生活照料和健康护理。

李晓华在《社区照顾模式与我国养老方式选择》中提出，社区养老是家庭养老与社会养老的结合与过渡，社区养老既可以结合家庭养老中的"在家养老"层面的内容，并且尽可能多地结合社会养老方式中社会化的供养经济来源、专业化水平的服务质量等因素，通过在家或生活在熟悉的社区内，解决正规化的社会养老机构的高成本及所欠缺的人情味，也可以缓解我国传统家庭养老模式的巨大惯性对社会养老的抗拒。

随着城市社区建设的推进和"星光计划"的实施，大部分社区都建立了一定的老年人福利服务设施，老年公寓、老年之家、托老所及老年人服务志愿者队伍也在不断发展壮大，一些部门和社会团体的应急性救助也十分多见。社区层面的支持往往与社区照顾、家庭照顾相结合，共同发挥作用。社区对老人日常生活照顾的作用正在逐渐加强，日常照顾的社会资源开始被老人接受。但是由于种种原因，社区养老服务还停留在经验层次和基本生活层面，对老年人的精神生活照顾不够。

第四，家人、亲戚等的支持。吴捷等人对养老需求进行的一项调查表明，约80%的老人将居家养老作为首选，性别、年龄、文化程度和身体状况这几大因素都没有影响老年人对养老方式的选择。可见居家养老仍然是大多数老年人首选的生活方式，来自老年人的家人、邻居、亲戚、朋友、同事等的支持，组成老年人的社会非正式支持体系。

在生活照顾支持上，配偶是老年人口的第一照顾者，为老人提供最直接的帮助；其次是子女，对于没有配偶的独居老人或夫妻双方身体都较弱及高龄的老人，一般则完全由他们的子女来照顾。国内外许多研究表明，子女向老年人提供的支持和帮助，可以提高老年人的幸福感水平。

（二）老年人社会支持的来源

在老年人社会支持资源系统的划分上，基本可以分为经济资源、生活照料资源、精神资源。经济资源主要包括金钱和物质的提供，城市老年人通常可以从离退休金中获得支持，而农村老年人则主要通过务农等活动进行自养。除此以外，老年人最主要的经济支持通常来源于子女及其他亲属，其次为朋友或同事等。对老年人日常生活的照顾支持通常包括对老年人身体上的照顾和家务料理，主要是由家庭成员、亲属等提供支持；其次是包括邻居、护理人员、社区、朋友或同事等提供的支持。当需要心理慰藉时，其支持来源依次为家庭、亲属、邻居、朋友或同事、社区、护理人员。当需要信息支持时，其支持来源依次为家庭、亲属、邻居、朋友或同事、社区、护理人员。无论是在哪一方面，家庭成员及亲属都是老年人获得社会支持的重要来源。

老年人社会支持的提供系统，包括正式支持系统和非正式支持系统两方面。其中正式支持系统主要是由政府、社会（含社区）组成，包括为老年人提供法律和政策等方面的社会支持；而非正式支持系统则主要包括家庭成员、亲属、邻里、朋友及同事等，家庭被认为是老年人社会支持的重要载体。何敏媚，吴明的研究发现，当老年人需要日常生活照顾支持、经济支持，心理慰藉支持及信息支持时，他们首先会想到家庭网络，其次是亲属网络。其他调查研究也显示，老年人的经济支持主要来源于自养和子女提供，在生活及情感支持方面，也主要来源于配偶、子女及其他亲属。

（三）中国老年人社会支持网络

社会网络是一定范围的个人之间相对稳定的社会关系，不同的网络关系将提供不同类型的社会支持。个人的社会支持网就是指个人能借以获得各种资源支持（如金钱、情感、友谊等）的社会网络。个体社会支持网络由具有相当密切关系和一定信任程度的人所组成，在解决人们社会生活中发生的问题和危机、维持正常生活秩序上，扮演着非常重要的角色。因此，一个人为了保证生活需要的大量社会支持，就必须与多种多样的人保持社会关系。良好的社会支持网被认为有益于减缓生活压力，有益于身心健康、提高生活质量。社会支持网的缺乏，则会导致个人的身心疾病，使个人日常生活的维持出现困难。在社会层面上，社会支持网作为社会保障体系的有益补充，有助于减轻人们对社会的不满，缓冲个人与社会的冲突，从而有利于社会的稳定。

社会支持是整个支持网络范围内资源的复杂流动，社会网络中个体的权利，影响及对于资源的接近，对主体接受的社会支持有重要影响。威戈总结和提出了一个关于老年人社会支持网类型的模型，认为老年人的社会支持网存在五种基本的类型：家庭依赖型社区整合型、自我涵括型、社区依赖型和自我局限型。这五种社会支持网类型具有各自不同的特点。

第一，家庭依赖型的社会支持网，是指老人的社会生活主要依赖于当地社区中由近亲（包括子女等）构成的家庭纽带，很少有朋友或邻居介入。它经常指老年人与一个成年子女共同居住或与子女的家庭相距较近，并能共同分担家务劳动，社区介入程度一般很低，老人所有需求基本上都是由亲戚来满足。这样的社会支持网一般规模小，密度和同质性较强，与其他类型的老年支持网相比，老年人更多为寡居，年龄较大，身体欠佳。

第二，社区整合型的社会支持网，包括与当地家庭、朋友、邻居的密切联系。许多邻居同时又是朋友，长期在同一个社区居住，他们在某个社会团体、社区教会中有过共同的社会活动经历。

第三，自我涵括型的社会支持网，这种社会支持网的一种典型情况是，至少有一个亲戚生活在同一个社区或相邻近的社区，通常是兄弟姊妹、外甥侄戚，但他们之间保持有一定的交往距离，彼此之间有不太经常的接触或联系。这样的老人通常没有子女，居住在自己家里，与邻居有相互帮助关系，并经常参与社区事务。其网络规模通常小于平均水平。

第四，社区依赖型的社会支持网，老年人在当地没有亲戚，但与居住较远的亲戚（通常是子女）保持活跃的交往联系，与朋友、邻居有十分突出的往来。他们经常参与社区或社团的活动，对朋友与邻居之间有较为明确的区分。

第五，自我局限型的老年人，通常情况是在当地社区中除配偶外，没有其他亲属关系，与邻居很少往来，附近也很少有几个朋友，卷入社区的程度或与社区接触的程度都很低。

威戈和刘精明通过对 60 岁以上健康老人的问卷调查，对中国北京和英国利物浦两个不同文化背景城市中老年人社会支持网类型的特点与异同，做了深入的分析，比较了老年社会支持网的五种类型在不同地区的分布和成员互动的差异。结果显示，尽管两地存在文化和社会制度的差异，但老年人的社会支持网类型的分布仍有很多相似之处。无论是在北京，还是在利物浦，最强一类老年人的社会支持网是社区整合型的支持网；其次是家庭依赖型网络。这意味着养老问题是一个非常广泛的问题，它已经不仅属于某个家庭、个人或者全部推向社会，而是由家庭、社区，甚至国家和社会共同承担的问题。

中国正面临着人口老龄化的严峻挑战，我国老龄事业总体上仍滞后于人口老龄化的要求和社会经济的发展。具体到社会支持网方面，在当前正式的社会支持资源还不充足的情况下，研究老年人的非正式社会支持问题，更具有现实意义。了解老年人的社会支持网状况，探索重构社会支持网络的途径，对于老年人个人维持身心健康、提高生活质量，对于社会平稳度过人口老龄化危机，推动和谐老龄化工作，都有重要的意义。在中国，老年社会网络研究起步于20 世纪 90 年代，目前正处于发展阶段，相关研究涉及不同老年人群的社会支持网状况及其与老年人身心健康的关系。

张友琴以厦门市城区和农村老年人生活与供养状况的两次大型抽样调查数据资料为依据，围绕影响老年人生活的三个最基本的方面，即经济保障、生活照顾、精神慰藉，对老年人的社会支持网络进行了探索研究。结果发现，家庭支持是城乡老年人社会支持的基础，也是其社会支持网的主体。我国老年人的晚年生活主要是依靠非正式的支持网络，而家庭支持又几乎成为非正式支持的全部；配偶、子女和儿媳妇是老年人社会支持的主要提供者；家庭支持的作用因社会支持网内部子支持网的类型及正式的制度化行为在不同社区介入程度的不同，而呈现相当明显的社区差别；老年人社会支持网络的多元化有助于改进老年人晚年生活的品质，提高其生活满意率。

崔丽娟和秦茵对养老院老年人生活满意度与社会支持网络的关系进行了研究。结果显示，养老院老人的社会支持网络，就其来源而言，可分为四个：子女的支持，护理人员的支持，老人之间的支持，养老院的支持。养老院老人的社会支持与其生活满意度之间存在极其显著的相关关系；影响养老院老人生活满意度的最主要因素是养老院的软硬件设施条件与院中老人之间的相互支持，但在生病等特殊状况下，子女仍是最主要的支持来源；对养老院中的老人来说，精神支持的需求，比物质支持和认知支持更为重要。

曹子建等人对成都市老年人养老意愿和社会支持网进行了调查研究。结果发现，成都市老年人的经济支持网主要是社保，其次是子女扶助；精神支持网主要是家庭和社区。调查结果表明，成都老年人的社会支持网已发生了结构性改变，社会化养老势在必行。尽管成都老年人目前对社会化养老的接受程度不高，但从未来趋势看，成都老年人正在试着接受各种非家庭的养老方式。将老年人日常生活照料和护理、老年娱乐休闲产业、老年房产产业、老年教育文化产业、老龄营养咨询和老年食品开发、老龄娱乐休闲和旅游产业、老年人心理咨询，精神抚慰、婚姻介绍等融为一体的综合式养老服务，很受离退休老人的欢迎。

韦璞对贫困少数民族山区老年人社会支持网络与生活满意度的关系进行了研究。结果显示，老年人综合社会支持网的平均人数规模为 8.4 人，平均关系规模为 3.6 种；在各项支持中，儿子发挥了最重要的作用，特别是在养老支持上，儿子占绝对优势；邻居和朋友在老年人的情感支持中，发挥了重要的作用；经济状况是影响老年人社会支持网络规模最大的因素。

姜花云对湖南农村贫困老年人的社会支持网进行了研究。结果显示，农村贫困老年人社会支持存在严重不足。国家的正式社会支持对农村贫困老年人的支持网起着重大作用。传统文化和经济水平对老年人的社会支持网存在很大影响。研究发现，对于农村贫困老人来说，不同支持主体在支持网体系中的地位正在发生变化，非正式支持主体的支持功能与正式支持主体的支持功能对比发生变化，正式支持功能在贫困老人生活中，更能起到物质照顾功能；未来养老院等支持主体在生活照料中的支持功能更为显著；而非正式支持主体虽然目前仍然充当生活照料和精神危机的主体角色，但支持功能已经呈现弱化趋势。加强正式支持力量的介入已成为发展趋势，而西方国家居民养老的历史发展趋势也与此相符。

（四）老年人社会支持的影响因素

刘爱玉、杨善华等人通过对河北省保定市的老年人及代际关系进行调查，发现对老年人各项支持的获得有显著性影响的因素有三类：第一类是老年人身体状况方面的因素，如年龄、健康；第二类是老年人目前向他人提供各项支持的状况；第三类是老年人的子女数量。这三类变量的作用具有以下特点。

1. 高龄老人获得身体照料、家务料理和物质支持的可能性明显大于低龄老年人；身体健康差的老人获得日常生活照料支持的可能性比健康状况好的老人大。

2. 老年人正在提供的生活照料支持和经济支持降低了家庭成员或其他人向其提供这方面支持的可能性，但帮子女照看孩子的老人，在日常生活照料支持方面获得的可能性增加，而对于经济支持的获得则是负面的影响。

3. 与通常人们认为子女越多，获得各种支持可能性越大的观念相左，子女数量较少的老年人，在感情支持上获得的可能性反而更大。

贺寨平在探讨个人特征对老年人社会支持的影响中发现，社会地位较高的人，经常提供一些重大的支持，而地位较低者，则提供一些小的支持；男性提供的支持的种类要多于女性，男性是大部分实际支持和情感支持的提供者，而女性提供的支持主要是与女性的特点相关的一些支持；年龄较大的人提供的是情感支持和社交支持，而年轻人更多地提供实际支持；已婚者提供的是情感支持和实际支持，而单身者则提供交往支持。关系强度"强"的网络成员几乎提供所有的各种支持，而关系强度"弱"的网络成员几乎不提供支持。面对面交往频度高的网络成员提供的是予以物质支持或做家务一类的支持，面对面交往少的网络成员提供的是重大的情感支持和实际支持；较之于联系少者，电话联系频繁的网络成员提供的支持比较重要。

王身祥等对杭州市社区老年人社会支持的调查研究发现，杭州市社区老年人的社会支持状况在性别方面差异显著，男性较女性社会支持的利用度高，这可能与性别的社会角色不同有关。退休前有固定职业的杭州市社区老年人在客观支持和社会支持总分上，均高于无固定职业者。有医疗保险的杭州市社区老年人客观支持高于无医疗保险者。因而可以通过完善社会福利和医疗保障体制，建立完善社会化养老服务等方式，可改善社区老年人的社会支持。

（五）老年人社会支持的效应

吴捷研究发现，社会支持各维度与主观幸福感各维度间两两相关显著，不同社会支持水平老年人的孤独感、主观幸福感具有显著差异，这表明，社会支持与主观幸福感之间的关系密切。个体只有在得到各种社会支持时，才能获得较高的幸福感。老年人的主观幸福感会受社会支持的影响。

陈立新，姚远基于武汉的调查显示，社会支持对老年人心理健康具有主效应和缓冲作用。在有轻度及以下心理压力的情况下，较多邻居、同事、家人，其经济和活动支持能显著改善男性老年人的心理健康水平，较多朋友、同事和活动支持能显著改善女性老年人的心理健康状况；在有中度及有心理压力的情况下，较多家人支持和较多安慰支持能分别显著改善男性老年人和女性老年人的心理健康状况。

贺寨平考察了社会支持的数量和质量与生活满意度之间的关系，发现在社会支持的数量中，支持网中有无配偶与老年人的生活满意度和身体状况都有显著关系，子女的数量只与生活满意度有关。在社会支持的质量方面，关系强度与老年人的生活满意度有正向关系，网络资本中网络成员经济收入的平均水平则与生活满意度和身体状况都有显著关系。在所有因素中，影响最大的是网络变化，失去网络成员，对老年人身心状况的负面影响，超过了其他任何一个变量的影响。

　　徐媛等通过问卷调查，研究期望社会支持与实际社会支持间的差异这一中介变量对老年人生活满意度的影响。发现实际和期望间的差异，与生活满意度间的相关水平，要高于实际社会支持水平与生活满意度间的直接相关，期望社会支持与实际社会支持的差异越小，老年人的生活满意度越高。非正式社会支持系统中，期望与实际支持的差异，比正式社会支持系统中期望与实际支持的差异对生活满意度的影响更大。

第二章

老年人健康的探索性研究

第一节　老年人生理与心理变化

一、老年人生理变化

随着年龄的增长，人体各器官和组织细胞的功能出现退行性改变或衰退现象，这是任何人都无法抗拒的自然法则。衰老是生物界普遍共有的规律。目前人们延长寿命，通常采取预防疾病，避免意外，并注重中老年医疗保健，从而延缓衰老的进程。在人的老年期，其生理变化主要表现在以下三个方面：生理性衰老、新陈代谢的异化倾向和机体应激性减退。

（一）生理性衰老

个体生理性衰老往往具有全身性、进行性、衰退性和内在性等基本特征。生理性衰老是普遍存在的，主要包括以下三个方面。

1. 人体结构成分的衰老，水分减少。正常人全身含水量男子约为体重的 60%，女子约为 50%；随着年龄增长体内含水量逐渐减少，60 岁以上男子约为 51.5%，女子为 42%～45.5%。老年人细胞含水量也明显降低，由 42% 降至 35%。

脂肪增多：随着年龄增长，新陈代谢变缓，耗热量降低，余热量在体内大量蓄积，从而使机体脂肪组织比例增加。

2. 细胞数减少、器官及体重减轻。人体在衰老过程中，细胞分裂增殖明显减少，在肌肉中表现最为明显；椎间盘中水分减少最为显著；骨骼中钙质明显减少。这些变化使得老年人肌肉弹性降低，力量减弱，易疲劳；肌腱韧带萎缩和钙化，致关节屈伸不利，运动迟缓，脊柱弯曲呈驼背，身高下降。在器官方面，则表现为肝、脾、肾、脑等的重量减轻。

3. 器官功能下降。老年人器官功能随着年龄增长而逐渐下降。器官的代偿能力和储备能力降低，适应能力、抵抗能力及免疫能力均减退。

（二）新陈代谢的异化倾向

物质代谢是一切生命活动存在的基础，代谢的快慢与生物的寿命长短呈反比。物质代谢可以为机体提供能量，但代谢产生的有害物质是引起衰老的原因之一。代谢主要在细胞中进行。因此细胞老化可使代谢废物在细胞内滞留，影响细胞的生理功能，进一步导致细胞和机体的衰老。

（三）机体应激性减退

由于老年人各个器官功能的衰退，代谢的减慢和异化，从而对外界环境改变的适应能力降低，如对外界冷热变化适应能力减弱、对传染病的抵抗力下降、食物消化吸收能力降低、对新鲜事物反应不敏感等，对内外环境的应激性均明显减退。

1. 老年人的适应能力减退老年人随着年龄增长，各系统功能普遍降低，使机体的内环境处于不稳定状态或失平衡的"边缘"状态；对外环境的适应能力亦下降，有时外环境中的微小变化也可引起老年人机体的较强甚至剧烈的反应。貌似"健康"的老年人实际上在机体内存在着或轻或重的潜在功能不全。

2. 老年人的储备能力降低中老年人逐渐出现内脏和组织的萎缩、重量的减轻、皮肤弹性的下降及细胞数目的减少，从而使人体的主要生命器官如神经、循环、呼吸、消化和泌尿生殖等系统功能普遍降低，使人体潜在的储备功能减弱，一旦承受额外负担或过度劳累，有可能出现严重后果。例如老年人肾动脉硬化后可使肾血流量减少至其原来水平的47%～73%，肾小球总数从中年时的80万减至老年时的40万左右，下降一半，肾储备功能明显降低；当出现感染、休克、肾毒性药物及其他应激状态时老年人就可出现肾功能不全或肾衰竭。

3. 老年人的抵抗力下降随着年龄增长，老年人的免疫内分泌等多种功能都存在着不同程度的下降和失调，从而削弱了老年人多种器官的代偿能力和抗病能力。一旦遇上外环境的不良变化，就可引起比青壮年更为严重的反应和后果。

衰老或老化的表现，存在着个体差异，不同器官和不同组织的退变也有不同。即使同一老年人，在不同身心状态下，其衰老的表现也不一样。中老年保健既要重视体质的变化，亦要保持良好的身心素质。科学研究证明，有健康心理和健康身体的老年人，可推迟衰老出现的时间，减轻衰老的程度，延缓衰老的进程。

二、老年人心理变化

随着年龄增长，躯体各系统、组织和器官逐渐发生老化，身体素质下降，疾病增加，劳动能力逐步丧失，再加上生活环境和经济条件的改变，老年人的心理活动也会出现各种变化，形成了老年人所特有的心理过程和个性心理特征。老年人心理变化过程主要体现在认知过程、情感和意志等的变化。认知过程变化主要变现为功能衰退，包括感觉、知觉、记忆思维和反应能力的改变。感觉减退如视力调节能力衰退、听力减退、嗅觉减退、味觉功能丧失明显、痛温觉反应迟钝、平衡觉和运动觉紊乱等；知觉主要表现为定向力障碍，对时间、地点和人物的辨别困难；记忆力减退是老年人的一大特点，还常伴随记忆错位现象，将事件时间、地点和人物错误嫁接，张冠李戴。情感变化主要表现为情绪波动。有时因小事发怒，遇到困难和挫折时难以镇定，多产生明显的焦虑或者恐惧感。老人情感多数像孩子一样反复无常，俗称"老小孩"。有些老年人，由于脱离工作岗位子女成家立业，加之自身生理素质下降，总感觉自己无用，情绪悲观，意志消退，兴趣爱好减少，做事缺乏毅力和探索精神，久而久之，表现为各种心理疾病，如老年抑郁症。也因人生观，及其自身和家庭社会环境的影响，形成各式各样的心理活动状态如虚荣心理、自卑心理、孤独心理、抑郁心理、多疑心理和恐惧心理等。

中老年人的心理和行为变化通常具有下列一些特征。

（一）失落感

老年人紧张、辛勤工作数十个春秋，事业有成，受到尊敬和爱戴。一旦步入退休生活后，生活节奏一下子由紧张、有序，转为清闲、松散甚至无所事事，如果没有思想准备和妥善安排，常使老年人精神上感到空虚，思想上无所依托，心理上就会出现失落感，甚至郁郁寡欢。有的人沉默寡言，有的人则变得焦躁不安和激动易怒。两种表现截然不同，但其本质都是老年人心理上一时不能适应的表现。老年人的适应过程，时间有长有短，通常需要几个月到一年左右才能在心理上逐渐趋向平衡。

（二）孤独感

老年人离开工作岗位后，同事间接触减少，社会活动和交往不多，以致消息闭塞，信息不灵。如果"人走茶凉"、子女远走高飞或另立门户，出现"空巢"，变成两老厮守或单独生活的"留守"老人。若是体力不佳，视听减弱，行动不便的高龄老人，时间长久，会出现"与世隔绝""孤立无援"的心境，丧偶的老年人这种心境更为显著。

（三）焦虑恐惧感

有的老年人担心年老多病，患上"恐癌"症，担心中风瘫痪，顾虑心绞痛、心脏骤变猝死等，以致惴惴不安，惶惶不可终日。为此，有人轻信广告宣传，到处求医问药，有的道听途说，不经深思核实就胡乱用药，从而造成不良后果。

对待这类焦虑恐惧的病人，一方面亲属要督促其认真细致地检查身体，弄清确实病况，另一方面亲友还要对其耐心解释，分析焦虑恐惧对治病无益，对健康有害，使病人对"各种疾病"有一个较为正确和全面的认识，对疾病有一个乐观科学的态度。

（四）消沉没落感

这类老年人常为体弱多病或旧病复发，或罹患新病，影响健康和生活质量。这些老年人思想上有压力，精神上消沉，若再卧床不起，更觉得己是"日薄西山""余年不多"的没落状况。对待这些老年人，一方面积极防治老年病，解除实际病痛，另一方面亦要反复给予鼓励，减轻这种对健康有害的消沉没落情绪。

老年人的各种心理表现，因人、因时、因事而异，出现心理不平衡的程度有轻有重，预防和克服这些不良心理状态，无疑对老年人的身心健康有重要意义。

第二节　老年人健康的综合评估

一、老年人的健康标准

（一）什么是健康

1948 年世界卫生组织（WHO）对健康的定义是：健康不仅是没有疾病和衰弱，而是一种身体健康、心理健康和社会适应良好的综合状态。1989 年 WHO 又提出了关于健康的新概念，即健康不仅是没有疾病，而且包括躯体健康、心理健康、社会适应良好和道德健康。

（二）老年人健康的评价标准

根据健康的定义，老年人的健康标准主要分为身体健康、心理健康和社会适应良好三个方面。身体健康包括形体健康和生理功能正常两个标准，其中形体健康是指生理形态结构正常，无明显驼背或其他畸形，体格指数达到标准要求；生理功能正常是指组织系统无功能障碍，表现为体力良好，动作灵活，声音洪亮，视力与听力良好，身体各重要器官功能正常。心理健康是指有健全的心理状态，包括情绪稳定、性格豁达、积极应对及心态平和。社会适应良好是指有良好的人际关系和社会适应能力，能够较好地参与社会活动，适应社会环境变化，并具有一定的心理承受能力。

（三）什么是老年人的健康评估

所谓健康评估是指通过询问、观察和体格检查等来判断个体健康状况的方法。老年人的健康评估包括对躯体健康评估、心理健康评估、社会健康评估和生活质量评估四个方面。通过对老年人的健康评估可以了解其身体、心理、社会等方面的情况，为指导老年人日常保健、确保老年人身心健康和延长预期寿命提供依据。收集主观和客观资料以了解老年人的健康状态，其中主观资料是指老年人的自我感受和自我健康评估；客观资料是指通过观察、体格检查或借助医疗仪器和实验室检查等而获得的信息。

（四）对老年人进行健康评估的人员有哪些

老年人的健康评估者可以是医院的医护人员或社区服务人员，也可以是老年人自身、其家属或与其亲密接触者。对老年人全面而系统的健康评估需由医院专业医护人员进行，包括对实验室检验、X线检查等辅助检查结果的分析；但日常生活中随时的、简单的健康评估则可在家庭或社区内进行，尤其是居家健康评估更有助于老年人早期发现疾病的征兆，以便及时寻求医疗帮助。

二、影响老年人健康的因素

（一）影响老年人健康的生物因素

影响老年人健康的生物因素主要包括以下几个方面。

1. 生物性致病因素

生物性致病因素是指由病原微生物引发的传染病、寄生虫病和感染性疾病，如肝炎、结核等。

2. 遗传因素

遗传因素指某些与遗传密切相关的疾病，如糖尿病、高血压等。

3. 生物学特征

生物学特征主要指老年人的年龄、种族、性别等因素而导致的对某些疾病的易感性增强。

（二）影响老年人健康的心理因素

影响老年人健康的心理因素主要是指能引起老年人的情绪和情感变化的因素。老年人的情绪与情感和躯体的健康状态、对生活事件的反应能力与承受能力、既往的生活与工作经历等紧密相关。在心理应激或情绪激动时，机体会出现一些正常的生理性反应，如血压增高、心率与呼吸加快等。良好的情绪反应有助于机体保持心态平衡，提高机体的免疫功能，而长期不良的情绪容易使机体内分泌失调、免疫功能下降，增加疾病的发生风险。

（三）影响老年人健康的环境因素

环境是人类生存与发展的重要条件，环境对健康的影响日益受到人们的重视，老年人的很多健康问题与其生活的环境密切相关。

1. 自然环境

自然环境主要指与阳光、空气、水、土壤、气候和地理等相关的因素。水污染、食品污染、空气污染等自然环境的变化会直接或间接地影响人的健康。

2. 社会环境

社会环境可涉及与老人生活密切相关的经济、文化、家庭社会制度、风俗习惯、人口状况与教育情况等因素。良好的社会环境对老年人的健康起到积极的促进作用。

（四）影响老年人健康的行为与生活方式

人的行为与生活方式是指受一定文化因素，社会经济、规范及家庭的影响，人们为满足其生存与发展的需要而形成的生活意识与生活行为习惯的总称。WHO 统计显示，影响人的健康因素中行为与生活方式占 60%。目前行为与生活方式因素对人健康的影响已成为最主要的因素。良好的行为与生活方式，如适当的运动、规律的生活、健康的饮食等，可使人处于良好的健康状态，而吸烟、过度饮酒、不合理的饮食与睡眠及缺乏体育运动等已成为危害人们健康的主要因素。

（五）影响老年人健康的医疗卫生服务

医疗卫生服务是指医疗卫生机构和专业卫生人员为防病、治病和促进健康，运用卫生资源和医疗技术向个体、群体与社会提供的卫生服务。影响老年人健康的医疗卫生服务因素主要包括医疗卫生服务的内容、覆盖的范围及服务质量等，这些均与老年人的健康密切相关。能够方便前往医疗卫生机构就医或在家庭内能够获得适当的医疗卫生服务，满足老年人对医疗服务的需求是至关重要的。

三、老年人的躯体健康评估

（一）老年人躯体健康评估内容

躯体健康评估包括健康史评估、体格检查及评估老年人日常生活功能是否正常。其中健康史包括现病史、既往史及家族史三个方面的内容；体格检查包括一般状况（身高、体重、步态及活动度）、全身状况（生命体征、营养状况及智力状况）及局部状况（皮肤、毛发、指甲、头面部、胸部、腹部、脊柱与四肢及神经系统）；日常生活功能状态的评估包括对日常生活能力、工具性日常生活能力及高级日常生活能力三个方面的评估，日常生活能力是指老年人从事日常的生活自理能力，工具性日常生活能力是指老年人使用工具的能力，高级日常生活能力是老年人参加社会活动的能力。

（二）老年人及家属可评估方面

老年人及家属可以在家中对老年人进行躯体健康评估，内容主要包括身高、体重的评估；步态及活动度的观察；体温、血压脉搏、呼吸的测量；全身营养状况及局部状况的评估；老年人常生活功能状态的评估等。

（三）老年人身高以及体重评估

老年人可以在家中自行用皮（卷）尺和体重秤测量身高、体重。从 50 岁起，老年人的身高逐渐缩短，体重可能逐渐减轻。要注意有无体重突然下降，短时间内体重持续的下降需提高警惕，可到医院进行进一步检查以确定原因。

（四）老年人步态及活动度观察

主要应观察老年人四肢的活动度及步态是否稳健。步态是指人走路的姿态。四肢活动度降低，活动耐力下降，同时有步态改变时常提示有疾病的可能，比如帕金森病患者会出现慌张步态，表现为起步困难，迈步后小碎步向前冲，越走越快，身体向前倾，有一种要扑倒在地的趋势，不能及时停步或转弯；小脑病变患者会出现醉酒步态，表现为像醉酒后一样，走路重心不稳，步伐紊乱不规律。

（五）老年人各项指标测量方法

1. 体温测量

常用的是测口温与测腋温两种途径。口温即测量口腔的温度，其正常值是 36.2～37.0 ℃；腋温是测量腋窝的温度，是最常用的一种测温方法，其正常值是 36.5～37.5 ℃。测肛温一般只有在医院内进行，居家评估时较少使用。正常情况下，老年人体温较正常值偏低。如午后重测体温比清晨高 1 ℃以上，可判断为发热；如持续 24 小时低于 35 ℃，可判断为低体温症，需送医院治疗。

（1）水银体温计

测量前需将温度计的水银柱甩至 35 ℃以下以保证测量准确。测口温时将体温计的水银端放到舌头左或右下方的舌下窝中，测量时间约 3 分钟，通过观察水银柱的刻度值来确定体温；测腋温时需要擦干腋窝处的汗液，将体温计的水银端放到腋窝处，同侧手臂屈曲，手掌过胸放在另一侧肩部，以夹紧腋窝，使体温计紧贴皮肤，测量时间约 10 分钟，观察体温值的方法与测口温相同。年龄较大者测量体温时宜有人陪伴，防止测口温时老年人不慎咬破体温计或测腋温时由于忘记将体温计取出就擅自活动，导致体温计破损，水银外泄。

（2）电子体温计

能快速准确地测量人体体温，与传统的水银体温计相比，读数更加方便，测量时间较短，测量精度高，且不含水银，对人体及周围环境无危害，特别适合于家庭、医院及公共场所等使用。按照与被测温者的距离进行分类，可将电子体温计分为接触式与非接触式两种类型，公共场所对人群进行体温监测时多用非接触式电子体温计，而居家与医院多用接触式电子体温计。使用时只需按住开关进入开机状态，将探头放在需要测温的位置，直到听见蜂鸣声音，体温数值即可显示出来。停止使用时只需按开关进行关机或约 1～2 分钟后自动关机。

2. 脉搏测量

使被测量者处于安静状态，测量者将食指、中指和无名指屈曲，指端按在被测者腕部桡动脉上进行测量，一般测半分钟，计数值乘以 2，得到每分钟的脉搏次数，其正常值是 60～100 次/分。测量时注意评估脉搏的规律和强弱。正常情况下，老年人脉搏与成年人接近，跳动均匀，间隔时间一致，每次搏动强弱相同。老年人也可学会自查脉搏，及时发现心血管系统的异常改变，尤其当自觉心慌、气短、无力时，及时发现脉搏的异常更具有意义。

3. 呼吸测量

可由老年人的家属或其他相关人员在测量老年人脉搏的同时测量呼吸，应使被测量者处于安静状态下，并在其不知不觉的情况下测量呼吸次数，这样可避免因其精神紧张而导致呼吸频率加快。观察老年人呼吸时主要观察其胸部或腹部的起伏，般应观察半分钟，呼吸计数值乘以2，得到每分钟的呼吸次数正常值为16～20次/分，老年人呼吸频率稍增快，25次1分钟以下可视为正常。测量时注意评估呼吸的节律是否规律、均匀有无呼吸费力。

4. 血压测量

测量血压可用水银血压计或电子血压计。电子血压计更易于操作，且不需要听诊器，不受测量者的听力及周围环境噪声的影响，更适用于居家使用。测量时同样需要使被测量者处于安静状态，并使其手臂与其右心房处于同一高度，肘部伸直，手掌向上，用自动放气程序将袖带内空气排尽，绑在上臂中部，松紧度以能插入一根手指为宜，按测量键自动测量血压并在显示屏上显示出血压值。其正常值为收缩压（测得的高血压值）90～140 mmHg，舒张压（测得的低血压值）60～90 mmHg，老年人由于动脉硬化血压可有所增高，但一般收缩压不超过 140～160 mmHg，活动、发烧或休息不佳等情况时血压可增高，如无相关诱因，血压持续增高应及时去医院进行有针对性的检查。

（六）老年人全身营养状况评估

老年人全身营养状况的评估需要了解其饮食情况，日常活动量及有无饮食的限制，如糖尿病需低糖或无糖饮食。同时结合其身高、体重，计算体质指数（BMI），计算的方法为体质指数（BMI）＝体重（kg）/身高（m）^{2}，例如体重70 kg，身高 1.7 m，体质指数为 $70/1.7^2 = 24.2$。体质指数的正常值为18～25，体质指数小于 18 为偏瘦，25～30 为超重，大于 30 为肥胖。

（七）老年人日常生活功能状态评估

1. 日常生活能力评估

即老年人从事日常的生活自理能力评估，主要评估内容包括吃饭、穿衣服、洗澡、上厕所、行走等能力，是评价老年人是否需要他人照顾或辅助器械的指标。

2. 工具性日常生活能力评估

即老年人使用工具的能力评估，评估内容主要包括打电话、做饭、购物、洗衣服、使用交通工具、服药等能力，是评价老年人能否独立生活的能力。

3. 高级日常生活能力评估

即老年人参加社会活动的能力评估，评估内容有社交、娱乐活动、职业工作等能力。随着年龄的增加，老年人的这种能力可能逐渐丧失。

日常生活功能状态中最早出现缺失的能力是高级日常生活能力。老年人如果出现了高级日常生活能力下降，就存在更严重功能下降的可能，需要对其进行日常生活能力和工具性日常生活能力的评估，进而来判断功能缺失的程度和制定相应措施以提高其生活质量。

4. 日常生活能力量表

老年人可以使用日常生活能力量表（见表 2-1）进行日常生活能力的自我评估。总得分少于 16 分为正常，大于 16 分显示有功能下降。有 2 个或 2 个以上单项超过 3 分或总分超过 22 分均表明有明显功能障碍。

表 2-1　日常生活能力量表

圈上最合适情况			
1. 使用公共车辆	1	2	3	4
2. 行走	1	2	3	4
3. 做饭菜	1	2	3	4
4. 做家务	1	2	3	4
5. 吃药	1	2	3	4
6. 吃饭	1	2	3	4
7. 穿衣	1	2	3	4
8. 梳头、刷牙	1	2	3	4
9. 洗衣	1	2	3	4
10. 洗澡	1	2	3	4
11. 购物	1	2	3	4
12. 定时上厕所	1	2	3	4
13. 打电话	1	2	3	4
14. 处理自己钱财	1	2	3	4

四、老年人的心理健康评估

（一）进行老年人心理健康评估的原因

心理健康能够直接影响老年人的躯体健康和社会功能。进入老年期，随着机体各项生理功能的减退，以及家庭、社会生活和角色的改变，老年人的心理特征也发生了变化。进行心理健康评估，可以帮助了解老年人的心理活动变化，及时发现存在的心理问题，以便有针对性地开展心理护理，促进老年人身心健康。

（二）老年人心理健康的主要评估内容

心理健康评估包括自我概念、认知、情绪与情感、压力与对四个方面。自我概念是指老年人对自身的身体特征、个性特征和社会角色的认识。认知是指老年人对外界信息接收和处理的能力，包括思维能力、语言能力和定向力。情绪与情感是指老年人对自身需要满足情况的反映，最常见的不良情绪是焦虑和抑郁压力与应对是指日常生活的各种事件对老年人所产生的压力及其应对的方式。

（三）老年人心理健康的主要评估方法

心理健康评估一般采用交谈法、观察法及量表评定法。交谈是直接的语言性交流，是心理健康评估时最常用的一种方法，但值得注意的是，与老年人进行交流时语言应简单、清楚，必要时要重复询问，同时应认真倾听。观察是非语言性交流，包括眼神、表情、语调、姿势等的观察，需要评估者细致观察老年人的每一个细节，以获得有效的信息。心理健康相关的评定量表包括焦虑评定量表、抑郁评定量表、压力评定量表等。有些老年人由于视力或书写能力障碍不能独立填写量表时可以通过与老年人交谈，询问评定量表上的问题并进行评分，在交谈的同时还可观察老年人的眼神、表情、语调等进一步评估老年人的心理健康状况。

（四）什么是健康和不健康的心理

健康的心理是自我认同、自尊、认知正常、情绪稳定、积极乐观，面对压力意志坚强，能积极克服困难，能适应社会，有良好的人际关系，并且其心理特征具有稳定性。

不健康的心理可以表现为自尊心过强，喜欢炫耀吹嘘自己；过于自卑，认为自己没有能力、没有成就；抑郁，情绪悲观消极，对任何事物都缺乏兴趣，认为自己是多余的人，会给家庭带来负担；面对生活中的应激事件无法做出正确的应对，遭受打击后变得沮丧、悲观、抑郁，甚至发展为癔症、自杀。此外，感觉孤独、寂寞、猜疑、嫉妒、暴躁等都是不健康的心理状态。

（五）怎样进行老年人自我概念的评估

1. 通过交谈的方法了解老年人对自己的认同程度，这是最常用的评估老年人自我概念的方法。自我概念包括物质自我（身体、外表、穿着等）、社会自我（社会地位、成就等）和心理自我（个性、能力等）三个方面，具体问题例如喜欢自己身体的哪部分？不喜欢哪部分？觉得自己在外表及穿着上有哪些需要改变？家庭情况怎么样？觉得自己有哪些成就？觉得自己处理事情的能力如何？自己的个性是怎么样的？亲人、朋友、邻居都是怎么评价自己的？对自己满意吗？等等。

2. 通过观察法也可帮助评估老年人的自我概念，主要是观察老年人的外表、穿着是否干净、整洁、得体；是否愿意与人沟通，是否有眼神接触；有没有表现出抑郁、焦虑、悲观、暴躁等情绪。

3. 通过罗森伯格自尊量表来评估老年人的自我概念。

（1）我认为自己是个有价值的人，至少与别人不相上下。

① 非常同意　② 同意　③ 不同意　④ 非常不同意

（2）我觉得我有许多优点。

① 非常同意　② 同意　③ 不同意　④ 非常不同意

（3）总的来说，我倾向于认为自己是一个失败者。

① 非常同意　② 同意　③ 不同意　④ 非常不同意

（4）我做事可以做得和大多数人一样好。

① 非常同意　② 同意　③ 不同意　④ 非常不同意

（5）我觉得自己没有什么值得自豪的地方。

① 非常同意　② 同意　③ 不同意　④ 非常不同意

（6）我对自己持有一种肯定的态度。

① 非常同意 ② 同意 ③ 不同意 ④ 非常不同意

（7）整体而言，我对自己感到满意。

① 非常同意 ② 同意 ③ 不同意 ④ 非常不同意

（8）我要是能更看得起自己就好了。

① 非常同意 ② 同意 ③ 不同意 ④ 非常不同意

（9）有时我的确感到自己很没用。

① 非常同意 ② 同意 ③ 不同意 ④ 非常不同意

（10）我有时认为自己一无是处。

① 非常同意 ② 同意 ③ 不同意 ④ 非常不同意

（六）怎样对老年人的认知进行评估

认知的评估主要通过向老年人提问的方式进行，根据老年回答问题的情况来判断其认知能力。具体包括以下三个方面。

1. 思维能力评估

评估老年人是否能够正确地理解和回答问题，沟通时表情、语言是否自然，注意力是否集中，短时或长时记忆是否正常，比如能否重复一句话，能否复述当天发生过的事情。

2. 语言能力评估

评估老年人的语言表达是否流畅，发音内容是否正确，能否正确复述提问者的话，能否正确说出常用物品的名称，能否进行阅读和书写。

3. 定向力评估

评估老年人是否能够正确说出现在的时间具体所处的地点、自己的名字及描述房间中物品的摆放位置。

（七）怎样对老年人情绪和情感评估

1. 通过交谈和观察评估情绪和情感。询问老年人平时的情绪怎样，有没有什么事情特别高兴或难过，平时进食的情况及晚上睡眠的情况如何；观察老年人有没有焦虑、紧张的状况，比如多汗、皮肤苍白等。

2. 通过汉密顿焦虑量表和老年抑郁量表来评估老年人的情绪状态。

五、老年人的社会健康评估

（一）什么是老年人的社会健康评估

社会健康评估是对老年人的社会生活、社会功能进行评估。进入老年期，老年人的社会生活会发生改变，所承担的社会关系、角色和功能也会有所不同，比如退休、衰老、疾病、丧偶及重组家庭等。社会健康评估的主要内容包括角色功能评估、文化背景评估、家庭评估及环境评估四个方面。

（二）老年人社会健康评估的方法

社会健康评估的方法与心理健康评估相同，可运用交谈、观察及评定量表的方法。

（三）老年人主要有哪些社会生活的改变

1. 退休

退休老年人所要面临的是工作角色的丧失、社会关系的改变。退休前，工作是一个人活动和社交的主要来源，到了退休年龄，离开工作岗位前，会产生"恐老"的情绪，怀疑甚至不愿意接受自己已步入老年人的行列。退休后，离开熟悉的同事和工作环境，老年人常常感觉空闲时间增多，交往接触面突然变狭窄了，生活变得单调、枯燥、空虚，易出现抑郁、焦虑等情绪；退休后社会生活的主要空间变成了家庭和社区，由于家庭角色也发生了改变，收入减少，家庭地位从原来的生产者或决策者，变成了依赖者，容易出现沮丧、自尊心下降等情绪。退休的适应期大约需要一年。

2. 面对亲人和朋友的死亡

配偶是老年人生活中能够给予照顾、安慰和支持的最重要的伴侣，然而生老病死是自然规律，失去配偶是难以避免的，这也是老年人无法承受悲伤和孤独的主要原因。老年人常因此对未来丧失信心而自我封闭，陷入压抑孤独、绝望中，健康状况和生活质量都会受到影响，甚至产生不同程度的精神障碍。

朋友的死亡同样使老年人感到孤独和与社会隔离，更加感觉无依无靠，丧失生活的信心。

3. 面对衰老和疾病

衰老是不可避免的,面对衰老往往会出现两种情况,一种是否认自己衰老,或认为衰老不好,很多老年人希望退休后继续工作以提升自己的价值来否认或延缓衰老;另一种是在生理衰老前,先出现了心理衰老,认为自己老了,没用了,常与后辈沟通发生障碍。

慢性疾病和功能损害也是老年人需要适应的改变。调查显示,有85%的老年人患一种慢性疾病,50%的老年人患两种或更多种慢性疾病。同时,老年人还将不可避免地经历身体功能障碍。这些都导致了老年人生活自理能力下降,依赖性增加,自我概念及生活方式改变等。

4. 家庭再定位

家庭是老年人获得情绪支持和生活满足的来源,家庭支持是老年生活美满的要素。随着子女长大独立、结婚,与老年人分开居住,老年人需要去适应独居和家庭结构的改变。

(四)怎样对老年人的角色功能进行评估

可通过交谈的方法了解老年人所承担的家庭角色和社会角色的改变,评估老年人能否正确地认知自己的角色并适应角色的改变。良好的角色认知和适应是指老年人清楚知道自己目前所承担的角色,认同别人对他的角色期待,满意自己的角色,没有角色适应不良的表现,如疲乏、抑郁、睡眠不好、食欲不振等;同时能够融入社会活动,有一定的社会角色。评估角色功能时与老年人交谈的主要内容包括如下。

1. 询问老年人在退休后对目前的情况是否适应。

2. 让老年人描述和评价自己退休前后在家庭中所承担的角色,与家人相处的情况,夫妻关系、性生活等。询问是否有变化,是否能适应这么改变,对目前的情况是否满意。

3. 了解老年人每天的日常活动,是否有参与到社会活动中,是否有良好的社会人际交往。

4. 询问老年人是否对自己的角色感到压力过大不能胜任,是否出现容易疲劳、失眠、头疼等生理不适,是否有紧张、焦虑或抑郁等情绪障碍。

（五）怎样对老年人的文化背景进行评估

文化背景会影响到老年人对健康问题的看法、治疗方法的选择、对衰老、疾病和死亡看法及日常饮食和生活的规律。评估的方法是通过交谈了解老年人的价值观、信仰和习俗。如：

1. 你认为什么是人生最重要的？遇到困难会寻求哪些力量的帮助？

2. 是否参加某种组织？是否有宗教信仰？平时参加哪些宗教活动？宗教信仰对饮食、生活习惯及疾病治疗上有哪些特殊限制？

3. 平时饮食上有哪些习俗？多进食哪些食物？用什么方法烹饪？认为哪些食物是有益的？哪些是有害的？

（六）怎样对老年人所在家庭进行评估

家庭评估可通过交谈、观察和评估量表的方式进行。

1. 通过交谈了解老年人心目中家庭成员之间的关系。可询问"你认为您的家庭是否和睦？家庭生活是否快乐？家庭的日常生活安排有哪些？是否经常有家庭聚会？"等问题进行评估。

2. 通过观察了解老年人与家庭成员之间的沟通交流情况及家庭的氛围等。

3. 通过家庭功能量表（见表 2-2）来评估家庭功能。

表 2-2　阿普加家庭功能量表

	总是	经常	有时	很少	从不
1. 当我遇到困难时，可从家人那里得到满意帮助					
2. 我很满意家人与我讨论与分担问题的方式					
3. 当我从事新的活动或希望发展时，家人能接受并给我支持					
4. 我很满意家人对我表达感情的方式以及对我情绪（如愤怒、悲伤、爱）的反应					
5. 我很满意家人与我共度时光的方式					

（七）怎样对老年人的居住环境进行评估

环境评估包括自然环境和社会环境两方面的评估。

1. 自然环境的评估包括了解老年人的居住环境及社区资源。老年人退休后，主要的生活场所就是家庭和社区。因此，需要通过观察评估居家环境是否安全,有没有存在或潜在的对健康有害的危险因素;社区有没有医疗保健机构及休闲娱乐设施等。

老年人适宜居住在低层楼区,方便上下楼。楼梯不抖,并要有照明设备,扶手要稳;居室内要光线充足、温度适宜;地面要平整、地板不宜太光滑,打蜡要用防滑地板蜡,地毯要不易滑动;厨房盥洗台、浴室内接近洗手台、浴缸及坐厕的周围要有防滑垫,如有条件可以安装扶手,方便老年人进出;室内家具摆放不宜太拥挤,走道要保证没有障碍物;睡床不宜太高,防止上下床时跌倒,床垫不宜太软,否则老年人在床上会坐不稳;厨房燃气设备的开关标志要明确,电线安置妥当,应远离火源。

2. 社会环境包括经济、教育水平、生活方式、社会关系与社会支持。老年人退休后经济收入减少,可导致家庭和社会地位的改变,要了解老年人的经济来源、收入情况、是否有经济困难等;良好的教育有助于老年人认识疾病、获取健康保健的信息,因此,也要了解老年人的文化教育水平;不同地区、民族、职业、社会阶层的老年人生活方式并不相同,可通过交谈评估老年人饮食、睡眠、活动等日常习惯及有无酗酒、吸烟等。社会关系网包括与老年人有直接或间接关系的所有人或人群,从社会关系网所获得的支持称为社会支持,老年人的社会支持可来自家庭成员、邻居、老同事、朋友等,通过了解他们与老年人的关系是否稳定,是否彼此尊重,能否提供关怀和帮助等来评估老年人的社会支持。

六、老年人的生活质量评估

(一)什么是老年人的生活质量

生活质量又称为生存质量或生命质量,与健康不等同,是比健康更广的、全面评价生活优劣的概念;也有别于生活水平,生活水平是为满足物质、文化生活的需要而消耗的产品和劳动的多少,生活质量是以生活水平为基础,但侧重于精神文化层面的需求满足程度和环境状况的评价,简单地说,是指生活得好或不好。

中国老年医学会将老年人生活质量定义为60岁或65岁以上的老年人群身体、精神、家庭和社会生活满意的程度和老年人对生活的全面评价。

（二）老年人的生活质量评估内容

生活质量评估是多维度的评估，包括躯体健康、心理健康、社会功能、综合评价四个方面。躯体健康、心理健康和社会功能在前面的内容中已经介绍，而综合评价主要包括生活满意度的评估、主观幸福感的评估及综合性生活质量的评估，通过三个评估量表，可以对老年人进行评估，老年人也可进行自我评估。

（三）怎样评估老年人的生活满意度

可用生活满意度指数（见表 2-3）来评估生活满意度。

表 2-3　生活满意度指数

下面的一些陈述涉及人们对生活的不同感受。请阅读下列陈述，如果你同意该观点，就请在"同意"之下做一记号；如果不同意该观点，请在"不同意"之下做一记号；如果无法肯定是否同意，则在"？"之下做一记号。请务必回答每一个问题。

1. 当我老了以后发现事情似乎要比原先想象得好。（A）

同意　不同意？

2. 与我所认识的多数人相比，我更好地把握了生活中的机遇。（A）

同意　不同意？

3. 现在是我一生中最沉闷的时期。（D）

同意　不同意？

4. 我现在和年轻时一样幸福。（A）

同意　不同意？

5. 我的生活原本应该是更好的时光。（D）

同意　不同意？

6. 现在是我一生中最美好的时光。（A）

同意　不同意？

7. 我所做的事情多半是令人厌烦和单调乏味的。（D）

同意　不同意？

8. 我估计最近能遇到一些有趣的令人愉快的事。（A）

同意　不同意？

9. 我现在做的事和以前做的事一样有趣。（A）

同意　不同意？

10. 我感到老了、有些累了。（D）

同意　不同意？

11. 我感到自己确实上了年纪，但我并不为此而烦恼。（A）

同意　不同意？

12. 回首往事，我相当满足。（A）

同意　不同意？

续表

13. 即使能改变自己的过去，我也不愿有所改变。（A）

同意　不同意？

14. 与其他同龄人相比，我曾做出较多的愚蠢的决定。（D）

同意　不同意？

15. 与其他同龄人相比，我外表较年轻。（A）

同意　不同意？

16. 我已经为一个月甚至一年后该做的事制订了计划。（A）

同意　不同意？

17. 回首往事，我有许多想得到的东西均未得到。（D）

同意　不同意？

18. 与其他人相比，我惨遭失败的次数太多了。（D）

同意　不同意？

19. 我在生活中得到了相当多我所期望的东西。（A）

同意　不同意？

20. 不管人们怎样说，许多普通人是越过越糟，而不是越过越好了。（D）

同意　不同意？

注：A 为正向赋分项目，D 为反向赋分项目。赋分分为 0 分与 1 分，得分从 0 分（满意度最低）到 20 分（满意度最高）。

（四）怎样评估老年人的主观幸福感

主观幸福感可用纽芬兰纪念大学幸福度量表（见表 2-4）进行评估。

表 2-4　纽芬兰纪念大学幸福度量表

如果符合你的情况，请回答"是"，如果不符合你的情况，回答"否"。最近几个月里你感到：

（1）满意到极点？（PA）

（2）情绪很好？（PA）

（3）对你的生活很满意？（PA）

（4）很走运？（PA）

（5）烦恼（NA）

（6）非常孤独或与人疏远？（NA）

（7）忧郁或非常不愉快？（NA）

（8）担心，因为不知道将会发生什么情况？（NA）

（9）感到你的生活处境变得艰苦？（NA）

（10）一般说来，生活处境变得使你感到满意？（PA）

（11）这是我一生最难受的时期？（NE）

（12）我像年轻时一样高兴？（PE）

（13）我所做的大多数事情都令人厌烦或单调？（NE）

（14）我所做的事像以前一样使我感兴趣？（PE）

（15）当我回顾我的一生时，我感到相当满意（PE）

续表

（16）随着年龄的增加，一切事情更加糟糕？（NE）

（17）你感到孤独的程度如何？（NE）

（18）今年一些事情使我烦恼？（NE）

（19）如果你能到你想住的地方去住，你愿意到那儿去住吗？（PE）

（20）有时我感到活着没意思？（NE）

（21）我现在像我年轻时一样高兴？（PE）

（22）大多数时候我感到生活是艰苦的？（NE）

（23）你对你当年的生活满意吗？（PE）

（24）我的健康情况和我的同龄人比与他们相同甚至还好些？（PE）

注：PA：正性情感；NA：负性情感；PE：一般正性体验；NE：一般负性体验。每项目回答"是"赋分 2 分，答"不知道"赋分 1 分，答"否"赋分 0 分。总分＝PA－NA＋PE－NE，得分范围－24 至＋24。为了便于计算，加上常数 24，记分范围 0～48。

第三节　城乡老年人的健康状况

一、老年人的经济状况

改革开放四十多年来，受益于我国经济快速发展，社会财富极大增加，收入分配制度的改革和养老保障制度的逐渐完善，老年人得以共享社会发展成果，经济保障和总体收入水平也不断提高。

据国家统计局于 2021 年发布的《中国老龄事业发展统计公报（2021）》，截至 2020 年底，全国 60 岁及以上老年人口达到 2.69 亿人，占人口总数的 18.8%。其中城市老年人口月平均收入为 3 652 元，农村老年人口月平均收入为 1 591 元。但是，不能忽视老年人中的低收入群体，尤其是农村低收入老年人，在保障制度覆盖面还不够，保障水平还很有限的情况下，他们往往表现出脆弱性，很容易因病、因灾而陷入贫困。为此，应在加快建设城乡一体化养老保障制度的前提下，对这部分老年人及时给予救助，减少因病、因灾致贫或返贫的情况。

老年人获取收入的途径主要有四种：各类养老保障、来自市场的收入、家庭供养的转移收入和来自社会福利与救助的公共转移收入。我国城市和农村老年人的最主要收入来源分别是离退休金和劳动收入。无论城乡、子女供给都构成了老年人第二位的收入来源,子女供养来源对高龄老人和失去劳动能力的老年人尤为重要。

在我国城乡老年人中,截至2021年末,全国基本养老保险参保人数102 871万人,比上年增加3 007万人。职工基本养老保险参保人数48 074万人,比上年增加2 453万人;其中参保职工34 917万人,参保离退休人员13 157万人,分别比上年增加2 058万人和395万人。职工基本养老保险执行企业制度参保人数42 228万人,比上年增加2 320万人。城乡居民基本养老保险参保人数54 797万人,比上年增加554万人,实际领取待遇人数16 213万人。全年共为2 354万困难人员代缴城乡居民养老保险费26.8亿元,5 427万困难人员参加基本养老保险,参保率超过99%。目前我国职工养老金人均水平达到每月3 000元左右,基数已经较高,占在岗职工平均工资比重约60%左右。

我国老龄产业日渐兴起,正成为国民经济中不容忽视的产业。未来,随着人口老龄化进程的持续推进和程度不断加深,人口老龄化对我国老龄产业的市场规模和潜力的影响将越来越深刻。从需求侧对我国老龄产业市场潜力的测算结果显示,2020年、2025年、2030年、2035年、2040年和2050年的老年人口消费总额,将分别达到7.01万亿元、11.36万亿元、18.33万亿元、26.81万亿元、36.36万亿元和61.26万亿元。

城市老年人平均年支出为15 819元,农村老年人平均年支出为2 691元,城乡老年人总体收支都略有剩余。

但由于现代化等原因,家庭养老的作用逐步削弱;同时,以退休金为基础的正式养老体系还不完善,尤其是在农村地区覆盖面还比较窄;而通过劳动收入及个人储蓄,如通过早年储蓄等养老方式受金融环境的影响很难作为老年人的主要经济保障。我国正面临着老年人经济保障的严峻挑战。并且,老年经济保障状况在城镇和乡村之间存在巨大差异,调查显示,老年人的收入水平还存在着显著的城乡差异、年龄差异和性别差异。城市老年人的收入高于农村老年人,低龄老年人的收入高于高龄老年人,男性老年人的收入高于女性老年人。城乡老年人平均收入的总体差距为4.02:1,超过我国城乡平均收入总体差距3.28:1的水平,在支出上反映出的差距为3.73:1。

同时值得关注的是老年人的贫困问题。是否拥有充足的收入来源和收入支持,为老年生活提供基本保障,是老年人面临贫困威胁的关键性问题。容易陷入贫困的老年人包括日常生活自理能力丧失、没有固定经济供养来源或供养水平低、慢性病带病较多、部分高龄老年妇女、由于相关政策和制度安排衔接原因还未能达到基本经济供养水平等老年人群体，其基本特征是抗风险能力和自我恢复能力很差，而在经济供养方面表现为收入的不稳定、无保障收入或收入远低于平均养老金水平的群体。据测算，城镇老年人贫困发生率在 2.0%～19.0%之间。根据世界银行的每天 1 美元国际标准，贫困发生率为 3.4%；而根据中位收入 50%的标准，城镇老年人的贫困发生率高达 19.0%。据测算，农村老年人贫困发生率在 19.7%～30.3%之间，明显高于城镇老年人的贫困发生率（2.0%～19.0%）。根据政府官方的贫困线，城镇老年人贫困发生率相对最低，但是同样接近 20%。根据世界银行的每天 1 美元国际标准，农村老年人贫困发生率达 30.3%。

在分析老年人贫困问题时还注意到脆弱性老年群体的存在，残疾老年人、日常生活自理能力丧失或部分丧失老年人、农村高龄老年人、无社会保障老年人、部分老年妇女、城市社区工作岗位退休老年人等为主要的脆弱性老年群体，其突出特征是无社会养老保障收入或收入不能保证其基本生活、医疗和照料支出的需求，抗风险和自我修复能力较弱甚至基本没有。

此外，老年群体内部存在着严重的身份不平等。城乡在收入水平、养老保障、医疗保障等方面形成巨大差异，到老年阶段更加突出。老年群体中的性别不平等也同样显著，老年群体与其他年龄群体之间的经济不平等也比较严重。在我国绝大多数老年人基本生活得到保障的同时，养老金替代率的持续降低拉大了退休职工与在职职工收入差距，而老年人是物价上涨的敏感群体，连续增加养老金及其增长幅度并没有使他们感到手头富裕，其自我经济保障评价和主观幸福感并没有随着经济条件的改善而显著提高。

在未来我国经济持续快速发展的情况下，老年人的经济收入会越来越有保障。从发展趋势来看，城市老年人领取退休金的比例仍将继续增加。随着新型农村社会养老保险的推行，农村老年人领取养老金的比例也会有较大幅度的增长，但其金额仍将有待逐步提高，在老年人供养体系共担机制中，政府的责任边际可以延伸至对农村老年人发放基本养老津贴，至少在与现正试行的新农保制度安排衔接期内，对现在的我国农村 60 周岁及以上老年人实施农村老年津贴不仅必要而且是可行的。而在农村地区，不论是土地养老还是家庭养老，目前都难以为农村老年人口提供充足的保障,老年贫困问题仍将继续存在。因此,需要尽快完善我国城乡老年人社会保障制度,加大养老保险的筹资力度,弥补其生活支出的不足,并在减贫和最低生活保障政策中考虑老年人的额外支出,针对老年脆弱群体采取有针对性的政策措施,以有效地改善我国老年人的生活质量。未来的老年福利政策应当从收入补偿和提供公共服务两个方面同时入手来改善老年人的经济状况和生活质量,而在积极扩大老年社会保障制度覆盖面的同时也应当为老年人继续参与经济活动尤其是就业提供便利。

二、老年人的健康、医疗与照料服务状况

经过六十年的努力,我国基本建立起医疗服务、公共卫生服务、基本医疗保障及药品的供应四大医疗保障体系。老年人医疗保障覆盖面迅速扩大,绝大部分老年人享有社会医疗保险。近十年来,城乡医疗保障制度覆盖面不断提升。对老年人中的低收入群体,特别是农村老年人,还应及时给予医疗卫生救助。

老年人健康状况得到了极大改善,平均预期寿命从 1949 年的不到 40 岁增加到 74 岁。城乡老年人健康自评为一般和好的比例上升,健康自评为差的比例有所下降。特别是患慢性病的老年人的健康自评呈现出积极变化的趋势,表现为认为自己的健康状况"很差"和"较差"的老年人所占比例下降了 10 个百分点以上,而健康自评为"较好"和"很好"的老年人所占比例则上升 5 个百分点左右。

虽然社会医疗保险的保障水平有了较大提高,但是当前我国医药卫生事业发展水平与人民群众健康需求及经济社会协调发展要求不适应的矛盾还比较突出。"看病难、看病贵"一直是一个社会难题,老年人对无钱看病的担忧心理也比较普遍,尤其是农村老年人。城乡比较来看,城镇老年人就医的距离可及性都强于农村,并且这一差异在不断拉大。无论城乡,老年人最需要的社区卫生服务项目都是医疗康复方面的。在城市,需求最高的项目是康复治疗、上门看病两项,需求比例超过了 20%。在农村,最需要的服务是上门看病,高达 67.8%。

随着我国进入了人口老龄化的快速发展时期,高龄老年人所占的比例越来越高,老年人的医疗健康问题也越来越突出。一是老年人慢性病患病率不断上升,迫切需要加强老年疾病预防与干预。2021 年发布的第七次全国人口普查

主要数据显示，我国老年人的健康状况不容乐观，超过 1.8 亿老年人患有慢性病，慢性病患病率为 68.2%。比 2008 年增加 1.1 亿人左右，慢性病患病率提高了 24.4 个百分点。并且随着年龄的增加，老年人的慢性病患病率呈上升趋势。二是失能老年人口的绝对规模迅速增加，急需拓展康复护理业。《第四次中国城乡老年人生活状况抽样调查》显示，2015 年，中国失能、半失能老年人已达 4 063 万人。2020 年我国 60 岁以上失能老人已超 4 200 万，占 60 岁以上老年人口比例约为 16.6%随着年龄的上升，老年人日常生活自理能力丧失水平也不断上升，75 岁和 70 岁分别为男性和女性老年人较为明显的转折点，在此年龄以后，老年人失能和部分自理的比例显著增加，80 岁及以上老年人口中男性近 50%失能或半失能，而女性这一比例接近六成。高龄、丧偶、受教育程度较低和经济状况较差等四个特征叠加个数越多，老年人日常生活自理能力丧失水平越高。

老年人日常生活照料需求是老年人日常生活自理能力的实际反映。老年人照料服务需求明显增加。十年来，我国城乡生活完全能够自理的老年人比例略有下降（2.8 个百分点），主要是自理有困难（需要介助）的老年人有所上升（2.9 个百分点），完全失能的老年人比例基本稳定，但规模随老年人口而增加。具体来看，农村自理有困难的老年人上升了 5.4 个百分点，城市上升了 1.5 个百分点。2010 年，有 52.7%的高龄老年人存在不能自理或自理困难的情况，约 792 万高龄老年人有日常生活照料方面的需求，约 295 万自报有照料需求的老年人未能得到有效照料随着人口老龄化进程的进一步加速，老年人的照料服务需求不断放大，社会养老服务体系肩负的任务将愈加繁重。此外，还应从制度保障下手，借鉴德、日等发达国家的长期护理保险制度，研究制定符合我国国情的、科学可持续的高龄、失能老年人照料体系。

目前，家庭仍是老年人照料的最重要的资源。在城市，前三位的照料者是配偶、儿子、女儿；在农村，前三位的照料者是儿子、儿媳妇和配偶。有三成以上的城乡老年人担心没人照料。对老年人，特别是对那些空巢老年人来说，他们担心无人照料的一个非常重要的原因是缺乏获得长期、稳定和充分的家庭照料的信心，而社会照料服务又跟不上。据调查，城市老年人对社区照料服务的需求普遍高于实际利用程度。而农村社区照料资源贫乏得多，农村老年人对社区照料服务的需求比城市更为强烈，而且这种差异呈现扩大趋势。

从我国养老机构发展来看，截至 2021 年末，全国共有各类养老服务机构和设施 35.8 万个，养老服务床位 815.9 万张。其中全国共有注册登记的养老机构 4.0 万个，比上年增长 4.7%；床位 503.6 万张，比上年增长 3.1%；社区养老服务机构和设施 31.8 万个，共有床位 312.3 万张。大部分养老床位服务于自理、半自理老年人，面向最需要机构照料的失能老年人的床位太少。从总体上看，我国机构养老的供需矛盾十分突出，在总量上床位供给不足，但在现有资源中，又存在结构失衡、资源利用低效的情况。美国、德国、日本等西方发达国家已经建立了比较完备的长期照料体系和长期护理保险制度，值得借鉴。

三、居住安排和宜居环境研究

我国老年人平均家庭规模为 3.6 人，老年人最主要的居住安排是三代同住，即我国老年人多与子女和孙辈一起生活，比例为 36.0%；其次是只与配偶同住，比例为 32.3%；与子女一起两代同住的居住安排列第三位，占 17.1%；独居、隔代同住及与其他人同住的老年人比例依次减小。我国城市老年人只与配偶同住的比例是 41.5%，排在首位，其次是三代同住，占 27.4%；农村老年人以三代同住为主，该比例为 39.0%，夫妇户其次，占 29.0%。

值得关注的是，空巢、独居老年人显著增加。第四次中国城乡老年人生活状况抽样调查结果显示，空巢老年人（老年夫妇户、独居老人）占老年人口的比例为 51.3%，其中农村为 51.7%。空巢老年人的不断增多，是子女数减少、居住安排变化、住房市场化和人口流动等因素共同作用的结果。保障空巢老年人，特别是独居老年人日常生活，需要在照料、服务和关怀等模式上进行新的探索，更需要在就业、居住和税收等方面，为保证子女有时间、有能力、有精力照顾老年人作出制度性安排。

城市老年人拥有房屋产权的比例为 75.3%，只与配偶同住的老年人房屋为自有产权的比例高达 80.6%，近 20% 的独居老年人所住房屋产权属于子女。农村老年人拥有房屋产权的比例为 55.9%，有 41.6% 的老年人房屋产权属于子女只与配偶同住的老年人有近 70% 拥有房屋产权。有 90% 以上的老年人都有独立居室。

城市老年人住房内部基本设施比较完善，基本上都有自来水。有 80% 的老年人住房内有煤气/天然气及室内厕所。农村老年人住房内有一半左右有自来水，有 1/4 住房内有煤气/天然气，室内有厕所的比例不足 1/5。城市老年人所在社区基本上都有商店、医院/诊所，有近 80%的老年人住房附近有银行/储蓄所，住房附近有公园的比例为 40.1%。农村老年人住房附近基本上都有商店，但是有医院/诊所的比例低于城市 17.1 个百分点，住房附近有公园、集市、银行/储蓄所的比例为城市的 1/3 左右。一半以上城市老年人对住房条件满意，41.7%的农村老年人对住房条件满意。

随着人口老龄化的发展，我国老年人口比重将不断增加，老年人逐步成为社区活动的重要主体，客观要求城乡空间布局、住宅户型、道路交通健身场地和公共服务设施的功能，更加适合老年人的需求。但在当前我国城乡规划建设缺乏老龄意识，道路、住宅和公共设施等建设没有重视老年人的特殊需求。住房等社会政策缺乏对多代共同居住的必要支持。许多家庭想多代共同居住，受小户型住宅标准制约；想就近购房，受经济适用房远郊开发制约；想调房、换房，受房地产交易政策制约。社会支持政策的不完善，已经成为家庭小型化和空巢化加速发展、家庭养老功能弱化的重要原因之一。我们应当借鉴日本提倡的"一碗汤距离"、新加坡实行的"三代同堂花红"、韩国对老年人子女就近购房免税以及德国发展"组合屋"等经验，在城乡建设规划和社会管理政策等方面，更多地考虑老年人的特殊要求，充分做好应对人口老龄化的准备。

四、老年人社会参与状况

国家重视和发挥老年人的专长和作用，鼓励和支持老年人融入社会，继续参与社会发展。《中华人民共和国老年人权益保障法》设专章保障老年人参与社会发展的权益。中国颁布的老龄事业发展计划或规划都把鼓励老年人参与社会发展作为重要内容。

一是城乡基层老年群众组织快速发展。2010 年底全国共有各级老年人协会 401 100 个，参加人数 4 389 万人，其中村（居）老年人协会 335 480 个，乡（街道）老年人协会 30 413 个，市（县）级老年人协会 6 672 个。另有各类老年社团组织 37 193 个，参加人数 456 万人。随着受教育程度的提高，老年人在联谊组织等民间团体中的参与率呈上升趋势，并且在联谊组织、兴趣爱好小组和学术组织这三个类别的参与率上升趋势较为明显。自评健康状况越好的老年人，在各类民间团体中的参与率也越高。二是城市老年人积极参加社会公益活动。有 45.1%的城市老年人经常参加社会公益活动。73.4%的街道组织过志愿服务，社区组织过志愿服务的也达到 67.2%，在基层政府的大力组织下，越来越多的老年人加入了志愿者队伍的行列。2008 年奥运会，北京市很多老年人作为志愿者参与其中，展示了老年志愿者的风采。三是大部分老年人有提供老年人互助服务的意愿。有超过六成的城乡老年人愿意给周围生活有困难的老年人提供聊天解闷、调解纠纷、求医问药等服务，一些高龄、困难老年人从中获得了实际的帮助。四是老年人已经成为基层民主政治的重要参与者。有81.5%的农村老年人参加了最近一次的村委会选举，识字的农村老年人 60%以上关注村务公开。老年人政治参与意识逐渐增强，有些地方甚至已经产生"利益集团"，成为政治压力群体，甚至左右着村（居）民自治和村（居）委员会选举的过程和结果。积极引导和妥善解决老年人政治参与问题已经成为加强基层政权建设、维护基层政权稳定所不可忽视的重要因素。

总的来说，目前我国老年人社会参与主要集中于为了满足物质需求的"生存型"和只需付出时间的"初级"社会参与。相比之下，缺乏为了满足精神需求，实现自我价值的"发展型"社会参与和需付出知识、智慧和技能的"高级"社会参与。而且，老年人社会参与的外部支持环境亟待改善。老年人社会参与不仅是老年人自身的问题，也是一个社会问题，受到政治、经济、社会、文化等诸多因素的影响。虽然《中华人民共和国老年人权益保障法》明确了社会参与是老年人的一项权利，并规定了老年人社会参与的内容，但在现实生活中却缺乏具体的制度安排，老年人社会参与方面的工作未真正落到实处，迫切需要政府机构进行组织、引导。要努力营造老年人社会参与的社会氛围，使全社会转变观念，认可和接纳老年人社会参与，同时积极疏通老年人社会参与的渠道，使老年人能够真正融入社会。此外，要完善老年人社会参与方面的法律、法规，切实维护老年人在社会参与中的权利。

五、老年人文化生活状况

老年文化生活属于社会主义文化事业的重要组成部分，对激发老年人的活力、增进身心健康具有重要意义。近年来，我国老年文化事业不断发展。一是全国已建成老年文化活动设施近 70 万个，老年广场文化、老年社区文化越来越活跃，老年人已经成为基层群众文化的主力军。我国城乡老年人住所附近有公园活动场地的比例达到了 23.2%，其中城市有公园的比例为 40.1%，农村有活动场地的比例为 17.2%，老年人文化活动场地有了明显增加。二是全国共有 7 万多所老年大学和老年学校。截至 2023 年，全国各级各类老年大学（学校）已达 7.6 万所，参加学习的学员超过 2 000 万人，许多地方面向老年人积极开办了电视大学和网络学校，老年远程教育开始起步。三是国家积极提供符合老年人特点的精神文化产品。

然而，目前我国老年人文化娱乐消费需求不足和老年文化产业发展滞后已严重制约了我国老年人文化生活质量的提高。一是我国老年人普遍选择参加一些经济投入少、较少受场地和条件限制的闲暇活动，如听广播、看电视、散步、看电影、听戏等，对住所周围老年人活动设施的知晓程度明显偏低，利用率也不高。二是我国老年人文化活动设施建设城乡差异巨大，农村地区老年人的文化活动设施建设明显滞后于老年人的文化娱乐需求。三是我国老年人文化娱乐消费支出明显偏低。2020 年，城乡老年人人均消费支出约为 16 307元。从支出结构来看，日常生活支出占 61%，医疗费支出占 22%，社交娱乐支出占 13%，其他支出占 4%。老年人的消费模式和消费结构也在随着社会发展而更新。四是老年文化产业发展严重滞后，表现在国家文化产业的发展规划上，还缺少老龄的视角，对发展老年文化产业的认识还不够；在老年文化产品和服务的开发上，还没有做到"以老年人为本"，没有针对老年人的特点来发展相应的文化产业；另外扶持政策的滞后，也是制约老年文化产业发展的重要原因。

总的来讲，我国老年人的文化生活存在着活动参与比例不断提高，但活动内容依然单一；活动参与意识较高，但组织意愿明显较低；各种活动资源不断增多，但利用程度却很有限；老年人的经济水平有所提高，文化娱乐消费依然极低的特点。尤其是在老年人文化活动中，还存在着较大的城乡差别，人群差别的现象，迫切需要在进一步促进老年人的文化生活方面，根据实际情况出台相应的具体措施，如继续加大对农村老年人文化活动设施的投入，提高现有老年文化活动设施的利用率，关注女性、高龄、独居等弱势老年群体的文化活动需求，大力发展老年文化产业，提高老年人的文化娱乐消费水平，不断改善老年人的文化生活质量。

第四节　老年人的健康养老服务

一、健康老龄化

（一）养老新概念

1. 我国老龄化现状

据相关数据统计 2021 年发布的第七次全国人口普查结果显示，我国 60 岁及以上人口的比重达到 18.70%，其中 65 岁及以上人口比重达到 13.50%，人口老龄化的主要特点有以下几个方面。

（1）老年人口规模庞大

我国 60 岁及以上人口有 2.6 亿人，其中 65 岁及以上人口 1.9 亿人。全国 31 个省份中，有 16 个省份的 65 岁及以上人口超过了 500 万人，其中有 6 个省份的老年人口是超过了 1 000 万人。

（2）老龄化进程明显加快

2010 年—2020 年，60 岁及以上人口比重上升了 5.44 个百分点，65 岁及以上人口上升了 4.63 个百分点。与上个十年相比，上升幅度分别提高了 2.51 和 2.72 个百分点。

（3）老龄化水平城乡差异明显

从全国看，乡村 60 岁、65 岁及以上老人的比重分别为 23.81%、17.72%，比城镇分别高出 7.99、6.61 个百分点。老龄化水平的城乡差异，除了经济社会原因外，与人口流动也是有密切关系的。

（4）老年人口质量不断提高

60 岁及以上人口中，拥有高中及以上文化程度的有 3 669 万人，比 2010 年增加了 2 085 万人；高中及以上文化程度的人口比重为 13.90%，比十年前提高了 4.98 个百分点。

十年来，我国人口预期寿命也在持续提高，2020 年，80 岁及以上人口有 3 580 万人，占总人口的比重为 2.54%，比 2010 年增加了 1 485 万人，比重提高了 0.98 个百分点。

　　人口老龄化是社会发展的重要趋势，也是今后较长一段时期我国的基本国情，这既是挑战也存在机遇。

　　比如人口老龄化从挑战方面看，将减少劳动力的供给数量、增加家庭养老负担和基本公共服务供给的压力。同时也要看到人口老龄化促进了"银发经济"发展，扩大了老年产品和服务消费，还有利于推动技术进步。这都带来一些新的机遇。

　　而且，在我国 60 岁及以上人口中，60～69 岁的低龄老年人口占 55.83%，这些低龄老年人大多具有知识、经验、技能的优势，身体状况还可以，发挥余热和作用的潜力较大。

　　2. 我国养老模式存在的问题

　　当前我国的养老服务模式主要为居家养老和社区养老两种。其中居家养老是以家庭为中心，服务机构或养老服务人员上门服务的养老模式。社区养老则是将老人统一安排在指定的老人社区，为老人集中提供相应的日常照护与健康管理服务。这两种养老模式都存在的一定问题，可以概括为以下三个方面。

　　（1）服务的范围狭窄，精神护理内容较少这两种养老服务模式的重点在于生活照料方面，包括洗衣、做饭及日常生活管理，针对健康管理服务与精神心理等方面的护理服务相对较少。特别是居住在社区养老服务中心的老人，接受身体检查的机会很少，在精神心理层面与文化娱乐方面也缺乏完善的服务管理制度。

　　（2）程序烦琐，灵活性较差无论是居家养老还是社区养老模式，老人想提出服务需求，首先需向社区提出申请，等待社区安排养老护理人员上门服务。但现阶段我国养老护理人员相对缺乏，专业水平参差不齐。养老志愿者提供服务也需要首先向社区备案登记，然后才能上门服务，服务后还需要返回社区记录老人的身体情况，这两种服务提供的过程都很烦琐，这就导致了灵活性差、服务效率低的问题。

　　（3）服务质量难评价，管理效率较低养老护理人员在为老人服务的过程中没有相应的、客观的考核机制和反馈机制，导致社会或服务提供者不能很好地进行服务能力和服务效果的判断，因此想要进行有效系统的管理相对较难。

　　3. 养老新概念提出

　　国际老龄联合会提出 21 世纪全球养老新概念。一是养的概念：从满足物质需求向满足精神需求方面发展。二是养的原则：从经验养生向科学养生发展。三是养的目标：从追求生活质量向追求生命质量转化。四是养的意义：从安身立命之本向情感心理依托转变。在此基础上，成功老龄化、健康老龄化、积极老龄化概念和内涵得到深入研究发展。

成功老龄化：最早由哈维格·赫斯特和阿尔布莱希特于 1953 年提出，目前较为广泛接受的是威朗特和穆坎提出的概念，将老年人口分为 3 类。

常态老龄化：随着增龄，出现生理、社会和认知功能下降的状态，受外界环境因素的影响。

成功老龄化：生理功能和认知功能随着年龄增长的变化很小，外界因素起到中性或正面的影响。

病态老龄化：疾病和功能障碍的状态。老年人的健康不再局限于无疾病或失能，而是要维持更好的身心功能、心理健康，使老年人能积极参与社会和享受生活，这一观点成为成功老龄化的重要基石，而成功老龄化也逐渐成为老年人健康研究的主流。

世界卫生大会提出了健康老龄化概念，并认为健康老龄化包含以下内容。一是健康老龄化的目标是提升老龄人群的生命长度和生活质量，国家应针对健康老龄化提出相关的战略对策。二是健康老龄化包含了健康预期寿命的命题，其不仅涵盖平均预期寿命，更着重关注老龄人群的生命质量。三是健康老龄化旨在帮助绝大多数老龄人群正常衰老，以实现这些老龄人群在存活期间身体健康，身体功能正常且能自理生活。四是健康老龄化是老龄人群基本医疗、疾病预防保健、疾病诊疗和康复的有机结合，是卫生保健、公共及老龄人群个人卫生、健康正确行为方式的有机整合。五是认为健康老龄化是国家和社会的集体愿望，是国家和社会的共同责任。

（二）实现健康老龄化的途径

1. 研究和学习健康老龄化理论

作为老龄工作的单位和老龄科研部门尤其是文化教育、医疗卫生和社会保险等部门，首先，要认真学习和掌握健康老龄化相关问题，否则，就难以科学地开展与健康老龄化有关的工作。其次，要开展健康老龄化相关的科学研究工作，必须系统地、全面地研究人口学、医学、生物学、经济学、社会学、教育学、心理学、伦理学和法学等相关学科的内容，组织社会各方面的专家，开展多学科的综合性研究和学术交流，推广科研成果。

在研究方法上，要把基本理论研究与应用研究结合起来，把战略研究与战术研究结合起来，把宏观研究和微观研究结合起来；把运用马列主义唯物辩证法与现代系统分析方法等结合起来进行研究。即通过健康老龄化理论的研究，培养形成一支高素质的、稳定的老龄科学研究队伍，使老龄理论研究内容更加系统深入。

2. 规定健康老龄化是我国老龄工作的指导方针

健康老龄化要求老年人健康长寿，强调提高老年人生命质量，所谓老年人保持健康，即要求社会人文环境保持健康。实现健康的老龄化，要把与建设健康的老龄社会联系起来，使之成为建设健康的老龄社会的前提条件。不能把老龄工作看成只是老龄工作部门和卫生部门的工作，而要把它看成是一项社会系统工程，要求全社会积极参与。

由此可见，健康老龄化强调的是"健康老龄意识"和"养老意识"。所以，将健康老龄化确定为老龄工作的指导方针，对实际工作具有重要的指导意义。

3. 将以健康老龄化为指针的老龄事业纳入国民经济和社会发展规划

以健康老龄化为指针的我国老龄事业是国民经济和社会发展的重要组成部分。不仅关系到广大老年人的切身利益，而且关系到国民经济和社会各项事业的发展，因而必须纳入国民经济和社会发展规划之中。对此，中共中央、国务院发出的《关于加强老龄工作的决定》要求各级人民政府要把老龄事业纳入国民经济和社会发展长期规划和年度计划。将以健康老龄化为指针的老龄事业纳入国民经济和社会发展规划，必须抓好以下工作。

（1）制定人口发展长远规划。既要控制人口数量和提高人口素质，又要减缓人口老龄化的进程，使人口结构达到合理的比例。

（2）努力发展国民经济和老龄经济。我国的人口老龄化是在经济高速向前发展时提前到来的，经济发展水平与人口老龄化的程度远远不相适应，许多困难由此产生，只有发展经济，才能增强承受人口老龄化的物质力量，老年人口的生活保障、医疗保障、公共设施等问题才能顺利解决。老年人口的物质利益与社会人群的整体利益的矛盾才能被妥善处理。发展经济不仅要致力于发展全社会的经济，而且要致力于发展使老年人口直接受益的老龄经济，包括退避经济和庭院经济等。这些经济不仅拓宽了养老渠道，亦减轻了国家和社会的负担。在发展国民经济和老龄经济的同时，重视老年生活用品、保健用品和文化娱乐用品等的开发和利用，以满足广大老年人口日益增长的物质和文化生活的需要。

（3）建立和完善老年社会保障体系。在发展经济的基础上，建立和完善老年社会保障体系，是实现健康老龄化的战略措施。从中央到地方制定一系列改革老年社会保障制度的政策，建立起适应社会主义市场经济体制要求的老年社会统筹保障体系。

（4）建立和完善符合中国特色社会主义国情的养老模式。中国是一个有几千年悠久历史的社会主义的国家，家庭养老仍是中国传统的养老方式。与此同时，作为现代模式的社会养老，将随着社会主义市场经济的发展而迅速发展。

（5）积极发展老年社会福利事业。为了使社会养老落到实处，要大力发展老年社会福利、老年社会服务事业，兴办多种形式的护理院、老人社区服务站、老年大学和老年文化娱乐场所。同时也要减少或避免由于多头管理而产生的各种矛盾，以保持社会稳定和老龄事业持续健康地发展。

（6）建立和完善老年医疗保障体系。这是直接关系到老年人口生命和健康的头等大事，也是实现健康老龄化的必要途径。从老年人的角度来看医疗保健的作用，就是要尽量延长老年期的健康岁月，减少病痛的折磨，把因衰老造成的功能障碍减少，创造一个健康的、充满活力的老年群体。为此应从以下四个方面着手建立老年卫生服务保障体系，解决老有所医的问题，即切实将老年卫生保健列入社会发展和老龄事业发展规划；制定适合我国国情的老年卫生保健网络和老年医疗保险制度；以社区为依托，完善老年服务设施；积极开展健康教育，实现健康老龄化。

（7）积极推进老有所为事业的发展。"老有所为"是积极养老的显著标志，联合国秘书长安南在国际老人年启动仪式上的讲话中指出："一个不分年龄人人共享的社会不应该只把老年人看成病人和领取退休金的人。相反，在这个社会里，老年人既是发展的参与者，也是发展的受益者。"全国已有很多离退休人员重新工作。因此，重视发挥老年人的作用，坚持自愿和量力，社会需求同个人志趣相结合的原则，鼓励老年人从事关心、教育下一代、传授科学文化知识、开展咨询服务、参与社会公益事业和社区精神文明建设等活动，以推进老有所为事业的发展。

4. 积极引导老年人群为实现健康老龄化作贡献

实现健康老龄化，每个人都可以为积极健康的老年生活做许多事情，正确生活方式，参与家庭和社会以及营造一个支持老年人的环境都将使老年人的生活处于良好状态。老年人自己动手，并融入社会和生产过程中去，提高自己处理问题的能力，从被动的消费者转变为主动的生产者。如美国正在鼓励退休人员发挥其专长为社会服务；英国提倡身体健康、不甘寂寞的退休者可在原单位做些辅助性和临时性工作；丹麦认为过度的社会福利会动摇老年人的自信心。由此可见，老年人要更新观念，从消极养老意识转变为积极养老，在实现六个"老有"中大显身手，为实现健康老龄化作贡献。

（三）成功老龄化

1. 成功老龄化概念及理论模型

（1）概念

成功老龄化是指个体老化进程当中，外界影响是中性的乃至对抗了内部老化的进程，老年个体的各种功能不发生变化或是轻微降低，是健康、积极及和谐老龄化三个维度的结合。

（2）理论模型和评估工具

罗威与卡恩最早开发了由生理、心理和社会这三个维度组成的评估模型，对成功老龄化开展评估。

评估成功老龄化时大多依据罗威与卡恩的成功老龄化的三维模型，采用的评估工具主要有日常生活量表，躯体有无伤残量表，简易智能状态检查量表，抑郁量表等。

2. 文化养老与成功老龄化

文化养老是增进老年人自我实现的一种基本途径。随着社会经济发展和生活水平的不断提高，老年群体（特别是城市老年群体）对"文化养老"的需求不断增长，文化品位和需求层次的提升使休闲、学习和享受生活成为他们生活方式的重要组成部分。

老年发展是指老年人积极的社会发展，老年期的继续社会化，老年生活的学习化和工作化倾向，具体包括老年期的健康发展、知识发展、角色发展、心理发展、婚姻发展和价值发展等。老年发展试图从另一个角度来认识老龄化内在的积极力量并开拓促进老年人及老龄社会实现成功老龄化目标的路径。

3. 成功老龄化社会实践

针对这些需求，杭州市转塘街道积极开展"文化养老"项目，建立了"颐乐养老"服务工程，形成了"品质养老""文化养老""科学养老"的"三位一体"养老服务新模式。当地社区积极组织文化学习课程，使老年人老有所学；同时组织各种唱歌、跳舞、摄影、书法、健体等娱乐活动，使老年人保持积极的心态，乐观面对晚年生活，将追求幸福感作为其晚年生活目标，实现成功的人生。这一养老项目既丰富了当地老年人的生活，又回应了成功老龄化的理念。

（四）健康老龄化

1. 健康老龄化概念

健康老龄化最早出现于世界卫生组织于1987年5月召开的世界卫生大会，在1990年哥本哈根世界老龄大会上，这一概念作为应对人口老龄化的一项全球性战略提出。

健康老龄化指将健康的概念延伸到老龄化过程中，从医疗保健和老龄化过程中的健康问题着眼，将重点放在提高大多数老年人生命质量，缩短生命带病期，使老年人以正常的功能健康地存活到生命的终点上。

2. 医养结合长期照护模式特征

以健康老龄化为最终目标而适时提出的"医养结合，健康养老"与我国老龄工作政策"五有"方针中的"老有所养，老有所医"这一理念不谋而合。可见，医养结合新型养老模式在健康老龄化的全球发展战略下更具有中国特色和实践意义，医养结合养老服务模式应具有以下特征。

（1）健康养老。这一特征表现在以健康老龄化为最终目标，将健康理念融入老年人养老服务或日常照料过程中。通过医养结合养老模式的发展可以帮助老年人实现身体、心理与社会功能的完美状态，因此服务对象是全体老年人，而不仅是需要医疗服务的、生活不能自理的老年人。医养结合的服务内容以老年人的需求和意愿为基本点（如提供健康服务、护理服务与生活照料服务等），不是只在老年人已经失能或半失能之际提供医疗服务，需提前介入，加强疾病的预防。

（2）老年保障体系的整合。这一特征表现在医养结合养老模式的运行机制中，包括医疗保障体系与养老保障体系整合运行，并非简单地将"医""养"纳入一个体系即可，而是根据现实需求和条件进行重构和调整，形成并建立医疗服务与养老服务"一体化"供给运行机制。

（3）服务的连续性和动态性。这一特征表现在持续照料和服务体系间协调转换，强调基于老年人健康、护理、日常生活照料三大需求提供健康服务、护理服务与生活照料服务的连续性及其之间的动态转换。

（4）服务的经济性。通过医养结合有效整合资源后，可使服务工作更加便利连贯，既可确保服务连续性，又避免对医疗资源的过度占用，有效节省了服务费用，相比传统的养老服务模式，在筹资、成本、消耗及费用等经济效益上应更具优势。

3. 医养结合长期照护模式是实现健康老龄化的保障

老龄化社会这种人口结构的改变能够多大程度地为每个人及整个社会带来多大的益处，很大程度上取决于一个关键因素，即老年人的健康状况。长期照护制度是人类社会进入老龄、高龄甚至超高龄社会的伴生制度，是走入长寿时代的人类社会不可或缺的基本公共服务制度。高龄老年人通过良好的长期照护，其健康问题和功能的衰退可以得到有效地控制，尤其是在尽早发现和提前干预下，即便是功能衰退的老年人，持续的长期照护也可以保证他们生活过得有尊严并得到持续的个人发展。这样，人口老龄化可被视为人力资源的增长，被视为个人和社会面临的新的机遇。因此，每个国家均需在本国经济和文化背景的基础上，根据自身独特情况建立适合本国的综合性的长期照护体系。

长期照护体系应当基于老年人、家庭、社区、其他护理提供者及公立部门和私立部门之间明确的合作关系。其中政府的一项关键作用是要认可失能和半失能老年人有权得到适当的护理和支持，并确保这个系统的组成部分正常运行，包括稳定的管理框架、照护人员的培训和支持、各个部门之间的协调和整合及评估和监管机制。制度化设计是实现这些目标的保障因素，同时也是健康老龄化的保障。

4. 健康老龄化社会实践

健康老龄化的理念要求构建老年人日常生活照料服务和医疗服务体系，以提升老年群体的生活质量。为了便利老年人获得各种养老服务资源，浙江省兰溪市在依托 96 345 家社会公共服务中心建立了"网络养老院"。这既是一个养老服务中心，又是一个信息交流平台，被称为"没有围墙的养老院"。该平台将老年人的个人信息、健康状况、服务需求及家庭主要联系人等信息输入平台数据库，并且与有关医疗机构衔接。在收到老年人的服务需求后，该平台会指派就近的加盟商为其提供上门服务。

目前，这一平台的服务项目涉及 14 大类 137 个小项，包括为有特殊福利服务需求的老年人开通 GPS 定位服务，防止失智或半失智老年人走失。这一虚拟养老院利用现代通信、网络技术打造了智能化的养老服务模式，整合当地各种社会资源，将线下服务与互联网相结合，将日常照顾与医疗服务相结合，使老年人通过这个平台得到相应的服务。

（五）积极老龄化

1. 积极老龄化概念

积极老龄化是指为了提高老年人生活质量，将健康、参与和保障的机会尽可能发挥到最大的过程。其目的在于使所有老年人，包括虚弱、残疾、空巢、失独等需要照料的人，都能提高健康的预期寿命和生活质量。它鼓励人们在一生中能够发挥自己在物质、社会和精神等各方面的潜力，按照自己的愿望和能力参与社会生活，同时在需要帮助时，能够获得充分的保护和照料。

2. 积极老龄化的三大维度

积极老龄化理论主要有三大维度，分别是健康、参与、保障，三者相互联系，互为支撑。

（1）健康

当人们进入老年后，面临慢性病和身体机能下降等风险，仍能保持健康和生活自理，并且较少需要昂贵的医疗和照护服务；对于需要照护的老年人，应当使他们享受到全面的健康和社会服务，从而满足所需和实现权利。

（2）参与

老年人可以通过收入性或非收入性活动继续参与社会经济、文化、精神等活动，并做出相应的贡献。相关的劳务市场，教育、卫生等部门多给老年人提供机会和场所，鼓励他们积极充分地参与家庭和社区活动，成为积极老龄化的行为楷模，并为年轻人做示范。而且"参与"也不仅指经济参与，而是将社会、文化、体育和公共事务都涵盖其中，目的是使所有进入老年阶段的人，包括那些残疾、虚弱和需要照料的人，都能提高健康的预期寿命和生活质量。

（3）保障

保障是指从社会公正的角度保障老年人的合法权益，建立健全老年人的社会保障制度，包括政策保障、资金保障、监管评估保障等，以满足老年人的健康需要、经济保障需要、精神文化需要、生活照料需要等。"积极"强调的是继续参与社会、经济、文化、精神和公益事务。保障即是老年人得到社会上的经济、人身安全的保障同时，在不能够维持和保护自己的情况下受到保护、照顾和有尊严。比如为贫困和孤独的老人提供社会保障，保证他们有稳定的收入来源；保证与老年照护相关的决议都建立在老年人权益基础上，使老人尽可能长时间保持独立和自主。

3. 积极老龄化社会实践

自 2003 年起，全国老龄委组织东部城市的退休知识分子向西部地区或经济欠发达地区开展智力援助行动。在此活动中，浙江省老龄办组织各行业的退休专家和知识分子开展"送医、送文化体育、送服务技能下乡"的活动。杭州市志愿者协会组织"银龄互助"分会，组织低龄老年人在街道、社区或社会组织中开展帮扶活动。这些活动为许多老年人提供了帮助他人的机会，使这些老年人能够发挥余热继续为社会做贡献，也使他们在参与过程中形成社会影响并保持活力。这些活动也改善了当地的生活环境和社会质量。

二、健康养老模式

（一）居家养老

1. 概念

传统意义上的居家养老是我国流行多年的家庭养老，指老年人在家居住通过代际关系即依靠建立在血缘关系基础上的家庭成员进行精神上的关怀、生活的照护并提供经济上的保障等赡养方式实现的养老模式。现代意义上的居家养老，是传统家庭养老的升级版，是指以家庭为核心基础，以政府完善的管理制度和财政支持为主导保障，依托城乡社区，社会力量建立起的服务网络等对不同层次的包括身体好、生活能自理的老年人，半失能和失能的老年人依据需求随时提供生活照料、家政服务、护理健康、谈话陪伴等专业化上门服务的养老模式。"家"是广义的，包含空间和精神层面的，是居家养老服务的载体，是开展服务的平台。主要建筑类型是老年人住宅和老年人公寓。

2. 服务方式

居家养老的服务方式依据老年人的实际需求，可分为个性化服务、集中式服务、上门服务。个性化服务根据老年人或家庭成员的需求开展。集中式服务是老年人在社区日托中心集中照料管理。上门服务是在对老年人评估后，由健康管理师、老年护理员或者志愿者按照约定的时间、频率和服务内容在老年人的家中对老年人的照护。

（1）个体化服务

针对老年人的不同服务需求所提供个体化服务。包括社区专为居家老年人提供的用餐服务；降低生活基本能自理的某些老年人孤独感的关爱服务，即定期到老年人家中进行访视、沟通，满足老年人的精神慰藉需求。

（2）集中式服务

某些社区开设日间照护中心，以满足独自生活困难、白天又无人照顾的需要，提供生活照料、医疗康复等，对老年人提供集中照护的服务。一般需要提供一定的床位，配备一定的设备，方便老年人的日常生活需要，可设置活动中心，医疗康复中心，休息室等，以满足健康老年人的活动和社交需要。对于生活能基本自理的部分老年人，在床位满足需要的前提下，也可到日间照护中心获得服务。

（3）上门服务

对于行动不便、不能走出家门的老年人，工作人员或志愿者可到老年人家中提供生活照料等服务，具有一定的便利性。但存在着时间空白区，很难达到24 小时的居家养老照料。上门服务对于生活能自理的老年人具有适用性。

3. 服务特点

居家养老服务区别于传统的家庭养老，是通过政府主导，多种渠道多种资源建立起来的养老服务，是为满足老年人的生活需要，提供的系统化的多方位的养老服务。

（1）导向需求化

居家养老以老年人的需求为导向，为老年人提供个体化的服务。强调管理与服务"人文性"，依老年人的实际需求，即老年人参与服务计划的设计、实施和反馈，以不同的服务方式提供个体化的服务内容。

（2）功能系统化

马斯洛的需要层次理论明确指出，人的需要包括多方面，如生理需要、安全需要、自尊与尊重需要、爱与归属需要、自我实现需要等。居家养老需要覆盖老年人的各个需要层面，如衣、食、住、行、乐、学、为、健康，服务范围含生活照料、健康照护，精神慰藉、健身娱乐、继续再教育等，实现老有所养、老有所依、老有所乐、老有所学、老有所为、老有所宁的照护目标。

（3）资源多元化

实行以政府为主导，社会各界力量共同投入参与的居家养老服务体系建设。政府制定与居家养老相关的政策、法规、标准、制度，引导多方包括企业、社区、家庭、社会组织、志愿者共同参与居家养老服务，提供社会福利资源，监管服务质量。

（4）服务社区化

居家养老是家庭养老与社区服务相结合的"家庭养老"模式。社区是实现居家养老的前提和基础,社区养老服务体系包括老年人的生活照料、健康服务、权益保护和精神文化服务，是为居家养老提供服务的平台。

（二）社区养老

1. 概念

社区养老是由家庭养老向社会化养老过渡的一种形式,它吸收了家庭养老和机构养老的优点，是居家养老服务的重要支撑，是伴随着我国房地产市场的繁荣和高消费群体的兴起而涌现的新型养老模式。由社区组织建造各种养老服务站，聘请专门的护理人员，为老年人提供所需要的服务，表现为老年人以家庭为单位入住社区，使老年人在不脱离家庭社区生活的情境中获得专业的服务。它弥补了家庭养老的不足，是目前政府大力倡导的一种新型养老模式。主要建筑类型是社区日间照料中心，社区老年活动站、托老所等。社区中还有老年活动中心，康体中心、医疗服务中心，老年大学等各类配套设施，服务的主体可以是公办的，也可以是民营企业。

2．服务方式

（1）社区主导模式

即街道、社区直接开办居家养老服务中心，为老年人提供养老服务。

（2）民办非企业单位主导模式

即政府自己成立一个民办非企业机构来负责运营。

（3）企业加盟模式

即政府通过招标引入一个专业机构承办运营。

（4）农村互助照料模式

即政府通过以奖代补，促进邻里守望相助，如宜昌市枝江市就是将医疗服务融入养老机构、社区和家庭，为患病或残障的老年人提供养老服务。

（5）"虚拟养老院"

"虚拟养老院"可以说是"社区居家养老"模式的升级版，打破了原有的现实社区范围，由互联网构建了一个更为庞大的"虚拟社区"，通过智慧居家养老信息化服务平台建立的服务体系，为老年人进行服务（见表2-5）。

表2-5　我国社区养老的主要运营模式

设施名称	服务对象	服务内容	环境建设
日间照料中心	半失能老人	日间膳食供应、生活照顾、康复保健	围绕住宅小区交通便利，以小规模为主
社区老年人活动站（老年大学、抗体中心、活动中心）	全体老年人，主要为健康老年人	文化学习、娱乐活动、医疗保健	
托老所	以中度衰老老年人为主	膳食供应、短期托养、康复保健一体化	

3．服务特点

（1）服务体系人性化：在社区的组织下，老人们聚在一起喝茶聊天，跳舞唱歌，生活变得多姿多彩。交流变多了，精神层面也丰富起来。社区养老所构成的家，不仅是由亲属血缘关系组成的狭隘的家庭概念，而是延伸到社区这个广义的"大家庭"。在这种具有家庭氛围的服务背景下，有了社区护理人员的陪伴和照顾，很多独居老人愿意接受社区居家养老服务。

（2）养老成本节约化：选择机构养老的老人需要支付的费用很高，而家庭养老则需要子女前来照顾，牺牲他们的工作时间来照顾自己，这是大多数老人不愿接受的。相比以上两种养老方式，社区居家养老便成了最为经济的选择，它可以提供专业化上门服务，为子女分担了赡养老人的责任；与此同时，政府也积极扶持，使社区居家养老服务的成本降低，甚至可以是无偿的，使有养老需求的贫困群体得以继续享受这种养老服务。

（3）国人心理符合化：在传统观念里，有子女的老人如选择养老机构则暗示其子女不孝，对年轻人和老年人来说都是有损于面子的事。据调查显示，大多数老年人不想去养老机构生活，其本意是不愿离开熟悉的家。一些居住在城市里的老人，虽然他们的经济、医疗都得到保障，但其子女或亲人很少与他们交流，所以很多老人常常感到孤独。如果有人能在照顾他们生活起居的同时，充当下"亲人"的角色，无疑是最好选择。如此看来，社区护理人员的照顾成了最佳选择，让老人的心理和面子上都容易接受。

（三）机构养老

1. 概念

机构养老是指在专门为老年人提供护理、食宿、照料等日常生活的各种福利院、敬老院、养老院、老年公寓等封闭式环境下的养老模式，所提供的养老服务是住宿式的或者院舍式的，服务模式的创新，分为公办、民办和民办公助福利院3种类型。公办机构主要面向曾经为社会做出过突出贡献的孤寡老人，免费或只收取少量费用；民办机构由私人筹资兴建，老年人入住需要缴纳各种费用；民办公助机构则是由私人出资并组织运行。主要建筑类型随着经济的发展与社会的变迁，依据机构功能或护理照料的程度、服务对象的差异分为特殊护理院，护理型养老院、康复保健型养老院、老年公寓公办机构。

2. 服务方式

（1）医养结合护理院

为一所要求技术层次较高的特殊护理院机构，是以医疗服务为主，社会服务为辅的机构服务模式。老年人以卧床的患者居多，或是行动极为不便的慢性病老年患者（包括阿尔茨海默病老人）。服务包含必须提供24小时的护理照护，服务多为专业性的医疗、康复保健、护理照顾和其他一些日常生活照料。

（2）护理型养老院

也称为老人护理院、养护之家、老人福利院等，是一种以健康服务为主、社会服务为辅的机构服务模式。老年人以生活完全不能自理者居多，需要提供24 小时有专业督导的、健康模式护理照料非医疗模式的服务。服务内容主要是些个人照顾、日常生活活动的协助（如穿衣、洗澡，喂食等）和其他一些社会性、娱乐性的服务，只有一定的康复保健和护理照顾。

（3）康复保健型养老院

主要是为某些疾病已经得到治疗，病情比较稳定，不再需要住院，但需要有一定康复专业保健服务的老年慢性病患者所提供的机构服务模式。主要以健康服务为主，社会服务为辅。服务内容主要是专业性的康复保健、护理照顾和其他一般性的日常生活照料。与护理型养老院的区别是入住康复保健型养老院的老年人短期入住，在获得一定的服务且其状况得到改善后即可出院。

（4）老年公寓

是指为老年人提供膳食、住宿、个人服务或社会照顾的机构。主要是以社会服务为主，健康服务为辅的机构模式。服务对象为没有大的健康问题或残疾的老年人。服务内容为提供良好的居住、活动环境和一定的社会性、娱乐性服务。

3. 服务特点

（1）设施建设重点化

通过建设完善的养老设施，实现其基本养老服务功能。

（2）服务需求化

养老机构能够满足老年人集中养老的服务需求，尤其能为失能、半失能这些对养老服务需求最为迫切的老年人提供专业化的照料。

（3）能力专业化

养老机构可以利用设施、人员和技术等方面的能力优势，辐射周边社区，支持居家养老和社区照料服务，提高整个社会养老服务的专业化水平。

（四）智慧养老

1. 概念

智慧养老是利用信息技术等现代科学技术，围绕老年人的生活起居、安全保障、医疗卫生、保健康复、娱乐休闲、学习分享等方面需求，支持其生活服务和管理，开展涉及老年人的信息自动监测、预警和主动处置，实现信息技术对安享晚年的友好、自主、个性化技术支持。

2. 服务优势

智慧养老最早由英国生命信托基金提出，也被称为全智能老年系统。即打破固有的时间和空间束缚，为老年人提供高质量，高享受的养老服务。智慧养老是随着养老服务相关技术的发展而兴起的新兴理念，是智慧城市的重要实践形式。

智慧养老服务是将智慧养老、信息化养老，健康养老有机融合，通过物联网、互联网、信息化技术（包括智能感知技术、无线定位技术、信息互通和信息处理技术）等新一代技术手段构建智慧健康养老平台，采集个体体征信息，居家养老环境等数据，对家庭，社区，社区医疗机构、健康养老服务机构、大型医疗服务机构的资源进行整合，实现信息的互联互通和分析处理，从而提供高效、便捷、实时，智能、低成本的健康养老服务，以满足人民日益迫切的智慧健康养老需求。

基于我国老龄、高龄人口的持续快速增长，家庭养老能力不断下降、家庭养老成本不断增加的现状，智慧健康养老服务物联网平台通过现代信息技术的应用，对智慧健康养老资源进行有效充分地整合，是顺应时代发展对健康养老模式的创新，对于弥补我国传统养老模式的不足、完善健康养老服务领域的供给渠道，提高居家老年人的生活质量和养老领域卫生服务资源的运行效率都有着不可估量的价值。

3. 发展趋势

随着社会老龄化进程加快，老龄化程度和速度正在不断加剧，老年人养老服务需求的数量和质量均有所提高，传统的养老体系已无法满足当前的养老服务需求。如何做好养老服务，让各类养老资源突破时空局限，建立新型的养老模式，已经在全社会达成广泛共识。如通过信息化模式，可以逐步实现使老年人健康服务从"病后管理"向"病前管理"的转变，从"单纯服务"向"全程健康干预"的转变，给老年人创造健康幸福的晚年生活。智慧养老会更多地去考虑以"人"为中心的设计思路，比如老年人防走失腕表、吃药提醒装置、健康预警设备等。所以，总体来说智慧养老作为政府大力提倡的养老方式，更符合我国国情和传统，更容易为老年人所接受，也有助于应对银发浪潮的冲击。

随着大数据时代的到来，基于物联网信息技术，搭建智慧健康养老平台，可以对家庭、社区，社区卫生服务中心和大型医疗服务机构的资源进行整合，为居家老年人和慢性病老年人提供实时、智能、动态、全程的服务，实现智慧养老、信息化养老、健康养老有机融合，解决居家老年人健康养老的服务需求。

（1）破解传统居家养老服务，提升社区养老服务功能

现有传统的养老服务方式和手段难以应对居家养老服务的提升，必须探索通过物联网技术全方位做支撑，实现老年人、助老服务主体和医疗机构之间的资源进行无缝连接的智能化管理系统，促进健康养老产业的智慧化升级和转型，可以对居家养老、机构养老和社区养老等不同的养老服务模式起到支撑作用。实施健康养老领域的产品、模式和服务功能全方位的提升，逐步满足健康养老多层次需求。

（2）构建智慧健康养老服务平台

智慧健康养老物联网平台的核心目的是保障老年人的基本生活需要和医疗卫生服务需求，物联网平台系统应容纳养老、卫生领域的多方功能，做到互联互通、智能处理标准，集智能监护、智能康复，用药提醒、智能呼叫，救援服务、慢性病管理、医师咨询、慢性病监护等功能于一体，实现智慧健康养老服务。

（3）建立智慧健康养老服务新模式

根据《国务院关于加快发展养老服务业的若干意见》的要求，可选取已具备条件的社区为试点，尽快发展老年电子商务，通过现代信息技术的应用，打造智慧健康养老服务物联网平台，对智慧健康养老资源进行有效充分整合，完善健康养老服务领域的供给渠道，提高居家老年人的生活质量和养老领域卫生服务资源的运行效率都有着不可估量的价值。

三、健康养老社会服务

基于人口老龄化的大环境，老年人的健康养老社会服务已经引发了社会各界的普遍关注。社会支持与老年人的身心健康密切相关，良好的社会支持有益于减缓生活压力，保持身心健康和维护幸福感，而社会支持的匮乏则会导致老年人的身心疾病，使其难以维持原来的正常生活。

健康养老社会服务是在社会支持的基础上，结合老年群体的特征进一步划分为家庭、社区，养老机构社会支持，它不仅包括各类支持行为，也包括老年

人的各种社会关系，如在生活中与他人的交往行为，以及所处的社会环境等。

（一）老年人的家庭支持

家庭是一个自然的支持系统，与生活质量、心理健康和社会适应成正相关，家庭支持越多，老年人的生活质量越好。

1. 概念

《中华人民共和国老年人权益保障法》的相关规定，家庭支持指子女为父母所提供的经济支持、居住支持、生活照料和精神慰藉等帮助。这也是家庭支持区别于其他社会支持主体的特点。此外，除了子女提供的代际支持，老年人配偶的陪伴和照料也是老年人家庭支持的来源之一。

与政府、社区等支持主体相比，老年人的家庭支持是老年人健康养老社会服务工作中最核心，最重要的部分，是精神养老的重要载体，也是老年人获得主观幸福感的重要因素。家庭成员和老年人的生活息息相关，他们的一举一动、一言一行都会对老年人的情感有潜移默化的影响。良好的家庭关系及家庭支持与老年人的身心健康有着密切关系。来自家庭的经济支持、照料支持和情感支持对老年人精神健康有着举足轻重的作用。

2. 分类

（1）经济支持

在家庭支持中，子女是老年父母的重要经济支持来源，尤其是父母经济供养的唯一生活供给者。家庭支持对农村老年人尤为重要，子女通过金钱或实物给付履行对父母的赡养义务，这是传统孝文化的延续。通过经济支持和日常帮助，不仅能够改善父母的生活状态，提升老年人的精神健康，还有利于老年人生理健康。在家庭中获得子女经济支持越多的老年人，不仅在物质上带来改变，更多地体现为精神满足感，其生活满意度越高。

家庭支持是老年人获得主观幸福感的重要精神保障，能够得到子女的照料和支持是老年人所希望的。然而，子女是否给老年人经济支持及经济支持的力度如何，通常与子女的经济状况有关。一般来说，子女的富裕程度越高，给予父母经济支持的可能性越大，同时给予父母经济支持的力度也随之增大。

现实生活中，老年人和子女之间的经济交往是存在个体差异的，给物的比重要大于给钱的比重，子女更倾向于向父母提供基本生活品的帮助与支持。作为父母，在自己能从事劳动来解决自己生活开销的前提下，大多不愿给子女添加经济负担，子女给予实物支持，父母可以直接用于生活。

（2）照料支持

当人进入老年期以后感情上会比较脆弱，需要家人的陪伴、呵护和提供日常生活照顾。日常生活照顾指老年人在日常生活活动方面所需要的照顾。其中日常生活活动包括基本性日常生活活动和工具性日常生活活动，其中基本性日常生活活动指基本的自我照顾的活动，包括穿衣、洗澡等；工具性日常生活活动指相比较而言复杂一点的自我照顾活动，包括洗衣、做饭、投资理财等。

家人作为日常生活的最重要支持者，一般来说，老年人生活照料主要来源于配偶和子女。配偶和子女尤其是子女对老年人的家务料理等日常活动提供帮助，可以提升老年人精神健康状态水平。子女少的老年人在家务料理支持上对朋友、亲戚、政府等其他方面的依赖性会增强。

目前，在我国由于家庭居住结构及子女上班等现实因素，配偶对老年人的照料作用超过了儿女，承担起了最主要的照料工作。在洗衣、做饭和洗澡等这些基本性生活选择中，配偶作为生活伴侣，能够提供的日常生活照料更加及时，并且配偶的照料还起到心理慰藉的作用，所以有时候老年人会更加倾向选择配偶来提供日常生活照顾，配偶对老年人的身心健康有着促进作用，一定程度上，物质和精神满足可以通过夫妻双方相互照料获得。

（3）情感支持

家庭成员作为和老年人生活息息相关的一组人群，尤其是与老年人朝夕相处和其最关心的家庭成员，他们都会潜移默化地影响到老年人的情感。家庭对老年人精神健康状态的情感支持主要体现在家庭成员对老年人的尊重、关心及慰问等。

家庭关系的好坏和代际支持的力度与老年人的身心健康有着密切联系，良好的家庭关系能使老年人精神愉悦，心理健康状况良好。家庭不和睦，得不到家人尊敬、很少与家庭成员沟通的老年人，心理健康状况较差，发生老年抑郁症的概率较高。

老年人为自己的子女提供帮助，对其自尊感的产生有积极作用，而其自尊感同样会促进老年人的精神健康。养老院和福利院老年人与子女接触比较少，在与子女的交往过程中体验到情感支持的概率也非常低，失去了在家庭中的安全感和归属感，因而他们的精神健康水平较低。

老年人在晚年更加渴望亲情，希望得到家人的关注和重视，期待来自配偶和子女的精神互动，情感支持对老年人的生活满意度极为重要。家人之间的情感交流有利于满足老年人的精神需求，为老年人提供一个充满爱的生活环境。子女对老年人的精神慰藉虽然仍能发挥一定作用，但这种作用比较有限。

（4）居住支持

在中国，与成年子女共同居住是老年人养老最常见的方式，随着年龄的增长，老年人会出现各种健康问题，生活也会有许多的不便，与子女共同居住获得照顾，使得他们可以安享晚年，对老年人来说是一种幸福。目前有两种理论支撑子女同住对老年人的影响。

① 家庭支持理论

该理论认为老年人特别是农村老年人，和子女住在一起，便于老年人获得经济上的支持和日常生活的照料，从而避免老年人晚年时孤独的生活状态，降低其心理疾病的发生率。同子女住在一起，通过他们获得各种社会资源，从而提高其行为的社会控制程度，这对老年人的身心健康是有利的。

② 家庭冲突理论

该理论认为几代人共同居住，因代际之间生活观念和生活方式的差异会不可避免地产生家庭矛盾，尤其对于在城市生活的家庭来说，这样通过家庭成员之间彼此交流获得情感支持的益处会进一步降低，甚至会出现负面的效果。

老年人现阶段和自己的子女同住，一是出于理性思考后做出的选择，二是因现实中家庭条件的限制等外在因素，不得已而做出的选择。

3. 老年人的家庭支持现状

（1）从传统意义上来讲，我国的养老方式主要是家庭养老，由血缘关系和婚姻关系形成的共同居住生活的群体家庭成员来负担老年人的养老。但由于计划生育政策的实施，家庭小型化趋势明显，子女成家立业后单独生活，与父母分开居住现象十分普遍，"4＋2＋1"家庭结构逐渐成为主体，使得家庭养老的功能逐渐弱化；同时，由于观念的转变，就业的灵活性，使得大量子女离家去往外地打拼，空巢老年人日益增多，空巢家庭的出现对传统家庭养老提出了挑战。

（2）随着医疗条件的改善，我国人口平均预期寿命的延长，高龄老年人数量迅速增多。需要长期照护的、生活不能完全自理的高龄老年人增多，家庭养老的负担日益增重。

（3）由于经济结构和社会结构的转型，传统的城市老年人家庭养老原有的支持系统正面临越来越多的挑战，如市场经济体制的建立，国有企业体制变革，退休职工逐渐实现社会化管理，使得老年人在养老过程中所依赖的单位支持正渐渐丧失；另外，原有的以血缘、姻缘和情缘等私人关系为纽带的非正式社会支持网络也在逐步减弱。随着社会结构的转型，竞争加大，社会流动和居住方式的改变，家庭子女关系、亲戚帮助、邻里援助、朋友支持、同事帮忙等非正式社会支持辅助功能也在慢慢降低。这一切正导致城市老年人养老问题积重难返。

（二）老年人的社区支持

社区支持下的健康养老是老年人在自己家居住，家庭成员仍然尽照顾责任，但照顾的重任由社区来承担，照顾的经费来源可以由家庭提供，也可以由社会来提供，如退休养老金、政府购买等。社区和社会力量通过科学的组织和管理，提供完善而专业的老年日常生活照顾服务，是以多样化的照顾形式让老年人在社区内满足一切养老需求的新型健康养老模式。

1. 概念

（1）社区支持

指以居住社区为范围，以被支持个体在社区中所拥有的朋友、邻居等社会关系为主体，通过有组织地使用物质和精神手段，对社区成员进行帮助的行为总和。社区支持是社会支持的重要组成部分，包括社区参与、社区管理、社区服务及社区保障等方面的内容。

（2）老年人的社区支持

以社区为基本单位，为老年人提供各种形式的服务和帮助，旨在提高和促进老年人的生命质量，其内容包括为老年人提供起居照料、精神慰藉、医疗服务和娱乐服务等。

2. 构成

（1）政府

任何一项社会政策和制度的推行都离不开政府的主导，老年人的社区支持也不例外。在这个体系中，主要要素构成者——政府应当把握好宏观层面，给予清晰明确的政策扶持和引导，保证资金的筹措和投入，出台优惠政策来鼓励社会力量参与健康养老服务，监督和评估老年人的社区支持服务效果。

（2）社区

社区是健康养老社会服务的资源整合者和政策的主要执行者。它作为最基层的政府组织，可以动员社区内的一切资源和关系网，建立服务平台，执行政府出台的政策，及时了解社区内老年人的动向和需求，为健康养老社会服务提供管理职能。

（3）社会力量

仅仅依靠政府的力量并不能够做到对老年人所需的多种服务的有效供给，必须要充分引进社会力量和市场主体，借助市场和民间资本力量参与社区支持，以提供居家健康养老社会服务，这样才能使资金满足服务需求，老年人才能从各种渠道获得所需的服务。

（4）工作人员

老年人的社区支持工作人员包括社区管理工作者和健康养老社会服务人员，他们是具体工作的执行者。社区管理工作者水平的高低决定了政策措施的落实和效果，健康养老社会服务人员素质的高低决定了健康养老社会服务的质量。

（5）志愿者、义工队伍

单纯依靠社区内健康养老社会服务人员的服务是远不能满足社区内老年人的养老需求的，志愿者和义工队伍是一支重要的补充力量。充分挖掘这支队伍的潜力，发挥他们的积极作用，对促进健康养老社会服务需求的满足和服务质量的提高是十分有益的。

3. 作用

根据老年人的需求，构建一个以居家养老日常生活照料服务、医疗保健服务、精神文化生活服务及良好的社区服务保障为主体功能的"四位一体"的老年人的社区支持。具体包括以下四个方面内容。

（1）日常生活照料服务

以方便老年人养老为发展方向，满足老年人生活供养的日常照顾需要，这是老年人最基本的养老需求，也是老年人幸福生活的基础。具体内容如下。

① 建立家政服务、日托中心，家庭养老院照顾等多种形式的老年社区生活照顾。

② 建立定点服务和上门服务相结合、专业队伍服务和志愿者服务相结合的多形式的服务。

③ 建立个性化明显、专门针对不同类型老年对象，如高龄老年人、空巢老年人、残疾老年人，失能老年人等在内的多元化、多层次、多项目的服务内容，提供送餐、陪护及购物购药等服务。

（2）医疗保健服务体系

老年人的医疗保健服务体系建设应注重预防护理，加强社区内卫生保健和家庭护理，满足老年人健康方面的需要，这是老年人幸福生活的关键。具体内容如下。

① 社区内设有专门的社区卫生服务中心，有全科医生和护士。在社区卫生服务中心的基础上，为老年人提供家庭病床、家庭门诊等上门服务的设施，建设医院、社区卫生服务中心及家庭互动一体化的医疗健康服务体系，为社区内老年人提供预防、医疗救治、康复训练，保健护理和临终关怀一体化的服务。

② 建立完善的医疗监测体系，对社区内老年人的生理和心理健康状况进行健康档案管理，依靠社区卫生服务中心对老年人进行日常疾病的预防、治疗、康复及健康监测和健康管理。

③ 加强社区内形式丰富多彩的医疗保健，教育、交流的科普宣传体系。充分利用社区资源，提高社区内老年人自我保健、自我预防的积极性和主动性，强化对健康保健知识的了解，增强保健意识。

（3）精神文化生活服务体系

以促进老年人参与为发展方向，满足老年人的休闲娱乐、参与社会、心理慰藉等需要，这是老年人高层次的需求，体现了老年人"老有所乐"的思想，是老年人幸福生活的保证。具体内容如下。

① 社区内建立配套完善的老年活动中心，内含老年活动室、图书馆、健身室、棋牌室、歌舞室等社区老年活动设施，为老年人在社区内开展活动提供场所。

② 为老年人创建教育体系。在社区内充分利用现有资源开展老年兴趣爱

好班，如书法、音乐、绘画及电脑等，满足老年人"老有所学"的需求，引导其继续发挥人生余热。

③　发挥老年人夕阳红的热情，建立老年人社会参与体系，组织和利用好本社区内老年人资源，让老年人在当好社区志愿者、监督员、儿童教育等方面发挥余热，实现人生的第二次价值。

（4）完善的社区服务保障体系

为了使社区健康养老社会服务能满足老年人的需要，服务体系得到有效的实施，社区服务保障体系的建设和完善是首要任务。具体内容如下。

①　制度保障

加强社区内健康养老社会服务的制度建设，内容包括社区健康养老社会服务设施的用地用房政策、兴办老年事业的税收政策、政府财政投入政策、城市公共建设配套法律政策、社区内老年人服务与管理制度、规划等。

②　基础设施保障

加快社区内健康养老社会服务的基础设施建设步伐，从适合老年人居住条件，满足老年人各类需求，改善老年人生活环境等入手，建设完善的健康养老社会服务基础设施。

③　多元化经济保障

我国老年人的养老经济来源主要依靠养老金和子女供养，但目前我国的养老金水平不高，社会保障制度不完善。社区居家养老需要的不仅是政府购买服务力度的加大，还应建立社会参与的多元化投资渠道，大力鼓励中介机构、非营利组织和民间资本进入健康养老社会服务业，加入社区健康养老服务体系的建设，为老年人养老提供经济保障。

④　人才队伍保障

社区健康养老支持体系最离不开的就是人才的保证。从业人员的知识专业化是城市老年人社区居家养老有效实现的关键。社区工作管理者和服务人员是社区健康养老服务的主要提供者，构建社区健康养老支持体系就必须要加大从事社区健康养老服务的人才队伍培养，逐步建立人才职业化资格认证制度。此外，不仅要有专业人才，还要提升其他从业人员的专业水平，要培育社区志愿者队伍，吸引更多热心人士参与社区健康养老服务。

（三）老年人养老机构的支持

养老机构作为一种重要的社会养老方式，让老年人度过愉快、安详的晚年生活是养老机构的目的与宗旨。因此应提高养老机构的服务保障水平，加快探索长期照护保险制度。养老机构应根据我国老年人的特点，多层次、多方面地了解与满足老年人的需求，根据老年人的问题针对性地实施干预，使老年人适应养老机构的生活。同时，需要养老机构在工作实践中不断地探索与实践，构建符合我国国情的机构养老模式，使养老机构的老年人切实感受到"老有所养、老有所依"。

1. 概念

老年人养老机构的支持是指老年人集中居住在社会化养老机构中，为老年人提供日常的饮食起居、生活护理、清洁卫生、健康管理和文娱体育活动等一系列综合性服务。通过为入住老年人提供养护服务，开展健康管理，提升机构内老年人的生活质量，达到增进健康、延缓衰老的目的。

2. 分类

养老机构主要服务对象为失能、半失能老年人，因缓解家庭照护压力及家庭内部矛盾入住养老机构的老年人。各级各类养老机构均在国家养老机构服务基本规范的要求下，结合省市级养老机构服务质量规范开展相应的健康养老社会服务。

基于服务对象的身体状况，养老机构划分为自理型养老机构、助养型养老机构和养护型养老机构。

（1）自理型养老机构的支持

以健康状况较好、能够自理的老年人为服务对象，为其提供辅助性生活照料、精神慰藉和文化娱乐等服务。该类老年人对养老机构的需求分为两类。

① 日间照护

老年人虽然能够自理，但因年纪较大，白天子女上班无人照料，又不愿雇用保姆，晚上子女下班回来后可以照顾。针对该类老年人，一些养老机构提供日间照料服务，也可以视为"日托式"的托老所。日间照护机构为老年人提供文化娱乐空间、饮食、看护等服务，从而保证生活安全。夜间老年人返回家中居住。

② 长期照顾

即完全入住养老机构的健康老年人，多数是由于子女不在身边的空巢老年人、子女工作繁忙无暇照顾的老年人、丧偶或独身的独居老年人等。养老机构为其提供一切的生活照料服务，包括房间环境卫生的清洁服务、每日查房服务、每周血压测量服务、理发服务、生活用品代购服务、外出陪同服务等。

（2）助养型养老机构的支持

以健康状况较差的半失能老年人为服务对象，为其提供生活照料，康复照护，精神慰藉和文化娱乐等服务。同自理型养老机构相比，助养型养老机构中生活照料服务的比重更大，且增加了康复护理服务。

（3）养护型养老机构的支持

以健康状况差的失能老年人为服务对象，为其提供生活照料、康复照护，精神慰藉、文化娱乐和临终关怀等服务。同助养型养老机构相比，二者均提供较为全面的生活照料服务，但养护型养老机构中康复照护服务的比重更大，且增加了临终关怀服务。

3. 老年人的养老机构支持的策略

（1）健全的法律政策体系

发达国家老年人群健康养老发展起步较早，各国在发展历程早期均重视法律、政策体系的建设，形成了比较完善的老年健康养老法律、政策体系。美国和日本先后出台政策规范养老机构长期健康照护的各方面行为，包括养老机构长期照护对象、照护标准、照护内容、照护费用、照护者的标准及培训、照护机构的定位及规范、长期照护保险相关制度等。相关法律和政策促进长期照护有法可依、有章可循，是养老机构长期照护事业发展强有力的法律基础。

（2）规范的长期照护保险制度

尽管各国养老机构长期照护保险制度是在各自国情的基础上建立的，但对我国仍有可借鉴之处。以日本为例，养老机构长期护理保险由全民参加，有助于解决全社会共同面临的老年护理问题，而保险涵盖的护理服务内容广泛，重视对护理服务进行分级，既可以实现服务的保质保量，又实现了资源的有效配置。在美国，养老机构长期照护保险作为商业性质的保险，它能根据社会不同的需求开展不同险种的业务，使得长期照护保险更加灵活和多样化。虽然美国养老机构的长期照护保险在老年人照护费用的支出中所占比例不高，但美国政府在面对养老机构长期照护费用的问题上,已尝试通过在现有的保险中新设长期照护项目,或者单独开设养老机构长期照护保险,在商业保险中开始探索养老机构长期照护保险制度,以社会保险的形式与养老保险、医疗保险进行融合等。

（3）多元化的筹资渠道

有利于解决养老机构的费用问题,是养老机构得以长期发展的保障。资金筹集渠道可以是财政税收、社会保险缴费或个人缴纳的服务使用费等。许多发达国家均由政府承担主要责任,如日本政府财政税收承担了 50%的养老机构长期照护费用;一部分国家则强调个人的责任,如美国完全由个人负担养老机构长期照护费用;还有一些国家开始重视民间团体和社会力量,如美国联邦政府鼓励非营利组织投入到养老机构长期照护服务事业中去。

（4）专业化和多样化的服务

发达国家注重养老机构服务的专业化和多样化。对养老机构进行功能分类便是保证专业化服务的体现。比如美国根据老年人照护需求不同将养老机构分成技术型护理照护养老机构、中级护理照护养老机构、一般性照护的养老机构3 类;日本也将养老机构分为一般保健养老机构、特殊保健养老机构、疗养型机构三种,目的都是便于更有针对性地提供专业的服务。同时,服务内容也逐渐呈多样化的趋势;逐渐涉及日常生活的起居协助、个人卫生、膳食服务等各方面的照护;涵盖了与老年人身体机能相关的多项医疗保健康复服务;关注老年人精神心理方面的慰藉和疏导服务。专业化和多样化的服务提高了老年人尤其是失能老年人的晚年生活质量,是保证养老机构长期照护事业可持续发展的重要前提。

（5）高素质的服务团队

由于养老机构大部分都是长期照护的老年人,长期照护的性质决定了其对养老机构的高依赖性,为了能够给老年人提供较高质量的服务,发达国家在发展老年人长期照护事业时注重养老机构护理人员的专业素质和技能。为此,各国纷纷制定法律政策对养老机构护理人员的基本素质、资格条件、专业技能、培训等方面提出了严格的标准和要求。所有从事长期照护的人员均需经过培训和资格考试,考试后再接受一定时间的培训,获得相应的资格证书,最后经过临床实践正式上岗。上岗后还需定期接受培训及职业道德教育和岗位考核。

四、健康养老产业

（一）养老地产业

在美国，有些老年人在退休以后，会选择离开大城市，到城市周边或风景秀美的地区换购成本更低一些的住宅，或者租住在一些专门开设的"持续照料退休社区（CCRC）"中，在幸福、快乐和安全的保障中度过晚年。这种养老设施叫作"养老社区"，一般选址在风景秀美、环境宜居、配套较好、交通方便、成本较低的地方，提供全面、完善和涵盖老年人各种需求的服务。CCRC的典型代表，业内公认是美国的太阳城。

CCRC一般要求55岁以上才可入住，可以面向包括健康活跃老人，高龄自理老人、失能半失能老人，失智老人的各种老年人群体提供服务。相对应地，CCRC内的服务设施包括以下形态。

（1）独立居住区：可以独立居住的老年公寓或别墅，主要面向健康活跃老人，提供如同家庭一样的环境，只有较少的物业服务。

（2）生活护理区：主要面向需要一些生活照料的老年人，比如高龄自理老人等，提供日常生活的照料服务。

（3）失能护理区：为失能、半失能老年人提供专业护理服务。

（4）失智照护区：一般为相对封闭的区域，具有独特的设计，为失智老年人提供专业的照护服务。

CCRC中一般会配备医疗机构和各种文化、体育、娱乐设施，居住其中的老年人可以共享这些设施，在其中健康快乐地度过晚年。

在中国，房地产行业经历了二十多年的高速增长后，在国家政策、市场竞争、需求变化等因素影响下，面临转型。根据业内专家冯仑的分析，中国的房地产行业将进入"后开发时代"，从单纯的住宅开发向全产品线、全价值链和全商业模式转型，从单纯的住宅销售向销售与自持并举、重资产销售与轻资产运营服务并举转型。在实践中，众多房地产企业看到了健康养老这一领域的机会，推出了养老地产这一细分产品。

在商业实践中，养老地产也有广义和狭义之分。狭义的"养老地产"，就是传统意义的以住宅销售为主要目的、住宅和商业配套的设计和建设考虑适老化元素及老年人需求的地产开发产业；广义的"养老地产"，可以把养老社区也算在内。不过，两者之间区别很大。在盈利模式上，养老地产以住宅销售收益为主，不提供或者只提供很少的物业和配套服务；养老社区以自持和运营的租金和服务收益为主，提供全套的养老护理、生活照料等服务；养老地产的市场主体以房地产开发企业为主，核心资源和要素是土地和住宅；而养老社区的市场主体包括房地产开发企业、保险公司、养老运营公司，核心资源和要素包括土地、运营服务能力等。

（二）养老金融业

一般而言，一个国家的养老保障体系，由三个支柱构成。

第一支柱：社会基本养老保险，由政府强制参保来完成对参保人的基本保障。政策对于缴费形式与保障待遇有明确规定，一般按照工资的一定比例缴付。在我国，基本养老保险主要包括企业职工基本养老保险和城乡居民基本养老保险，前者主要覆盖城镇各类企业职工、个体工商户和灵活就业人员，后者覆盖年满 16 周岁（不含在校学生）、非国家机关和事业单位工作人员及不属于职工基本养老保险制度覆盖范围的城乡居民。基本养老保险实行社会统筹与个人账户相结合的方式管理。

第二支柱：企业补充养老保险（即企业年金），由企业主办，在第一支柱的基础上，对于参保人提供额外的保障。缴费较第一支柱更为灵活，保障待遇与所参保的保障内容相关。

根据缴费和给付方式的不同，企业年金计划可以分为三种模式：DB 模式，即待遇确定型计划，如英国的职业养老金计划；DC 模式，即缴费确定型计划，如美国的 401K 计划；混合模式，即 DB、DC 混合型计划。

在 DB 模式下，企业年金缴费金额不确定，计划发起人或管理人向计划参与者作出承诺，保证其可以在退休后按照事先确定的金额领取养老金。在 DC 模式下，企业年金计划的缴费比例或金额是确定的，计划参与者退休后的养老金总额是缴费与投资收益之和，投资风险由计划参与者自己承担。

国外几十年的发展历史表明，在 DC 与 DB 两种类型企业年金的选择上，企业更偏好 DC 模式，当今世界各国大多将 DC 计划作为企业年金的发展方向。这是因为，相对于 DB 计划，DC 计划具有诸多优势：一是简便易行，对精算、投资等方面的技术要求不高，适合各种不同发展阶段的市场环境；二是 DC 计划投资风险由职工个人承担，有利于分散风险，企业没有潜在的损失补偿风险；三是 DC 计划比 DB 计划运作更加透明，更容易实施监管。

第三支柱：个人储蓄性养老保险，主要是参保人本人，通过储蓄或购买保险等多种商业手段完成对个人未来生活的保障。保障待遇与购买的产品相关。在我国，《关于开展个人税收递延型商业养老保险试点的通知》的发布，标志着酝酿十余年之久的个人税收递延型商业养老保险试点终于落地。自2018 年 5 月 1 日起，在上海市，福建省（含厦门市）和苏州工业园区实施个人税收递延型商业养老保险试点，试点期限暂定 1 年。同时，通知还指出，试点结束后，根据试点情况并结合养老保险第三支柱制度建设的实际，有序扩大参与的金融机构和产品范围，将公募基金等金融产品纳入个人商业养老账户投资范围。

在我国，随着老龄人口的快速增长，社会基本养老保险的实际替代率（指劳动者退休时的养老金领取水平与退休前工资收入水平之间的比率）不断下行，养老支付压力巨大。企业年金目前覆盖率不足，不过根据世界银行预测，企业年金市场将以每年 20% 以上的速度增长，到 2030 年中国企业年金规模将达到 1.8 万亿美元。同时，商业养老保险将快速发展，补充基本养老保险不断下行的实际替代率。新"国十条"中已经明确提出"把商业保险建成社会保障体系的重要支柱""推动个人储蓄性养老保险发展"，明确了支持商业养老保险的积极态度。预计在个税递延、抵扣账户等优惠政策推出后，个人商业养老保险会迎来一个快速发展期。

以上养老金融产品的设计和运营，以及养老资金的收取、委托管理、投资管理、账户管理等业务，形成了一个巨大的产业。此外，在信托和财富管理行业，养老和财富传承方面的金融服务业也将迎来大发展。

（三）养老用品业

养老用品业内容广泛。考虑到养老产业是跨多个行业的综合产业，广义上讲，以老年人作为目标客户群体的产品的生产、制造、销售，都可视为老年用品业的一部分。从目前养老用品行业发展的实际情况看，主要是两大类：一是老年保健品和老年医药用品，二是老年人康复和日常生活用品和辅助器具。

1. 老年保健品和老年医药用品

目前老年人消费规模比较大的主要是老年保健品和老年医药用品。随着我国经济的快速发展，广大老年人的生活条件不断发生变化，老年人消费保健品规模持续增加。但由于市场监管及老年人保健知识匮乏等原因，我国老年保健品市场良莠不齐，假冒、虚假销售甚至欺诈层出不穷，迫切需要规范。老年人对医药用品消费增长也非常快。由于大部分老年人或多或少患有慢性疾病，因此，药品成为一部分老年人赖以维持生命的重要支撑。随着我国老年人规模的日益庞大，未来老年医药用品会持续增长。

老年保健食品指专为老年人生产的保健食品。老年保健食品必须符合老年生理特点，应以低热量、低脂肪、低盐，低糖、高蛋白质和高食物纤维为特征。就功能性老年保健食品而言，当在食品中强化或有意识地降低某些营养素，以适应某些老年人的生理需要和某些老年病所禁忌的食品时，都必须以合理营养和平衡膳食为指导原则。滋补性老年保健食品应以中医辨证论治为宗旨，根据老年人体质的虚实寒热辨证施食，防止滥用食补的倾向。

1996 年 3 月 15 日，卫生部发布的《保健食品管理办法》中明确指出："保健食品系指表明具有特定保健功能的食品。即适宜于特定人群食用，具有调节机体功能，不以治疗为目的的食品。"从保健食品的定义上看，保健食品不是药物而是适宜于特定人群食用的食品。它应当具有以下几个特点。

（1）保健食品是食品而不是药品，不以治疗为目的，不追求临床治疗效果，也不宣传治疗作用。

（2）保健食品应具有功能性，即具有调节机体功能，这是保健食品与一般食品的区别。如免疫调节功能、延缓衰老功能、改善记忆功能、促进生长发育功能等。其功能须经必要的动物或人群功能试验，证明其功能明确、可靠。

（3）保健食品适于特定人群食用，一般需按产品说明规定的人群食用，这是保健食品与一般食品另一个重要的不同。

目前老年保健品主要有以下分类。

针对心血管疾病为目的的保健品：胆固醇沉积于血管内壁能引起心血管疾病，如高血脂、高血压、动脉硬化和冠心病，并可进一步引起脑卒中。此类专用保健食品需含有降低血液胆固醇的活性成分。例如大豆磷脂软胶囊、深海鱼油、螺旋藻复合片等。

针对防癌抗癌的保健食品：衰老伴随着基因及基因组的改变，会改变相关致癌基因的表达。有研究证明，具有生物活性的食品成分对癌症的抑制具有非常重要的作用。

针对老年脑部疾病的保健食品：随着老龄化加剧，脑萎缩、痴呆发病人数剧增，防痴呆健脑食品的研究显得很重要。由于大脑成分中60%以上是脂质，而包裹着神经纤维称作髓磷脂鞘的胶质部位所含脂质更多。在所构成的脂质中，不可缺少的是亚油酸、亚麻酸之类必需脂肪酸（多不饱和脂肪酸），因此在防痴呆食品中，提供充足的必需脂肪酸是极为重要的。比如富含必需脂肪酸的核桃仁是最佳健脑食物。此外，鱼油、红花油和月见草油的必需脂肪酸含量很高，也是很好的健脑食品配料用油。

针对老年糖尿病的保健食品：研究证明高纤维膳食对治疗糖尿病非常有效，特别对Ⅱ型糖尿病。如薏米、紫草、甘蔗茎、紫菜、昆布和南瓜等食用药物植物或植物果实中的某些活性多糖组分，就有明显的降血糖作用；百合科、石蒜科、薯蓣科、兰科、虎耳草科、锦葵科和车前草科植物的黏液质中也含有这种降血糖活性的多糖组分，将这些组分提取精制后可用于糖尿病专用保健食品的生产上。

针对衰老的保健品：随着年龄的增长，机体内产生具有清除自由基物质的能力逐渐下降，从而削弱了对自由基损害的防御能力，引起了机体的衰老。为了防御自由基的损害作用，可以向机体内添加适量的天然或人工合成的自由基清除剂，从而达到延缓衰老的目的。自由基清除剂有非酶类清除剂（抗氧化剂）和酶类清除剂（抗氧化酶）两类，被人们研究过的清除自由基很多，但仅有少数几种得到公认并已进入实用阶段。其中抗氧化酶包括超氧化物歧化酶、谷胱甘肽过氧化酶，过氧化氢酶和过氧化物酶等。抗氧化剂包括维生素E，维生素C和硒等。

2. 老年生活用品及辅助器具

老年生活用品是专门针对老年人生理生活特点和需求而设计的服装、鞋帽、日常用具等产品。老年辅助器具是针对老年人康复、护理、日常照料、日常生活而设计和生产的一系列辅助器具，如专用护理床、轮椅、步行辅助器、护理垫、成人纸尿裤等。近年来，随着科技的发展及互联网、大数据和人工智能的应用，老年人康复和生活辅助机器人，智能可穿戴设备、带感应器的辅助器具也开始应用于老年人日常生活，为老年人提供健康检测和健康管理、应急报警、安全防护、辅助日常生活等服务，并可减少护理人员，降低护理和老年人照护成本，受到市场的欢迎。

辅助器具的定义有狭义和广义两种。狭义的定义主要面向老年人、残疾人等辅助康复和生活的器具，比如轮椅、拐杖、老年人和残疾人用的物品、特殊的护理床等；在狭义的基础上，增加一部分可以和健康人共用的产品，并为其增加一些特殊的性能，让老年人、盲人、残疾人都可以用，就成为广义的辅助器具。比如在浴室，洗发液、护发素各有一个瓶子，可以在瓶子表面设定一些盲人可以摸到的凸起，瓶子上有凸起的是洗发，没有的是护发素。这也可以理解为是广义的辅助器具。

另外，还有介于二者之间的一些物品和器具，比如温水洗净便座、残疾人用乘用车及家里用的电梯等，可以作为辅助器具，也可以与健康人群共用。辅助器具的一些技术也可推广到健康人的日常生活。比如马桶盖，原来是面向某些残疾人的，后来发现健康人用起来也很舒适，因此产品改良得越来越好，使用范围越来越大，已经在日常生活中被广泛使用。还有老年人、残疾人用的车辆，车内座椅可以转动，停车后可以向车门方向旋转，方便出门。一开始是为了残疾人使用，因出入汽车非常方便，现在不少汽车上也都设计了可旋转座椅，方便健康人使用。

在日本，政府通过一系列法规，以及长期介护保险的政策，有力地支持了辅助器具的广泛使用。日本的长期介护保险可应用于老年人租赁和购买辅助器具，长期介护保险可报销绝大部分辅具租赁或购买支出。保险覆盖了 13 大类的产品，包括租赁型的耐用品，比如护理床、轮椅、步行器，以及购买型的产品，比如便座、特殊便器、洗澡用具、护理垫、纸尿裤等，这些直接与皮肤接触的产品，因不适合共享，而且属于低值易耗品，因此采用销售的方式。另外，长期介护保险还支持用于住宅改造，即对老年人居住的年头较长的住宅的改造，便于老年人居家养老。比如在家中进行扶手的安装、去掉小的台阶、防滑、洗手间坐便器的调整等。

2018 年 12 月 17 日，民政部、发改委、财政部、中国残联联合发布《关于开展康复辅助器具社区租赁服务试点的通知》，决定通过试点，指导试点地区率先建成供应主体多元、经营服务规范的康复辅助器具社区租赁服务体系，服务网络覆盖本地区 50% 左右社区，通过租赁服务配置康复辅助器具的人数逐步增多，康复辅助器具配置率不断提高，创造一批各具特色的典型经验和先进做法，形成一批可持续、可复制的政策措施和服务模式，为全国康复辅助器具社区租赁服务发展积累经验、提供示范。以上政策的推出，将有力推动中国康复辅助器具市场的发展以及辅助器具在老年人生活中的应用。

（四）养老服务业

1. 养老服务业的构成

养老服务业是养老产业中的核心部分，也是养老行业中对老年人而言不可或缺的内容。根据马斯洛心理学理论，人类的需求分为五个方面：生理需求、安全需求、社交需求、尊重需求、自我实现，而这五个方面也对应着养老服务业应当提供的内容。

根据以上分析，可以看到养老服务业不仅仅是单一的养老护理服务，而是一个综合的行业，要整合各种服务资源，满足老年人多样化的需求。具体包括几类服务。

（1）日常基础服务类

主要满足老年人生理需求，主要是助餐送餐、助洁、助浴、修脚、日常活动陪同等服务。这些服务需要考虑老年人的特点，在健康、安全的基础上，个性化地提供。比如老年人的餐饮要少油、少盐；助浴要考虑安全等。这些服务可以由专业的养老护理人员提供，也可由其他经过培训的家政服务和其他专业服务人员提供。

（2）专业照护护理类

主要满足部分老年人生活照护、失能失智老年人专业护理的需求，一般由专业的养老护理人员通过居家服务或者集中式服务。

（3）社交文化旅游类

满足老年人的社交、文化交流、旅游等需求的服务。这些服务内容可以由养老护理机构整合各方资源，结合老年人心理和生理特点，在确保安全和健康的前提下提供。

（4）老年教育培训类

满足老年人自我成长、自我成就等需求的服务。国内常见的模式是老年大学。

因此，养老服务产业是一个劳动密集型的行业，涉及医疗服务、康复护理、休闲娱乐等众多行业，其特点如下。

第一，服务内容多元化。养老产业随着时代需求的演变，已经脱离了最初的老年照顾、生活服务的含义，涉及医疗、商贸、旅游、咨询、管理、文化等多个内容。就具体内容而言，围绕老年人的"健、医、康、吃、住，行、游、购、娱"等需求，出现的类型有护理服务、康体服务、家政服务、用品商贸、老年旅游、老年教育、老年咨询等。

第二，产业链细分化。养老产业链随着市场需求的多样化及市场供给能力的不断提升，加之新技术、新模式、新业态的不断涌现，推动养老产业链不断出现新领域，带动养老产业向纵深发展。

《老龄蓝皮书：中国城乡老年人生活状况调查报告（2018）》中指出，老年人消费热点不断形成，照护服务、老年旅游、老龄用品、网络消费成为老年人消费新热点。

照护服务需求规模不断扩大。调查显示，当前高龄老人三千多万，失能老人四千多万。这些空巢、高龄、失能老年人的增加，对照护服务的需求日益凸现。2015 年，我国城乡老年人自报需要照护服务的比例为 15.3%，比 2000 年的 6.6%上升将近 9 个百分点。分年龄段来看，高龄老年人对照护服务的需求最为强烈，自报需要照护服务的比例从 2000 年的 21.5%上升到 2015 年的 41.0%，上升了将近 20 个百分点，上升幅度是 79 岁及以下老年人的 3 倍多。由此可见，照护服务成为城乡老年人消费的重要项目。从具体服务项目来看，38.1%的老年人需要上门看病服务，12.1%的老年人需要上门做家务服务，11.3%的老年人需要康复护理服务。随着老年人收入的不断提高，这些潜在需求都将转变成老年人有效需求。

老年旅游消费受到青睐。随着我国老年人物质生活条件的不断改善，精神文化生活逐渐成为短板。老年旅游作为满足老年人精神文化生活的一种方式，逐渐受到老年人的青睐。调查显示 2019 年中国老年人旅游消费金额超过 5 000 亿元，然而由于 2020 年的新冠疫情，老年群体的旅游出行将更加谨慎，预计老年人旅游消费将降至 2 527 亿元。由此可见，旅游成为老年人满足精神文化生活的重要方式。而且近年来随着旅居养老、候鸟式养老的不断兴起，极大地拓展了老年旅游的方式。

网络消费成为新宠。随着互联网在我国的普及，网络消费已经成为广大居民消费中不可或缺的部分，老年人也不例外。网络的普及不仅有利于满足广大老年人的精神文化生活，同时也为老年人居家养老提供了强有力的支撑，尤其是网络购物的实现，极大地方便了空巢或者独居老人，提高了老年人生活质量。

2. 养老服务交付模式

我国的养老方式主要为居家养老、机构养老、社区养老。其中居家养老，是指老年人居住在自己或血缘亲属的家庭中，由其他家庭成员提供养老服务。受传统文化的影响，居家养老是东亚国家普遍的养老模式。社区养老，是指老年人居住在自己家中，由社会提供商业化的养老服务。老年人居住在自己熟悉的环境里，既可以得到适当的照顾，也随时欢迎子女的探望。社区养老目前在欧美发达国家比较普遍。机构养老，是指老年人集中居住在特别的养老机构中，由养老机构提供专业的医疗及养老服务，但是一般探望不便，容易造成老年人和子女的隔阂。

根据2017年发布的《国务院关于印发"十三五"国家老龄事业发展和养老体系建设规划的通知》，我国提出"十三五"期间的养老业发展目标，提出：居家为基础、社区为依托、机构为补充、医养相结合的养老服务体系更加健全。养老服务供给能力大幅提高、质量明显改善、结构更加合理，多层次、多样化的养老服务更加方便。根据全国老龄办的规划，未来我国居家养老、社区养老和机构养老的比例将是"9073"，即居家养老占90%，社区养老占7%、机构养老占3%。因此，大力发展居家和社区养老，是我国养老服务业发展的一大趋势。

在日本，2000年推出的长期介护保险制度，对日本养老模式产生了巨大影响。日本对老年人的界定是65岁以上的人群。一般而言，按照衰老的规律，65～74岁相对年轻的老人基本能够自理，75岁以上的老年人开始出现不能自理的情形，需要生活照料或介护服务；80岁以上的超老年人会出现失能、失智的情况。因此，对于健康活跃老人或半自理老人，最适合的是居家和社区养老服务；对于失能、失智的老人，则社区和机构养老服务更加适合。日本养老机构的布局充分体现了以老人需求为中心的特点。另外，由于介护保险的存在，日本养老机构以提供介护保险范围内的服务为主，养老设施也是根据老人的不同护理需求而建设。

日本养老机构因目标客户群体和是否使用介护保险而体现不同类型。日本将养老机构划分为特别养护老人院、介护老人保健院、介护疗养型医疗设施、认知症集体老人院、收费老人院（分为看护保险支付型和住宅型两种），出租型高龄者住宅等。其中前三种设施建设要有申请手续，根据政府定下的标准，并由符合标准并经过认可的特殊法人来开设。表中左边四个机构类型是以提供介护保险范围内的服务为主，右边三个类型的机构提供偏自费的服务。其中如果带辅助服务的养老住宅也能提供包括介护在内的服务，也可定义为收费养老院。

从日本经验来看，居家和社区养老仍是老年人养老的主要模式。近年来，日本政府在大力推广"社区整体介护系统"，即在社区层面，整合医疗、健康管理、养老护理、志愿者等各种资源，以居家和社区养老的老年人需求为中心，提供基于社区的整合服务。在此理念下，日本政府在大力推广适合居家和社区养老服务的"小规模多功能机构"模式。小规模多功能养老设施是近年来日本政府积极倡导的养老设施类型，是指均布于各个街区中的，提供日托、短期入住、组团式护理和上门服务等多功能的小型综合养老设施。其根本目的是为老人在住宅、在熟悉的社区中养老提供支持，保障老人与家人，邻里人际关系不割裂的同时，为老人提供 24 小时的个性化护理服务。这类养老设施所提供的护理服务被界定为"小规模多功能居宅护理"，是以日间照料为主，兼夜间短期住宿、上门服务及居住等多种服务。它的特点是全天候、一站式，近距离的服务周边街区的老人，是日本地域密集型养老服务系统的重要组成部分。

居家和社区养老是目前英国大多数老人选择的养老方式，这体现出英国人"居家养老"或是尽可能地"如同在家养老"的理念。在政府层面，英国社区居家养老主要由卫生和社会保障部及地方社会服务局管理。英国建立了国民医疗保健制度，由家庭诊所和社区诊所负责提供社区医疗和转诊服务。按照英国有关社区照顾的法令，几乎所有的社区都配备相关的辅助设施、提供面向老年人的服务和帮扶政策。英国也在大力推动综合照护理念，这是指将基本照护，社区照护和社会照护，以被照护者为中心，进行资源整合，建立各机构的联合，以提供连续高质量的照护服务。该理念尤其注重健康和社会照护服务的整合，旨在为老人提供助养、生活护理、医疗及社会服务等综合服务，是从老人的生活到医疗，直至死亡的一个全程照护概念。

如今，英国社区养老已经形成了一套较为完整的体系，与建设养老院、将老人集中起来看护相比，"去机构化"的社区养老可以更好地调动民间资源，展现养老服务的灵活性，也能够让老人最大限度地融入家庭和社区，尽可能让老人能够在自己熟悉的环境中安度晚年。

美国在社区推广医养结合的、全员参与的老年社区照护体系（PACE）模式。由政府或者保险公司支付，服务提供者给出包括全科医生、专科医生、护士、药剂师、康复师、家庭护理助手、社工等在内的跨学科团队（IDT），评估老年人需求、制订照护计划，为老人提供全面的医疗、健康管理和生活帮助的"打包式"服务。

通过一站式服务，为那些体弱多病、有较多照护需求、需要长期照护的老年人提供了所有 Medicare 和 Medicaid 包含的服务及其他支持性服务。这个模式以被照护人为核心，根据被照护人的需求来提供灵活可选的个体化服务。这种一站式服务模式，使参加人获取服务更加便利。

（1）服务对象：达到入住护理院标准的老人，55 周岁以上，认证为需要入住护理院，在 PACE 服务范围，签订协议后尊重护理计划。

（2）服务内容：日常照护服务、急症护理服务、必要时提供护理院级别的服务，以帮助老年群体应对复杂的医疗性、功能性和社会性需求。

（3）经费来源：PACE 的经费主要来自美国两大主要公共医疗保障计划 Medicare 和 Medi-caid。

（4）监督管理：Medicare 和 Medicaid 服务中心与各地方管理局，包括监测和评估 PACE 机构的组织架构、运营过程、签署的协议和提供的服务。

第三章

不同社会要素与老年人健康

第一节　婚姻、居住与老年人健康

大量研究表明，人类健康问题不仅是一个医学或生命科学问题，也是一个人口学或社会学问题，人类的健康受到生理的、心理的及社会的多种因素的综合影响。在诸多的社会决定因素中，婚姻状况和居住方式可能是两个非常重要的方面。由于中国文化传统及社会养老保障体系建设的滞后，家庭一直是中国老人养老的主要依靠对象。配偶及其子女不仅是老人的主要经济来源，还是主要的生活照顾者，在老人的健康生活中扮演着重要的角色。本章对以往有关婚姻状况及其转变、居住方式与健康状况关系的研究进行了一个简要回顾和评述。

一、婚姻转变与健康的关系

由于老人的再婚率非常低，所谓的婚姻转变主要是从已婚有偶到丧偶的转变，即丧偶事件。作为一种重要的生命事件，配偶的死亡及其随后的无偶状态都可能与老人的健康状况和死亡风险有显著的关系。关于此方面的研究，国内外有大量的研究成果，在某些方面已经获得了一致的结论，但仍然还存在一些有争论的内容。

大量的国外研究业已表明，婚姻与人们的许多健康指标有显著的关系。与已婚有偶者相比，丧偶者更倾向于负向的健康评价、拥有更高的残障发生率、慢性病发生率及更高的死亡率。国内的一些研究也表明，中国的不同婚姻状况人口有着不同的死亡水平，有配偶人口的死亡水平要低于无配偶人口（包括未

婚、丧偶和离婚)。在中国高龄老人中，婚姻状况与健康长寿仍然有显著关系，婚姻对健康和存活仍然具有保护作用。

关于丧偶者与有偶者在健康和死亡率上的差异，主要有两种解释：婚姻的选择机制和婚姻的保护机制。根据婚姻的选择机制，在丧偶人群中各方面条件比较好的人更有可能再婚，而继续保持丧偶状态的人更可能是身体健康状况不佳的人，或者是社会经济条件不好且有更高死亡率的人。婚姻的这种选择机制可能会导致在丧偶人群中不健康者所占的比例要高于有偶人群中的相应比例。另一方面，夫妻共同的生活环境和生活方式使得夫妻的健康状况和死亡率都可能比较相似，一方的死亡也可能表明了另一方面有着严重的健康问题。这其实是说明了婚姻转变与健康的关系有可能是共同的外部因素导致的。如果不控制这一外部因素，所获得的结论就可能是虚假的。而根据保护机制，婚姻具有一种保护效应，它通过提供社会和经济支持对健康有一种保护作用。一方面，婚姻可以防止当事人从事一些危害健康的行为；另一方面，婚姻通过提供经济支持和生活照顾而有利于健康的促进。丧偶对健康和死亡率的影响可能源于这些社会的或物质支持的丧失。

不过，一些研究也发现，丧偶对健康和死亡率的影响主要集中在早期，随着丧偶时间的延长，丧失配偶带来的影响会慢慢减弱。有研究发现，丧偶早期会出现沮丧、焦虑、失去胃口、情绪变化、睡眠中断、过度思念亡者与失去判断力，死亡率与自杀率增加，但是，从长期看，丧偶对身心健康大致没有影响。有研究认为，哀伤的配偶在应对能力与韧性方面常常被低估。有研究也发现，丧失配偶的人只有在前两年内会有显著的精神上的悲伤、焦虑、强烈的物欲、生理上的疾病。事实上，只有15%~25%的丧偶者会有长时间（2年以上）的心理及生理上的疗伤、复原过程。一些本书试图用危机（或压力）机制来解释丧偶早期的健康问题和高死亡率的问题。根据危机机制，新丧偶者的健康问题可能来自长期照顾病重的伴侣或者其去世所带来的身体上和心理上的压力。有些研究就指出，长期照顾慢性病患者会造成适应障碍，增加沮丧及其他精神失常的可能性。长期照顾病人的家属因病人的死亡，身心的疲惫虽然有所缓解，但是，可能会突然感觉到分离、矛盾、愤怒、愧疚、沮丧，在公众场合表达哀伤的能力也较差，这可能会加重先前就存在的慢性疾病，并有可能导致一些并发症。此外，丧失配偶不仅仅是一种婚姻状况的转变，更是一种生活方式和社

会角色的转变。要适应新的角色，新的自我认同，这都需要一个过程，也许这个过程会对老人造成很大的适应性压力，进而产生健康问题。随着丧偶时间的延长，老人通过建立起来的一些补偿机制——比如再婚，向子女寻求支持等，会逐渐适应配偶死亡后的生活，丧偶带来的健康影响也会逐渐减弱。

有研究指出婚姻状况与健康的关系可能受到个人人格特质、家庭及社会支持因素的调节。第一，有研究发现丧偶的影响和个人处理压力的性格特质及宗教信仰有关。第二，伴侣关系的品质很显然能够影响伴侣经历丧偶之痛的过程。丧偶后心理上的调适对那些婚姻关系充满温暖，且与伴侣情感相互依赖的人来说是较为困难的。相对来说，对那些拥有冲突婚姻关系的人，因丧偶而产生的悲伤是较少的。第三，丧偶对健康的冲击也与老人是否有充足的来自家庭和社会的支持有关。比如如果家庭中有替代的照顾者或者孩子及亲近友人能提高帮助和支持，则会减少丧偶带来的影响。有研究也指出，健康照顾具有一种外在性，它不仅影响病人的健康状况，也影响病人家庭成员的健康，如果配偶在死前使用机构照顾，即使只使用3~4周，也会降低存活配偶的死亡率。如果老人与亲友有密切的联系，或是参与了一些志愿团体，那么老人在其伴侣死后的健康问题较轻。最后，有研究发现婚姻状况与死亡率的关系受到丧偶者所处社区丧偶者数量多少的影响，丧偶效应部分依赖于丧偶者所处的社区环境。如果其所在社区中丧偶者所占比例较低，则丧偶者的死亡风险会相对较高。与之相反，如果所在社区中丧偶者所占比例较高，则丧偶者的死亡风险会相对较低。

以往的一些研究也发现，婚姻状况与健康的关系存在显著的性别差异。虽然丧失配偶对男性和女性都有影响，但是男性因丧失配偶而增加的疾病和死亡率要大于女性。而且，随着丧偶时间的持续，丧偶带来的影响在男性中减弱的速度低于女性。在我们的社会中，因为寡妇的数量要远远大于鳏夫，因此研究的重心通常都是放在寡妇身上。不过，一些研究表明，鳏夫较易抱怨孤寂，情感上也较寡妇难以恢复，因此，他们在丧偶后通常会产生心理健康状况、道德或是社会功能衰退的现象。与寡妇相比，鳏夫不善于表达他们的悲伤，也较不能够调适配偶死亡带来的失落感及生活能力问题，尤其是那些在情感支持、家务工作及社会交往方面皆依赖他们妻子的老人。从这个角度看，鳏夫在丧偶后将遭遇较多生理健康上的问题，使得他们很可能在妻子过世后6个月内也跟着

死亡。不过，女性在丧偶后与其自身的调适能力、收入、健康状况和社会支持网络有关。如果寡妇在经济上依赖她们的丈夫，在丧夫后会发现他们的收入减少，这对她们的生活造成一定的影响，尤其是对那些长期照顾她们罹患慢性病伴侣的妇女，或者是将所有积蓄花费在医疗机构的妇女影响更大。然而，有些女性并没有依赖她们丈夫的经济或社会支援，又由于女性比男性拥有较多友伴的支持网络，而且对女性而言，守寡是她们生命周期中较典型的成分，年老的寡妇会跟其他寡妇联合成一个互相支援的网络。这样，友谊团体可以弥补丧偶所带来的孤寂感。在某些例子中，朋友带来的支持力量甚至比孩子带给寡妇的还多。而对于那些健康状况不好、没有太多收入或社会支持的妇女而言，使自己适应丧偶所带来的悲伤过程则是最困难的。也有研究认为，应该在角色理论框架内对丧偶后的性别差异进行解释。因为男性和女性在家庭中扮演的角色不同，男性比女性要从婚姻中获益更多，当他们丧失配偶后，体验了更强烈的"震惊"和不适应，从而降低了他们的存活机会。在家庭中，妻子一般比丈夫有更多的照顾负担，因此，虽然丈夫的去世可能会带来心理上的创伤和压力，但是也在一定程度上减少了妻子的照顾负担。相反，丈夫一贯地很少承担照顾的责任，因此妻子的去世则意味着他们自我照顾的开始，这对于那些家务能力不强的男性来说，可能是一个不小的负担和压力。

不过，也有一些研究发现，婚姻状况与健康的关系并不具有显著的性别差异，丧偶对男性和女性的影响是相似的。有研究就指出，很难找出一个清晰的模式表明在丧偶后男性比女性有更多的健康问题，事实上，在控制一些中介变量后，这种性别差异可能会很小。由此可见，关于婚姻状况与健康关系的性别差异，以往研究并没有获得确切的结论，仍需要进一步考察。一些研究也发现，随着丧偶年龄的增长，丧偶者与有偶者的健康差异在下降。与年轻人相比，老人更少受到丧偶带来的影响。与年轻人相比，年长者面对突然死亡的可能影响较小，因为他们把寡居当成生命的功课，已经预先做好规划且从朋友或朋友的配偶过世得到许多经验。如果老年人经历无数的生活事件、角色丧失和环境改变，对丧偶后的生活适应就相对容易一些。事实上，年龄达到 75 岁以上的老年人，已经证明是适应最好的一代，因为适应最好的证明就是存在。在经历丧偶事件时，年轻人比老年人有较强烈的心理上的痛苦，因为对他们来说，较少同龄的朋友遭逢了此变故。不过，也有研究指出，虽然在丧偶初期年轻人会表现出较强烈的悲伤，但是，在丧偶 18 个月后年老的人则会表现出更加的哀伤。也有研究发现，到了老年阶段，尤其是 75 岁以上，丧偶与死亡率将不再具有显著的性别差异。然而，也有研究发现丧偶对健康的影响在老年阶段会增强，婚姻对于老人来说更加重要。总之，关于丧偶对不同年龄组的影响，还没有形成一致的结论，仍需要进一步的研究和分析。

戈德曼利用了 16 个发达国家发表的人口统计或普查数据，考察了不同国家或者同一国家内不同时期的婚姻状况的死亡率差异。结果发现，在大部分的国家中丧偶者在二十几岁和 30 岁刚出头时，经历最高的死亡率，大概是有偶者的 10 倍。另外，在大部分国家中丧偶者与有偶者的死亡风险比在过去二三十年中有所增加，不过日本是个例外。有本书利用元分析的方法对 1994 年以来在不同国家所做的有关婚姻与死亡率的 53 个独立研究做了一个整体的比较，分析了丧偶对死亡率的效应是否在不同的国家而不同。结果发现，在欧洲和北美的国家中，丧偶对死亡率的影响是相似的，但是在把亚洲一些国家包括进来后并没有产生一致的结果，这可能与亚洲国家和欧美国家的文化、家庭制度有关。鉴于此，丧偶对欧美国家中老人的影响可能不同于对亚洲一些国家中老人的影响，但是，有关这方面的研究还很少。

整体而言，在婚姻状况与发病率、死亡率的关系上，所获得的结论充满冲突性。虽然以往的研究发现丧偶者的死亡率、自杀率与发病率较高，不过有些研究却发现丧失亲友与死亡率间没有很大的关联。丧偶之后，健康情形会减退，死亡率与自杀率增加，但这只是在短期内发生，长期对身心健康大致没有影响。在丧偶效应的性别差异和年龄差异上，以往的研究也并没有获得一致的结论。因此，有必要进一步澄清丧偶对老人健康状况影响的性别差异和年龄组差异。在控制一些中介变量后，丧偶对健康和死亡率的影响会减弱或者反转。比如虽然许多人在经历丧偶后，会拥有很强烈的失落感，但对于那些长期被婚姻限制，或者是长期承担看护伴侣责任的女性来说，守寡对他们而言反而是一种解脱，亦可使他们重新发展属于自己的兴趣。虽然丈夫的死亡是件令人震惊且痛苦的事，但是在失落之后带来的个人成长却是一个正向的结果。可见，婚姻对健康不仅具有正向的、积极的影响，还可能有负面的、消极的影响，但是，有关这方面的研究并不多。在未来的研究中，有必要进一步把配偶的健康状况引入进来，分析配偶的健康状况对婚姻的影响。在研究婚姻状况与健康的关系时，要认真考虑其中的内生性问题，即有一些外在因素可能同时与婚姻状况和健康状况有关，而且，这些外在因素在很多时候是不能被明确观测的，即未观测的异质性。如果不控制这些外在的共同因素，所获得的信息有可能就是有偏见的或者是不一致的。以往的研究主要集中在非老年群体，关于在老人特别是高龄老人中丧偶对健康和死亡率的影响机制的研究仍然很少。在老龄期特别是高龄期，由于死亡率高，老人丧偶的风险非常大，因此研究丧偶对老人健康的影响具有重要的现实意义。最后，以往的研究大都是以发达国家的老人为研究对象，由于社会、历史、经济和文化传统的差异，中国老人丧偶后的经验及调适的方法可能与发达国家的老人不同，因此有必要把此方面的研究扩展到像中国这样的发展中国家。以往，国内也有一些研究关注了不同婚姻状况人口之间的健康差异和死亡风险差异，但是，这些研究大都使用了截面数据或者人口普查数据，因此不能深入地分析婚姻状况与健康的关系机制。

二、居住方式与健康的关系

如图 3-1 所示给出，不同居住方式的老年人健康自评状况随时间有明显的变化趋势。由 2008 到 2018 年，与家人同住的老人，健康自评状况好、很好所占的比例现出先递减后递增的趋势，由85.4%增加到78.1%，后又增加到80.8%；独居的老人，健康自评状况好、很好所占的比例呈现出递增后递减的趋势，由14%递增到 20.8%，后又递减到 16.4%；养老院的老人，健康自评状况好、很好所占的比例呈现出递增的趋势，由 0.6%增加到了 2.8%。

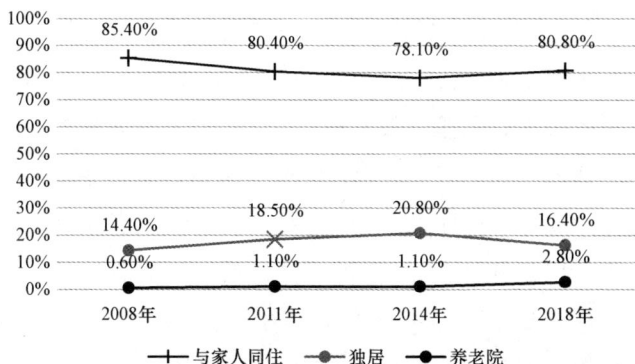

图 3-1　2008—2018 年不同居住状况的健康自评状况变化情况

居住作为人类生活的一个重要方面，对人们的福祉有着重要的影响。当人们开始步入老年后，居住方式及其环境将扮演更为重要的角色，因为老人对生活周遭环境的控制能力已有所降低，其居住方式的改变意味着将要面临更大的适应性压力，这也是大部分老人不愿意迁居的原因之一。不过，当老人的生活状态发生改变时，也会经常发生迁居行为。比如当老人因为慢性病而日常生活自理能力下降，或者因为严重的健康恶化或失能时，会发生迁居行为。在老人中，最常见的迁居行为就是可能搬到成年子女的家里或者附近地区，老人的这种迁居行为是在生活状态发生改变时，为了适应新的生活环境而做出的一种调整。可以说，居住方式从某种程度上体现了对老人进行照顾的安排。婚姻状况本身也可以看作是居住方式的一种，即与配偶同住。因此，前一节讨论的婚姻状况与健康的关系也可以看作是与配偶同住这种居住方式与健康的关系。所以，本书的重点放在与子女同住和健康的关系上。

以往的众多研究表明，老人的健康状况与是否与子女同住有显著的关系。比如与子女同住的妇女其自杀率较低，与家庭成员同住可以有效地防止自杀。一项针对中国高龄老人的研究发现，与子女同住的老人比独居的老人更少报告差的自评健康。这一结论在其他国家和地区的老人研究中也被证实。除了自评健康之外，与子女同住与心理健康也有显著的关系。比如西班牙的一项研究表明，与子女同住可以显著减少老人的压抑症状，如果丧偶的老人不与子女同住，会表现更多的压抑症状。其他的研究也发现，老人的居住方式与心理健康有显著的关系。此外，老人的居住方式也影响到对健康服务的需要，与子女同住可以减少对正式和非正式健康照顾服务的需求，因为家庭照顾是这些服务的替代形式，而且家庭照顾有利于增强身体和心理健康，从而减少对这些服务的需求。另一方面，一些研究发现，与子女同住的老人，其日常功能状况并不具有优势，其疾病发生的概率及死亡风险并没有降低。有研究发现，与多代家庭成员同住有可能增加心脏病的发病风险，这也许证明了多重社会角色的双重性质，即其可能是一种支持，也可能一种负担。尽管与子女同住的老人比独居的老人报告更好的自评健康，但是其 ADL 残障的可能性要大于后者。并且，在男性老人中，与子女同住的老人其死亡风险也比仅与配偶同住的老人高。另有研究结果显示，在功能状况上，与子女同住的单身妇女是最差的。

反过来，一些研究发现健康状况对老人的居住方式有很大的影响。高水平的功能健康状况可以减少从独立居住（包括独居和与配偶同住）到与子女同住的可能性及更少可能进入老年照顾机构。一项针对日本老人的研究发现，生理和心理健康状况对老人的居住方式转变既有直接的影响，也有间接的影响。同时指出，因为健康状况与死亡率的竞争风险、样本磨损以及代理访问，健康对居住方式的影响有可能被低估。不过，一项针对美国老人的研究发现，在已婚有偶的老人中，健康状况对居住方式没有显著影响。在相同的功能状况下，无偶老人比有偶老人更有可能与他们的子女或者其他人居住。这些结果进一步强调了配偶在影响居住方式上的关键作用，这也进一步证明了配偶在老年阶段的重要性。

第二节　经济社会地位与老年人健康

社会经济地位在社会学、医学、经济学等领域都应用广泛，其综合性强、维度涉及范围多，其界定与一定领域的经济、文化、社会环境等有着不可分割的联系，用来反映个人资源的多少及其在社会分层体系中的相对地位的综合状况。学者布拉夫曼等、齐良书和徐少英认为应该尽最大限度地考虑到涉及的多个指标来全面衡量社会经济地位，将这些指标分开来考察与健康之间的联系，指标不同测算的结果也不尽相同。学者贺赛平提出用文化程度、收入、职业3个指标测量经济地位，文化程度所占分量最高。与贺赛平不同的是，韩广勤将职业指标替换为地域指标进行测量。当然还有一些学者提出使用复合指标来衡量社会经济地位，来进一步考察与健康之间的联系。国外学者用 ISEI 测量的方法，考察教育、收入两个变量，李春玲对此进一步完善，把权力、部门、社会歧视放到回归方程中，这种测量方式考虑到社会结构的差异性，更加符合我国的本土国情。位秀平研究表明，社会经济地位与健康是正相关的，有学者认为在收入水平高的国家也是如此，而李建新和李毅认为社会经济地位与健康之间的关系并不显著。胡月等研究发现月收入是影响健康的因素之一，收入水平与健康状况呈正相关。袁丽和梁鸿认为社会经济地位是影响健康的重要因素之一。

基于中国家庭追踪调查（CFPS）2018 年的数据，通过选取数据中 4 167 名年龄在 60 岁及以上的老年人作为样本，采用有序分类 Logistic 模型，将月收入、受教育年限、自评收入、社会地位作为社会经济地位的维度，考察社会经济地位对老年人健康水平的影响。经实证分析得出，社会经济地位对老年人健康有积极的影响，受教育年限对不同性别、不同户口类型的老年人健康存在差异性影响。具体研究情况如下。

一、数据来源、变量与方法

（一）数据来源

利用中国家庭追踪调查数据进行分析，其样本覆盖25个省、市、自治区，目标样本规模达3万余人，共计16 000户。选取CFPS成人数据2018年的截面数据，剔除不适用、缺失等无效数据，保留年龄在60岁及以上的老年人作为样本后的有效样本量为4 167人。

（二）变量设置及描述性统计

1. 变量设置

（1）老年人健康水平

老年人健康水平作为研究的被解释变量，选取CFPS数据中的自评健康作为评价指标。在问卷中，受访者回答"您认为自己的健康水平如何"，选择包括非常健康、很健康、比较健康、一般、不健康五个等级，分别赋值为5、4、3、2、1。

（2）社会经济地位

社会经济地位作为研究的解释变量，选取CFPS中的月收入、受教育年限、自评收入和社会地位作为评价指标。在问卷中，受访者回答"把工资、奖金、现金福利、实物补贴都算在内，并扣除税和五险一金，您这份工作一般每月的收入是多少"作为月收入变量的衡量依据；在问卷中，受访者回答"已完成（毕业）的最高年限是"，在取值区间为0～19进行选择；在问卷中，受访者回答"您认为您在本地的收入如何"，按照问卷已给出的答案1～9进行赋值作为自评收入的衡量指标；在问卷中，受访者回答"您认为您的社会地位如何"，按照问卷已给出的答案1～9进行赋值作为社会地位的衡量指标。

（3）人口学特征

人口学特征作为研究的控制变量，选取CFPS中的年龄、受访者性别、现在的户口状况、当前婚姻情况作为评价指标。在问卷中，对年龄分组进行赋值：当年龄位于 60 至 69 区间时，赋值为 1；当年龄在 70 到 79 时，赋值为 2；当年龄处于 80 至 89 时，赋值为 3。将受访者性别赋值为"1＝男，0＝女"。将现在户口状况赋值为"1＝农业户口，2＝非农业户口"。当前婚姻情况选择包括未婚、在婚（有配偶）、同居、离婚、丧偶，将其分别赋值为"1＝在婚状态，2＝无婚姻状态"。

2. 相关变量描述性统计

由于个别数据不适用或者有缺失，需要剔除以保证数据的准确性，利用 Stata14.0 软件最终筛选获取出 4 167 个个体作为样本展开研究并进行数据分析，如表 3-1 所示。

表 3-1　变量描述性统计

变量		全样本 （N＝4 167）	女性 （N＝1 777）	男性 （N＝2 390）	农业户口 （N＝3 511）	非农业户口 （N＝656）
健康状况		2.614	2.452	2.733	2.586	2.761
社会经济地位	月收入（元）	924.0	588.0	1 174	753.0	1 839
	自评收入	3.116	3.150	3.090	3.122	3.084
	社会地位	3.486	3.494	3.479	3.522	3.294
	受教育年限（年）	1.897	2.508	5.523	3.669	7.280
人口学特征	性别	0.574	—	—	0.554	0.680
	户口类型	1.157	1.118	1.187	—	—
	婚姻状态	0.892	0.858	0.918	0.889	0.910
	年龄	1.263	1.228	1.289	1.268	1.236

可见，全样本下老年人的整体健康水平均值为 2.6，健康状况处于比较健康的水平，整体的受教育年限处于低水平状态。区分性别下，所研究样本中男性样本比女性样本的自评健康状况要好，月收入均值也要高于女性，并且受教育年限也要高于女性。区别户口类型下，所研究的样本下非农业户口的老人健康水平要比农业户口的老人健康水平高，非农业户口的老人月收入水平明显要高于农业户口的老人，并且受教育年限也显著高于农业户口的老人。

（三）研究方法

首先，利用 Stata14.0 软件对 2018 年 CFPS 调查对象基本情况（健康状况、社会经济地位、性别、户口类型、婚姻状态、年龄等方面）进行描述性分析；其次，对变量进行皮尔逊相关性分析和多重共线性检验；最后，通过实证分析检验社会经济地位对健康状况的影响。基于因变量——健康状况为取值 1～5 的有序分类变量，研究运用有序 Logistic 模型。模型设定为

$$Health = \beta_0 + \beta_1 X + \beta_2 MI + \beta_3 INC + \beta_4 ISP + \beta_5 EDUY$$

模型的被解释变量为健康状况，控制变量 X 包括年龄、性别、户口类型、婚姻状况，核心解释变量是社会经济地位，用月收入、自评收入、社会地位、受教育程度来衡量。

进行皮尔逊相关性分析，从表 3-2 可以看出，年龄和健康状况的相关系数为 -0.007，即年龄与健康状况呈负相关。在控制变量中，性别、户口类型与健康状况呈正相关，且在 1% 的水平上显著，婚姻对健康状况的影响不显著。在社会经济地位的 4 个维度：月收入、自评收入、社会地位、受教育年限与健康状况的相关系数分别为 0.130、0.175、0.134、0.067，系数都是正数，影响方向一致，均与健康状况呈正相关关系。

表 3-2　相关性分析结果

	健康状况	年龄	性别	户口	婚姻	月收入	自评收入	社会地位	教育
健康状况	1								
年龄	-0.007	1							
性别	0.109***	0.063***	1						
户口	0.050***	-0.024	0.093***	1					
婚姻	0.015	-0.133***	0.096***	0.025	1				
月收入	0.130***	-0.175***	0.213***	0.290***	0.095***	1			
自评收入	0.175***	0.016	-0.025	-0.012	0.028*	0.012	1		
社会地位	0.134***	0.015***	-0.006	-0.073***	0.008	-0.045***	0.510***	1	
受教育年限	0.067***	-0.109***	0.334***	0.259***	0.105***	0.264***	-0.062***	-0.067***	1

注：*、**、***分别表示在 10%、5%、1%的水平上显著。

进行多重共线性的检验，检验的标准是 VIF 的最大值小于 10，就可以认定不存在明显的多重共线性。如表 3-3 所示，均值 VIF 为 1.20，最大的 VIF 为 1.36，所以并不存在多重共线性。

表 3-3 多重共线性检验

变量	VIF	1/VIF
社会地位	1.36	0.732 634
自评收入	1.36	0.735 566
受教育年限	1.27	0.786 125
月收入	1.19	0.838 587
性别	1.17	0.851 075
户口年龄	1.17	0.858 219
年龄	1.07	0.937 068
婚姻状况	1.04	0.964 719
Mean VIF	1.20	

二、实证分析

（一）全样本检验

如表 3-4 所示，全样本检验结果显示：将控制变量全部纳入模型 1 中，控制变量对老年人健康的影响具有差异性，年龄对老年人健康有负向影响，回归系数为负值，即健康状况随着年龄的增大而变差。而性别变量回归系数为正数，即男性健康要优于女性，在 1% 的水平上产生显著性影响。将月收入、自评收入、社会地位、受教育年限等自变量分别纳入模型 2、模型 3、模型 4、模型 5 中，对所得到的数据进行分析可以得出自变量社会经济地位在所有模型中均在 1% 的水平上对健康状况产生显著性影响。

表 3-4　社会经济地位对老年人健康状况的回归结果

变量	健康状况				
	模型 1	模型 2	模型 3	模型 4	模型 5
年龄	−0.034 (−0.81)	0.012 (0.29)	0 (0.00)	−0.006 (−0.16)	−0.001 (−0.02)
性别	0.273*** (6.82)	0.218*** (5.37)	0.233*** (5.83)	0.231*** (5.77)	0.214*** (5.11)
户口类型	0.139** (2.57)	0.036 (0.64)	0.046 (0.83)	0.06 (1.08)	0.042 (0.74)
婚姻状况	0.008 (0.13)	−0.014 (−0.22)	−0.038 (−0.60)	−0.038 (−0.61)	−0.042 (−0.68)
月收入		0*** (6.65)	0*** (6.49)	0*** (6.63)	0*** (6.43)
自评收入			0.188*** (11.68)	0.151*** (8.05)	0.152*** (8.10)
社会地位				0.077*** (3.93)	0.077*** (3.95)
受教育年限					0.006*** (1.32)
_cons	2.331*** (22.20)	2.349*** (22.47)	1.782*** (15.67)	1.623*** (13.46)	1.62*** (13.44)
观测值	4 167	4 167	4 167	4 167	4 167
R^2	0.014	0.024	0.055	0.059	0.059

注：括号内数据为 t 值；*、**、***分别表示在 10%、5%、1%的水平上显著。

（二）分性别、户口类型检验社会经济地位对健康状况的回归结果

如表 3-5 所示，分性别检验结果显示：月收入、自评收入均在 1%的水平上对男性和女性老年群体有显著影响。社会地位、受教育年限均对男性和女性老年群体影响具有差异性，具体情况为受教育年限在 1%的水平上对男性老年群体的健康有显著性影响，而对女性老年人健康却不显著；社会地位在 1%的水平上显著影响男性老年人健康，女性则不是。社会经济地位对老年人健康的影响主要有两个具体测量指标：社会地位和受教育年限。产生这种情况的原因可能为男性比女性社交广，受教育程度高的男性老年人在此过程中社会地位一般情况下会更高，这样对老年人健康产生正向影响。

表 3-5 社会经济地位对不同性别、户口类型的老年人健康影响的回归结果

变量	模型 6		变量	模型 7	
	女性	男性		农业户口	非农业户口
月收入	0*** (3.63)	0*** (5.52)	月收入	0*** (5.96)	0*** (3.01)
自评收入	0.142*** (4.99)	0.166*** (6.63)	自评收入	0.17*** (8.31)	0.035 (0.72)
社会地位	0.058*** (1.93)	0.089*** (3.34)	社会地位	0.067*** (3.12)	0.142*** (3.05)
受教育年限	0.013*** (1.58)	0.002*** (0.30)	受教育年限	0.007*** (1.28)	0.004*** (0.44)
年龄	−0.03 (−0.43)	0.009 (0.17)	年龄	0.008 (0.18)	−0.035 (−0.37)
户口类型	0.089 (0.87)	0.01 (0.15)	性别	0.228*** (4.90)	0.133 (1.37)
婚姻状况	−0.204*** (−2.27)	0.146 (1.63)	婚姻状况	−0.025 (−0.37)	−0.156 (−1.02)
_cons	1.807*** (9.29)	1.636*** (10.38)	_cons	1.595*** (13.69)	2.11*** (8.74)
观测值	1 777	2 390	观测值	3 511	656
R^2	0.041	0.06	R^2	0.061	0.046

分户口类型进行检验的回归结果显示：月收入和社会地位均在 1%的水平上对农业户口和非农业户口类型的老年人健康产生显著性影响，且影响方向一致。自评收入在 1%的水平上仅对农业户口类型的老年人健康产生显著性影响，而对非农业户口老年人健康却无显著性作用。受教育年限在 1%的水平上对农业户口类型的老年人产生显著性影响，在 5%的水平上对非农业户口类型的老年人产生显著性影响。产生此种状况的原因可能有相对于城市老年群体，农村老年人的受教育水平较低，受教育年限农业户口类型的老年群体均值为 3.669，低于非农业户口类型的老年群体的均值 7.280，自评收入均值农业户口类型的老年群体为 3.122，高于非农业户口类型的老年群体的均值 3.084，而在相关性中受教育年限与自评收入在 1%的水平上显著性负相关。所以，受教育年限低的农业户口类型的老年群体一般情况下自评收入越好，对老年人健康产生积极作用。

基于中国家庭追踪调查 2018 年最新的调查数据，分析总体样本社会经济地位对老年人健康状况的影响，再按性别划分、按户口类型划分分别得出不同

性别老年人的社会经济地位等因素对健康的影响、农业和非农业户口类型老年人的社会经济地位对健康的影响。

综上可以得出：第一，社会经济地位是影响老年人健康的重要影响因素，老年人健康状况会随着社会经济地位的提高而得到改善。社会经济地位由月收入、自评收入、社会地位、受教育年限共同测量得出，所以要提高收入、地位和学历水平；第二，社会地位、受教育年限对男性和女性老年人健康状况的影响存在一定差异，由于家庭观念不先进，女性受教育机会少，女性社会地位也相对低于男性，所以健康状况也不如男性好；第三，自评收入、受教育年限对农业户口和非农业户口老人健康状况的影响存在一定差异，由于农业、非农业生产率水平不同、经济社会的发展良莠不齐，健康状况也存在一定的差异。

结合上述结论，为实现健康、积极老龄化，改善老年人健康水平，提出以下建议。一是教育对经济社会发展的促进作用是十分显著的，对健康状况的影响基于实证分析也不言而喻。不仅以非农业户口的老人为教育重点对象，也关注农业户口老年人的教育问题，二者兼顾实现教育的公平，对农业户口的老年人进行教育宣传，引导老年人学习，培养老年人教育意识，以期达到农业户口老人重视教育、缩短与非农业户口老人之间差距的目的。二是收入在农业和非农户口的老人之间差距大，健康状况受到不同程度的影响，应通过提高低收入者的收入来解决这一问题。首先，可以调整农业户口老人的工资水平，使其与非农业户口老年人口的收入水平的变化达到一致；进一步加快推进城镇化建设，让农业户口老年人的收入上升一个台阶，脱离脸朝黄土背朝天的固定形象。其次，针对收入水平低的非农业户口老年人，提高最低薪酬标准，增加就业机会，支持和鼓励创业来适应生存发展的需要、人们对美好生活的需要及经济社会发展的需要，提高收入水平。通过以上建议，最终使老年人健康水平得以改善。

第三节　社会变革、生命历程与老年人健康

近年来，越来越多的研究认为人类健康是终生发展的过程。老年健康不仅是老年时期处境造成的结果，而且是从胚胎开始的不同人生阶段上健康潜力不断积累的结果。因此，一些研究从生命历程视角来分析老年健康问题。生命历

程视角一方面认为老年健康状况部分取决于童年时期的生物学和社会因素，另一方面也认为个体的健康发展轨迹是在一定的历史背景和社会制度所提供的限制和机会下个体能动性的结果。

虽然以往研究借助生命历程视角考察了童年时期的家庭背景、生活经历等因素与成年健康之间的关系，但是童年时期的相关因素是如何及在什么条件下影响后期健康的？童年时期的家庭背景和生活经历对成年健康的影响是短期的还是长期的？是直接影响还是间接影响？成年时期社会经济地位能否抵消童年时期家庭背景劣势所带来的消极影响？所有这些问题都需要进一步的研究。此外，以往研究主要集中在欧美发达国家或地区，较少研究和揭示其他国家，尤其是像中国这样的发展中国家特殊的历史发展背景、社会制度安排对个体生命历程的影响。中国特殊的历史进程、社会结构和制度安排，使得中国人的生命历程可能不同于欧美发达国家国民的生命历程。

在每一次重大社会变革面前，不同年份出生的社会群体——即不同出生队列群体所处的人生阶段并不相同，遭受的短期和长期影响也不尽相同。虽然当前大部分老年人的童年时期正好处于旧中国向新中国重大转变的阶段，即处于政治动荡、战争阶段，但是他们在劳动年龄时所处的历史阶段却不尽相同。此外，不同出生队列群体的老年阶段所处的历史时期和社会发展水平也不尽相同。较晚出生老年人在刚进入老年阶段时就处于中国经济社会发展水平较高的历史时期，而较早出生的老年人在刚进入老年阶段时中国仍然处于社会发展水平较低的时期。考虑到不同出生队列群体的童年时期、成年时期和老年时期所处的中国历史阶段和社会发展水平不尽相同，通过比较不同出生队列群体童年不利处境对晚年健康的影响及成年后的社会经济地位在其中发挥的调节作用，可以从一个侧面揭示中国过去 100 年尤其是新中国成立 70 年以来的社会发展特征及其趋势。

一、文献回顾

生命历程视角融合了队列分析、累积优势等理论观点，侧重研究一个队列群体的内部差异或者不平等如何随着生命历程的推进（或者说随着年龄的增加）而不断增加，并且用历史背景、社会制度安排和个体生命历程轨迹的交互作用来解释这种随着时间推移而日益增加的不平等。此外，生命历程视角也通过研究不同出生队列群体在生命历程轨迹和经验上的差异来考察社会变迁的过程和历史发展的趋势。某一个出生队列群体在老年时期的健康状况不仅是当前处境导致的结果，其根源可能要追溯到他们在童年时期的地位区分和生活处境。这样就把健康的决定因素从近端转向远端，从短期转向长期。经验研究也表明，童年时期的家庭社会经济地位与晚年健康状况有着直接或者间接的关联，童年时期家庭社会经济地位处于劣势的群体老年之后健康状况相对较差，其健康恶化的速率也相对较高。

关于童年时期家庭社会经济地位对成年健康的影响路径，以往研究认为主要有以下四个方面。第一，家庭社会经济地位影响暴露于急性和慢性压力源的程度。童年时期的多重生活压力可能会导致生理上的短期内不易察觉的破坏或损坏，而这可能具有终身的影响，为成年之后的相关疾病奠定了基础。第二，家庭社会经济地位影响童年时期的营养状况和早期发育。童年时期营养和发育情况对当时的健康和未来的健康都会产生显著影响。第三，家庭社会经济地位也会对与健康有关的行为和生活方式产生影响。通过早期的社会化过程，处于不同阶层地位的家庭把他们的生活方式传递给孩子。这种内化了的生活方式对未来健康可能具有持久的影响。第四，童年时期家庭社会经济地位直接影响童年健康。处于不同社会阶层的家庭的生活环境及用于避免健康风险和保护健康的资源有显著差异，导致不同家庭背景的孩子在童年健康水平上就已经出现了不平等，而童年健康又被认为与成年健康具有重要的关联。

此外，也有研究分析了早期不平等在整个生命历程上会发生怎样的变化，以及通过什么机制进一步造成了晚年的健康不平等。经验研究表明，随着年龄的增加，早期不平等产生的影响有不断增强的趋势。比如有学者利用中国健康与营养调查数据进行分析后发现，不同社会经济地位群体之间的健康差距随着年龄增加而扩大。此外，也有研究基于美国成年人的全国代表性数据，发现不同教育背景群体的健康差距随着年龄的增长而增加。这一结论在对其他发达国家的一些相关研究中也得到了证实。

关于童年时期不平等产生的影响随着生命历程推进而不断增加的趋势，以往研究主要用累积优势或劣势理论进行解释。童年时期在社会经济地位和健康状况上的优势会不断带来资源和机会，从而会进一步增强优势，即所谓优势累积；另一方面，如果童年时期在社会经济地位和健康状况上处于不利地位，之后可能会面临一系列的健康风险，在社会地位获得上也可能面临障碍，从而导致进一步的劣势，即所谓的劣势累积。随着优势或劣势的逐渐累积，这种在生命早期产生的不平等影响随着生命历程推进而不断增加。这种累积优势或劣势的过程，其背后的因素既包括微观上的社会心理因素，也包括宏观的社会选择过程，是一个社会的制度安排和个体行动在不同时间上交互作用的结果。

不过，豪斯等研究表明，到了生命后期，不同社会经济地位群体在健康风险因素暴露水平上的差异会减少，因而健康不平等程度会减弱。另有研究发现，不同教育背景群体在健康状况上的差异在生命早期和中期是最大的，而到了老年时期也会变小。一项有关中国的研究也发现，在女性群体中因为教育和收入导致的健康不平等程度随年龄的增长而缩小，而在男性群体中的健康不平等程度并不随年龄的增长而改变。这些经验研究表明，在一个完全的生命历程上（从出生到死亡），生命早期的社会经济因素和行为特征的影响并不一定一直持续存在，其影响程度也有可能会发生变化。

与累积优势理论相比，费拉罗等提出的累积不平等理论特别强调了生命历程中风险和资源的结合，该理论认为，虽然童年时期的劣势会增加成年时期风险暴露的可能性，但是成年时期可获得的资源则有助于个体应对这些风险。因此，生命轨迹并不一定是一个稳定的、单一的过程，我们应该看到多种可能性的问题。其他的一些研究也提出了童年时期劣势的可逆性问题，成年之后向上的社会流动在某种程度上可以减少童年劣势所带来的影响，也可以干扰或暂停童年时期优势或劣势影响的渐进过程。一系列的经验研究也表明，在控制成年社会经济地位之后，童年时期家庭社会经济地位和成年健康的相关程度显著下降。由此可见，成年后的资源和机会有可能会打破固有的风险链条，削弱甚至抵消童年时期劣势产生的影响。

从生命历程视角来看，某一个出生队列群体内部的早期不平等随着时间的变化模式是宏观的历史背景、制度安排与个体生命轨迹之间相互作用的结果。历史变化和社会变革通常对不同年龄的人——即处于不同生命阶段的人有不同的影响。在不同年份出生的队列群体在相应年龄上所处的历史背景和社会制度安排是不同的，因此各自的生命历程轨迹和发展模式也会存在差异，当社会变革使连续出生队列的生命轨迹产生差异时，它就会产生所谓的队列效应。队列效应本质上反映的是社会变迁的结果，也代表了个体成长经验的效应，它包含了早期生命经验和后期连续暴露于历史和社会因素所带来的总体效应。通过比较研究不同出生队列在生命历程轨迹和经验上的差异，就可以从一个侧面考察社会变迁的过程和历史发展的趋势。

在经验研究方面，一些研究考察了个体社会经济因素对健康的效应在不同出生队列群体中是否有显著差异，以此阐明社会变革的趋势及背后的社会政策在其中发挥的作用。大部分研究表明，社会经济地位对健康的影响随着年龄增加而增强，并且这一模式在连续出生队列中的效应变得更强。也就是说，在年轻的出生队列中，社会经济地位对健康的影响更大。不过，一项针对中国的研究发现了不一致的结果，该研究认为在较近的出生队列群体中，社会经济因素对健康的影响略有下降，作者认为这种结果可能与中国所处的疾病转型及社会政治制度安排与西方发达国家不同有关。

通过文献回顾我们发现，从20世纪60年代生命历程视角出现到现在前三十年有关健康生命历程的研究大都是考察童年时期社会经济地位和不利处境与成年早期健康之间的关联，其研究的生命历程相对较短，少有研究涉及老年阶段甚至高龄阶段。此外，以往的研究大都基于累积优势或劣势理论，认为早期优势或劣势和早期不平等随着年龄的增加而增加。这样的结论一方面忽略了个体在生命历程中的能动性问题，另一方面也忽略了成年之后的社会经济地位、生活方式和社会心理资源对童年时期因素的调节作用。虽然近年来已经有一些研究开始注意到成年因素对童年时期劣势的补偿作用，但是仍然需要把这方面的研究扩展到中国老年人群体中。此外，正如梅耶所言，关于不同的国家及其政治经济制度如何对生命历程产生影响的研究还非常少见。虽然近二十年来有关健康生命历程的研究逐渐增多，但大都集中在欧美发达国家。鉴于中国历史发展进程和社会制度安排不同于欧美发达国家，当前中国老年人群体生命历程可能显著不同于欧美发达国家的同龄人群。制度安排和社会经济发展是如何调节家庭因素在个体生命历程上的影响，也可能显著不同于欧美发达国家。基于以上考虑，本研究的主要问题是：（1）童年生活处境对老年时期甚至是高龄时期的健康状况是否仍有显著影响；（2）老年时期社会经济地位如何调节童年生活处境对老年健康的影响；（3）在不同出生队列的老年人中，童年生活处境对老年健康的影响及老年时期社会经济地位对此影响的调节作用是否存在显著差异。

二、研究方法

（一）数据

本研究所使用的数据来自北京大学健康老龄与发展研究中心所主持的"中国老年健康影响因素跟踪调查"（CLHLS）。本研究采用了 CLHLS 从 1998 年到 2018 年的追踪调查数据。考虑到 105 岁以上老年人的特殊性，研究对象是 65～105 岁之间的老年人，最终的研究样本量为 41 556 人。研究样本中有 20 586 人被调查了 1 次，10 349 人被调查了 2 次，6 035 人被调查了 3 次，2 593 人被调查了 4 次，1 794 人被调查了 5 次，160 人被调查了 6 次，39 人被调查了 7 次，总共有 79 964 个观测值。本调查包括大规模的 80 岁以上高龄老年人样本，为研究整个老年阶段的健康发展状况提供了宝贵的数据。

（二）变量及其测量

本研究的因变量是自评健康，根据受访者对"您觉得现在您自己的健康状况怎么样"这一问题的回答结果进行测量。这个问题的选项共有 6 个：很好；好；一般；不好；很不好；无法回答。本研究把"无法回答"和"很不好"合并为一类，称为自评健康"很不好"。

本研究把童年是否经常挨饿作为受访者童年时期不利生活处境的测量指标。众所周知，是否挨饿与身体的营养状况和发育直接相关，尤其是在童年时期，经常挨饿对童年健康及成年健康都可能产生显著影响。此外，童年是否挨饿与父母的教育背景、职业类型高度相关，如果家庭社会经济地位较高，在童年时期经常挨饿的机会相对较低。基于以上考虑，本研究用童年时期是否经常挨饿作为童年不利处境的测量指标是合理的。一方面童年时期是否挨饿在一定程度上反映了童年时期的家庭社会经济地位，另一方面也直接体现了童年时期的营养状况。

本研究对老年时期社会经济地位的测量采用了教育、职业、居住地、家庭年人均收入、自评经济状况五个指标。在本研究中，老年人的教育背景划为三个类别，职业也划分为三个类别，居住地被划分为两个类别。根据样本百分位数，本研究把家庭年人均收入划分为四个等级。本书根据受访者对"您的生活在当期比较起来，属于……"这一问题的回答结果，对受访者的自评经济状况进行测量。这个问题的选项共有 5 个：① 很富裕；② 比较富裕；③ 一般；④ 比较困难；⑤ 很困难。本研究把④和⑤合并为一类，称为自评经济状况"困难"，把③看作一类，称为自评经济状况"一般"，把①和②合并为一类，称为自评经济状况"富裕"。为了获得一个对社会经济地位的综合性测量，本研究首先用这五个测量指标拟合一个等级项目反映模型，然后根据此模型计算得到了一个社会经济地位指数变量。这个变量值越高，说明社会经济地位越高。

本研究的自变量还包括了年龄、出生年份、性别、民族身份、婚姻状况、生活方式等变量。其中年龄是一个时变变量，取值范围在 65～105 岁之间，在估计模型时根据 80 岁进行了对中。用受访者的出生年份表示出生队列，取值范围是 1890—1945 年，在模型估计时根据 1920 年进行了对中。婚姻状况也是一个时变变量：有配偶且同住和无配偶。生活方式变量包括了是否吸烟、是否经常喝酒和是否经常进行身体锻炼。关于变量的测量及其在基线调查年份上的样本分布情况详见表 3-6。

表 3-6　主要变量测量情况及社会经济地位指数

变量	测量	样本数	社会经济地位
性别	男性（41.40%）	17 206	0.32
	女性（58.60%）	24 350	−0.22
出生队列	1899 年以前（8.24%）	3 498	−0.28
	1900—1909 年（29.49%）	12 254	−0.14
	1910—1919 年（30.59%）	12 714	0.03
	1920—1929 年（16.45%）	6 836	0.09
	1930—1939 年（11.40%）	4 738	0.28
	1940 年以后（3.65%）	1 516	0.35
年龄组	65～74 岁（14.64%）	6 049	0.33
	75～84 岁（20.33%）	8 398	0.15
	85～94 岁（31.38%）	12 963	−0.01
	95～105 岁（33.65%）	13 899	−0.22
童年是否经常挨饿	是（67.62%）	28 102	−0.12
	否（32.38%）	13 454	0.25

续表

变量	测量	样本数	社会经济地位
居住地	农村（56.84%）	23 620	−0.40
	城镇（43.16%）	17 936	0.53
受教育程度	0 年（64.98%）	26 884	−0.35
	1～5 年（21.50%）	8 894	0.39
	6 年以上（13.52%）	5 593	1.09
职业	农民/家务/无业（75.40%）	31 297	−0.39
	工人/服务人员/职员等（17.87%）	7 417	0.97
	专业技术人员/管理人员（6.73%）	2 792	1.85
自评家庭经济状况	困难（12.62%）	4 138	−0.62
	一般（70.80%）	23 220	0.00
	富裕（16.68%）	5 439	0.55
家庭人均年收入情况	较低（16.41%）	5 135	−0.81
	中下（23.40%）	7 322	−0.35
	中上（27.93%）	8 740	0.07
	较高（32.26%）	10 097	0.66
自评健康	非常好（11.26%）	4 678	0.22
	好（37.41%）	15 544	0.05
	一般（31.01%）	12 885	0.01
	不好（10.84%）	4 504	−0.14
	非常不好（9.48%）	3 937	−0.30

（三）分析方法

由于 CLHLS 对大量个体在多个时间点上进行了多次调查，本质上是一种多层次数据结构。本研究采用了两层次混合效应序次 logistic 回归模型。如下所示：

$$P(y_{ti} > k | X_{ti}, \kappa, \mu_i) = H(X_{ti}\beta + Z_{ti}\mu_i - \kappa_k)$$

其中 t 表示层一单位，即观测的时间点，i 表示层二单位，即受访者。k 为因变量的某一类别，k 表示截距的切点。$H(.)$ 是 logistic 累积分布函数。X_{ti} 是与固定效应相对应的协变量矩阵，其回归系数 β 表示固定效应。Z_{ti} 是与随机效应相对应的协变量矩阵，既可以是随机截距，也可以是随机斜率。μ_i 表示随机效应，假定服从期望值为 0 的多元正态分布。

考虑到在不同调查年份进入样本的老年人可能存在系统性差异，本研究把进入样本的年份作为一个控制变量纳入模型中。此外，在追踪过程中死亡的老年人与存活的老年人也可能存在系统性差异，本研究也把追踪过程中是否死亡作为一个控制变量放入模型。通过把进入样本的年份和追踪过程中是否死亡这两个变量放入模型，在某种程度上可以减少样本选择对模型估计的影响。我们使用 STATA 软件的 meologit 命令对所有的模型进行估计。

三、研究结果

与以往研究相比，本研究的对象覆盖了更广泛的年龄群体，包括了 65～105 岁之间的老年人，从而可以使我们完整地分析进入老年之后的生命历程，在某种程度上弥补了以往研究对生命最晚期阶段研究不足的缺陷。由于包含了更广泛的出生队列群体和年龄群体，本研究就可以把社会变革、个体生命历程及两者之间的互动状况进行整体分析。这在某种程度上也弥补了以往研究只重视个体的生命历程，而对其背后的社会变革趋势重视不足的缺陷。本研究通过不同队列的比较分析，在一定程度上洞察了中国过去 100 年，尤其是新中国成立以来 70 年的社会变革趋势，尤其是疾病和健康影响模式的变化趋势。本研究也可能面临以下两个方面的限制：第一，没有控制童年健康状况。童年时期的不利生活处境对童年健康有着显著的影响，那些童年健康状况较差的人到了成年之后的健康也可能会相对更差且获得较高社会经济地位的机会也可能相对较少，其死亡风险也可能会相对较高，进入老年调查样本的机会也相对较少。因此，如果在模型中不控制童年健康状况，就有可能低估早期生活不利处境在晚年健康的影响效应。第二，虽然童年是否挨饿与童年时期的家庭社会经济地位直接相关，但是本研究的老年人在童年时期大都处于新中国成立以前，其童年时期是否经常挨饿不仅与家庭社会经济地位有关，还与其所处的特殊历史背景有关。比如中国出现过几次全国范围的饥荒，在这样一个历史背景下，童年是否经常挨饿就不完全是家庭社会经济地位所决定的了。因此，童年是否经常挨饿所蕴含的内容可能与在欧美发达国家中的测量有所不同。把本研究的结论与欧美发达国家的相关研究进行比较时需要保持谨慎。

第四章

社会网络与老年人健康的互动

第一节　研究的数据来源、变量及理论分析框架

影响老年人健康的因素是多方面的，自然环境、生活环境都会对老年人的健康产生影响和制约。虽然人在年老后，身体健康状况不可避免受肌体衰老的影响。但是，在老年人群体中，老年人的健康状况是存在差异的。那么，是哪些因素形塑了老年人健康状况差异的呢？影响老年人健康的因素是多方面的，来自自然环境、生活环境等环境因素，还有性别、受教育程度、收入、宗教信仰等个体性因素都会对老年人的健康产生影响和制约。在临床医学领域，医学关注的是种种生理和自然环境因素对老年人身体简况的影响；而在社会医学领域，社会因素对老年人健康的影响是其核心研究议题。

人总是生活在具体的社会关系中，人是社会关系的总和。因此，在影响老年人健康的社会因素中，社会网络因素对老年人健康的影响一直是学术界关注的重点。"健康状况"和"社会网络"都是多维度的复杂概念。老年人的健康不仅包括客观的体力、疾病状况，也包括身体健康的主观感知状况；不仅包括身体健康状况，也包括心理健康状况。社会网络也是个复杂的概念，不仅包括社会支持网，也包括个体在日常生活中建构的各种日常社交网络。从当前学界研究状况来看，已有研究主要探讨社会支持网络与老年人身体健康状况的某个维度间的关系，很少有研究探讨日常社交网络与老年身心全面健康状况间的关系。

对社会网络与老年人健康间关系的研究，在现实意义层面，通过了解社会网络对老年人健康的具体影响，提出的对策建议有利于促进老年人的身体健

康；在理论层面，社会网络是重要的社会因素，因此，阐述社会网络对老年人健康状况的影响机制有利于深化社会医学领域社会因素对老年人健康这一核心议题的研究。为此，本书采用实地调查的方式，选取了湖北省城市中心、郊区、集镇和农村几个有代表性的地区为调查对象，实证分析了湖北省老年人的社会网络与身体健康间的具体关系，阐述其影响机制，在此基础上提出具体的对策建议。

一、研究数据来源

2021 年第七次全国人口普查结果显示全国总人口为 14.434 亿人，60 岁及以上人口占比为 18.70%，相比 2010 年人口普查上升 5.44 个百分点，其中 65 岁及以上人口占 13.50%，比 2010 年人口普查上升 4.63 个百分点。

本研究采用调查现场法和抽样调查法对湖北省老年人的社会网络和健康情况进行了调查。湖北省老龄化水平位较高，湖北省位于我国中部地区，在地理位置、经济发展水平方面具有较好的代表性。本研究拟选择湖北省作为调查对象，从湖北省城市、城郊、乡镇（集镇）、农村中各抽取 1 个社区，共 4 个社区，分别是武汉市中南街道的 BRH 社区、江夏区 DQ 社区、仙桃市 GH 镇（集镇）、仙桃市 GH 镇 XH 村等作为本次调查样本点。

本研究的调查对象为 60 岁及其以上的且在居住地居住 3 年以上，能够正常沟通交流的老年人。对于抽取到的智力发育不正常、语言表达障碍、交流障碍的老年人，则询问其家人或监护人，如获得的信息不能满足研究要求，则将该老人排除在备选调查对象之外。本次调查共调查老年人 300 人，获得有效份问卷 296 份问卷，有效应答率 98.7%。其中武汉市中南街道的 BRH 社区 88 人（29.73%），江夏区 DQ 社区 69 人（23.31%），仙桃市 GH 镇（集镇）63 人（21.29%），仙桃市 GH 镇 XH 村 76 人（25.68%）。调查对象的基本情况如表 4-1 所示。

表 4-1　调查对象的基本情况

变量	分类	例数	构成比（%）
性别	女	109	36.82
	男	187	63.18
年龄	60～64	115	38.85
	65～69	97	32.77

变量	分类	例数	构成比（%）
年龄	70～74	32	10.81
	75～79	32	10.81
	80 岁以上	20	6.76
户口	农村	93	31.42
	城市	203	68.58
宗教信仰	有	49	16.55
	无	247	83.45
个人月收入	5 000 元以下	40	13.51
	5 000～14 999	42	14.19
	15 000～24 999	81	27.36
	25 000～39 999	80	27.03
	40 000 以上	53	17.91
居住情况	独居	162	54.73
	与家人或他人同住	111	37.5
	养老机构	23	7.77
婚姻状况	有配偶	108	36.49
	无配偶	188	63.51
是否党员	是	108	36.49
	否	188	63.51
是否参加社保	是	110	37.16
	否	186	62.84
抽烟情况	当前吸烟	163	55.07
	曾经吸烟	24	8.11
	从不吸烟	109	36.82
文化程度	未上过学	67	22.64
	小学	19	6.42
	初中	51	17.23
	高中	90	30.41
	大专及以上	69	23.31
慢性病	有	142	47.97
	无	154	52.03

变量	分类	例数	构成比（%）
饮酒情况	当前饮酒	165	55.74
	曾经饮酒	109	36.82
	从不饮酒	22	7.43
锻炼情况	规律锻炼	22	7.43
	不规律锻炼	274	92.57
合计		296	100

二、研究变量

（一）自变量

研究的自变量是老年人的社会网络情况，本次调查了社会网络的两个方面：一是，社会网络亲密度、交往频率、社会支持；二是，社会活动参与情况。

第一个方面：社会网络亲密度、交往频率、社会支持。这部分采用卢本于2002 年修订的社会网络量表对老年人的社会支持网络进行测量。该量表除了对亲属关系及非亲属关系进行了区分，能够测量个体社会支持网络的规模、组成、亲密度、社会支持等。量表共有 6 个条目，2 个维度（家人关系、朋友关系）具体问题：1. 你最近一个月见过几个亲戚或朋友？为社交规模。2. 你有多少个亲戚或朋友让你觉得关系很好并可以找到他们帮忙的呢？为社会支持。3. 让你感觉很轻松，能谈心的亲戚或朋友有多少个？为亲密度。各条目得分介于 0～5 分，相加为最后得分，总得分范围为 0～30 分，得分越高说明社会网络关系越好，将量表总得分均分为三段即 0～9.99 分为低水平，10.00～19.99分为中等水平，20.00～30.00 分为高水平。研究者对量表进行了信度重新检测。在本研究中，总量表 Cronbach's α 系数为 0.79，各维度 Cronbach's α 系数介于0.69～0.87 之间，内部一致性信度较好。

第二个方面：社会参与情况。主要调查老年人参与社会活动情况，采用以下自编问题。

您参与社会活动（如广场舞、打牌、下棋等娱乐活动，志愿者活动，拜佛、做礼拜等宗教活动等）的次数是？A. 从未　B. 至少一年一次　C. 至少一个月一次　D. 至少一周一次　E. 至少一天一次。

（二）因变量

本研究旨在从自感健康、身体健康、心理健康三个方面来测量老年人的个体健康情况，因此选择了健康调查简表，它是在 1988 年斯图尔特研制的医疗结局研究量表基础上，由美国医学局研究组开发的一个普适性测定量表，该量表也是目前在世界上应用较为广泛的成熟量表。本研究中使用的个体健康调查量表是由浙江大学医学院社会医学教研室翻译的中文版 SF-36。该量表在国内使用较为广泛，并且经过研究证实具有较高的信效度。该量表包括生理功能、生理职能、身体疼痛、总体健康、活力、社会功能、情感职能、精神健康共八个维度，36 个条目，其中前四个维度得分相加的平均分为身体健康的得分，后四个维度得分相加的平均分为心理健康的得分如表 4-2 所示。

表 4-2　SF-36 量表各维度问题条目及内涵

维度	问题条目	内涵
生理功能	C31～C310	测量健康状况是否妨碍了正常的生理活动
生理职能	C41～C44	测量由于生理健康问题所造成的职能限制
躯体疼痛	C7，C8	测量疼痛程度以及疼痛对日常活动的影响
一般健康	C1，C101～C104	测量个体对自身健康状况及其发展趋势的评价
活力	C91，C95，C97，C99	测量个体对自身精力和疲劳程度的主观感受
社会功能	C6，C910	用于评价健康对社会活动的效应
情感职能	C51，C52，C53	测量由于情感问题所造成的职能限制
精神健康	C92，C93，C94，C96，C98	测量项目包括激励、压抑、行为或情感失控、心理主观感受

（三）控制变量

本研究除了分析不同养老模式下老年人社会网络变量对老年人身心健康状况的影响外，为了保证研究的科学性和严谨性，同时也引入控制变量。控制变量分为三组，分别为人口学变量、社会制度变量和其他控制变量。

第一组为人口学变量，包括性别、年龄、受教育程度、个人月收入、居住情况、婚姻状况、政治面貌、宗教信仰、婚姻状况、文化程度、吸烟情况、饮酒情况和锻炼身体。

男性为 1，女性为 0。

年龄：抑郁症的发病和年龄呈现非线性的状态，在生命周期的不同阶段具有不同驼峰。

第二组为社会制度变量，青春期成长的烦恼、中年期面对生活的压力和较低的自我评价及老年期经历的孤独感都可能诱发抑郁。

政治面貌：党员为 1，非党员为 0。

宗教信仰：有为 1，无为 0。

文化程度：心理学的研究认为受教育程度越高的人，心理健康状况往往越好。本研究受教育程度的取值为被访者接受教育的年限，未受过教育为 0，小学为 6，初中为 9，高中为 12，大学专科为 15，大学本科为 16，研究生及以上为 19。

个人月收入

居住情况：老年人与谁同住，也可能影响心理健康和身体健康。

婚姻状况：有配偶为 1，无配偶为 0。

吸烟情况：当前吸烟为 0，已戒烟为 1，从不吸烟为 2。

饮酒情况：当前饮酒为 0，已戒酒为 1，从不饮酒为 2。

锻炼身体：是否规律锻炼，否为 0，是为 1。

第二组控制变量为社会制度变量，包括户籍、长期居住地（城镇为 1、农村为 0）是否参加新农合或城镇职工医疗保险（是为 1，否为 0）。

很多学者的研究关注到了我国特有的城乡二元化制度对居民身心健康的影响。本书主要关注农业与非农业户籍所导致的健康差异，参加新型农村合作医疗是否能够改善农村居民的心理健康，一般来说参与"新农合"时间越长，农村居民心理健康状况越好，是否参加新农合（是为 1，否为 0）。

第三组控制变量为个体患慢性病数量、患病年限。

该变量计算被访者在过去六个月中，经医生诊断罹患慢性病的数量，有一种慢性病计为 1，以此累计，该变量共涉及 13 种慢性疾病，分别为高血压、血脂异常（高血脂或低血脂）、糖尿病、心脏病（如心肌梗塞、冠心病等）、癌症、哮喘或肺部疾病、胃部疾病或消化系统疾病、慢性肺部疾病（如慢性支气管炎、肺气肿、肺心病）、哮喘、肝脏疾病（如慢性肝炎）、肾脏疾病（如慢性肾炎）、关节炎或风湿病、中风与记忆相关的疾病（如老年痴呆症、脑萎缩、帕金森症等）、癌症等恶性肿瘤。

三、理论分析框架

根据世界卫生组织对健康的定义，老年人的健康定义为一种包括身体健康、心理健康和社会完好的综合方面平衡和健康的状态。在这一综合的健康状态中，社会网络对其身体健康、心理健康有显著性的影响，但是否对每一方面都有实际的影响，还需要将健康进行分类别处理。正如我们所知，老年人的健康具有其特有的性质，身体方面出现器官老化、免疫力下降、机体功能减弱等不同程度的身体功能弱化，影响其身体健康和生活方式，心理上也因为退休、社会地位转变、社会交往变化等事件使得他们产生不同程度的负面想法，从而产生抑郁、焦急、孤独等情绪，也导致他们心理健康和生活方式的不同。一方面，老年人身体健康状况呈现下降趋势时，老年人们的心理情绪受到不同程度的影响，影响他们健康恢复从而使得他们的健康问题愈加严重；另一方面，老年人群中的部分人常常因为生活中遇到困难导致心理健康方面存在问题，反之又使得他们的身体健康受到负面情绪影响而加重疾病或者出现体力下降的情况，也就是生活方式改变不适应身体健康需求，使身体不健康的情况加重。所以，社会网络对老年人健康的影响，需要从老年人的身体健康和心理健康的角度来进行不同程度的分析，才能将老年人健康做一个综合的分析。由此，本研究对老年人健康的测量维度如图 4-1 所示。

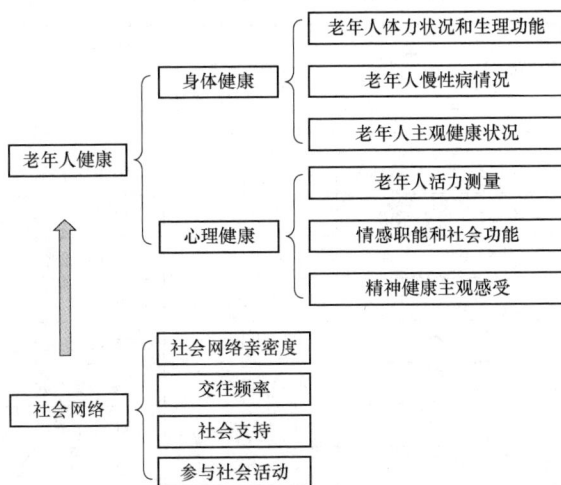

图 4-1　研究的基本框架

第二节　老年人社会网络与身体健康的具体关系

一、老年人健康概况

（一）老年人体力状况及生理功能

如表 4-3 数据显示，老年人在体力测量量表中体现的体力状况总体上都比较好，从表中均值反映结果来看，选择"毫无限制"和"有些限制"的老年人较多。其中从事更加基本的生活活动，如"手提日用品，买菜、购物"，选择"毫无限制"的老年人比例达到 77.4%，选择"限制很大"的则为 9.1%，由此得出结论，大部分老年人都认为自己从事一些基本的活动是不困难的，或者说是可以做的。老年人在从事一些强度较大的日常活动中存在一定的难度，如对于"能走到几层楼"这一活动，选择"限制很大"选项的老年人占比 3.5%，对于"跑步举重、参加剧烈运动"活动选择"限制很大"的老年人比例也达到了 15.5%，这说明面对一些强度稍大的日常活动时，部分老年人在体力上还是存在一些困难，这可能与老年人的年纪和生活环境有较大关系，但是大部分的老年人都认为自己的体力状况是比较好。

表 4-3　老年人体力状况

体力状况	数量（频率）		
	① 限制很大（%）	② 有些限制（%）	③ 毫无限制（%）
跑步举重、参加剧烈运动	46（15.5%）	60（20.3%）	190（64.2%）
移动一张桌子、扫地、打太极拳、做简单体操	5（1.7%）	40（13.5%）	251（84.8%）
手提日用品，如买菜、购物等	27（9.1%）	40（13.5%）	229（77.4%）
能爬 1 层楼	9（3%）	51（17.2%）	236（79.7%）
能爬到几层楼	7（3.5%）	130（43.9%）	159（53.7%）
弯腰、屈膝、下蹲	26（8.8%）	64（21.6%）	206（69.6%）
步行 100 m 的路程	5（1.7%）	36（12.2%）	255（86.1%）
步行 1 000 m 的路程	12（4.1%）	63（21.3%）	221（74.7%）
步行 1 500 m 的路程	29（9.8%）	82（27.7%）	185（62.5%）
自己洗澡、穿衣	4（1.4%）	72（24.3%）	220（74.3%）

以上结果符合研究预期，大部分研究结果显示，中国老年人在处理自己力所能及的事情的时候都会尽力处理，老年人在年老时候仍然保持做简单家务、适度持续的锻炼等等，大部分老年人具备基本的生活自理能力，能尽力处理好自己的简单生活，可见，大部分老年人在年老时还能较好的体力状况。

年龄则成为体力状况逐渐变差的主要原因，无论男性女性，年龄越大的老年人体力状况越差，越不能从事需要较大体力完成的活动。这在老年人健康研究上是毋庸置疑的结果，随着老年人老化程度的加深，他们身体各项机能会出现显着的下降，能支撑的力度、持久能力等都会逐渐减少，甚至随着年龄增长出现完全不能从事体力活动，依靠别人帮助完成日常活动的失能状况。所以在众多影响老年人体力状况的因素中，年龄是影响最为显着的因素。

性别方面存在的体力状况差异主要体现为男性老年人与女性老年人在身体多项机能老化程度的差异导致的体力状况差异。随着年纪增长，大部分老年女性所能从事的需要花费大部分体力的活动不仅比男性老年人所能从事的活动少，而且其能从事活动的力度也明显小于男性老年人所能从事的活动力度，使得性别成为影响老年人体力状况的主要因素。年龄方面的体力状况差异则更容易理解，老年人年龄增长带来老年人不同程度的老化，年龄越大老化程度越严重，能提供完成生活自理的体力越少，使得年纪越大的老年人其体力状况越差，自理能力也越加下降，甚至于出现失能情况需要照顾才能维持生存的情况。

（二）老年人慢性病患病情况

在 2019 年国家卫健委新闻发布会上，中国疾控中心慢病中心书记李志新介绍了中国老年人前三位死亡原因。根据慢病中心全国的死因监测系统显示，65 岁以上老年人位居前三位死亡的原因分别是心血管疾病、脑血管疾病和恶性肿瘤，这三种疾病占到老年人群死亡的 60%以上。此外，60 岁以上的老年人群高血压患病率高达 57.8%，糖尿病的患病率高达 19.1%，75%以上的老年人都至少患有 1 种慢性病。由此可见，老年人群健康状况不容乐观。

本研究结果显示，在样本的 296 位老年人中，慢性病患病人数达 142 位，患病率为 47.97%，均低于全国卫生服务调查和中国老年人健康长寿影响因素调查数据集（1998—2018 年）得出的老年人患病比例，说明湖北地区老年人患慢性病比率远低于全国平均水平，具有较好的健康水平。其中男性患病者共 93 个，女性患病者共 49 个，男性患病人数超过女性将近两倍，这与实际情况相符，一般情况下女性年老时患病率普遍少于男性，且寿命都相对较长。

慢性病的患病者还存在一定的城乡差异，其中城市社区中慢性病患病者共 94 个，占城市被访者总人数的 66.2%；农村社区患慢性的老年人数为 48，占农村被访者总人数的 33.8%，由此可看出城市老年人的慢性病患病率高于农村，最大的原因可能是农村与城市生活环境和医疗条件的差异。如表 4-4 所示。

表 4-4　老年人慢性病患情况

		慢性病		合计
		有	无	
性别	男	93	94	187
	女	49	60	139
合计		142	154	296
被访者居住的社区类型	城市	94	109	203
	农村	48	45	93
合计		142	154	296

老年人是慢性病的高发人群，部分老年人患有不止一种慢性病，研究老年人的患病类型，对于了解老年人的健康有着重要意义。根据本研究结果显示，湖北地区老年人患病类型按照患者数量顺序排列依次为其他（45.1%）、高血压（17.6%）、胃病（12.7%）、慢性支气管炎（8.5%）、糖尿病和神经系统疾病（6.3%）、中风（4.2%）、心脏病（3.5%）、慢性妇科疾病（女性被访者）（2.1%），癌症和肥胖症的患者人数则为 0。

研究中显示老年人的慢性病患病率虽然低于全国平均水平，但其数值依然较高。随着老年人数量的迅速增长和老年人年纪的增高，老年人慢性病的情况会愈加严重，需要增加在老年人慢性病治疗和康复方面的时间成本、人力成本和经济成本也会越来越高，对老年人和老年人照顾者来说都是很大的负担。（表 4-5 为老年人慢性病患病类型）。

表 4-5　老年人慢性病患病类型

类型	频率	百分比	有效百分比	排位顺序
（1）其他	64	45.10%	45.10%	1
（2）高血压	25	17.60%	62.70%	2
（3）胃部疾病或消化系统疾病	18	12.70%	75.40%	3
（4）慢性支气管炎	12	8.50%	83.90%	4
（5）糖尿病和神经系统疾病	9	6.30%	90.20%	5
（6）中风	6	4.20%	94.40%	6
（7）心脏病	5	3.50%	97.90%	7
（8）慢性妇科疾病	3	2.10%	1	8
（9）癌症和肥胖症	0	0	1	9
合计	142	100	100	

（三）老年人主观身体健康状况

主观身体健康状况是他们对自己健康状况的感受，包括相当长的一段时间内的健康状况的总结，包含身患疾病情况、身体体力状况、对健康担心程度和情绪状况等的描述，所以，老年人主观身体健康的情况可以较好的反映出老年人的身体和心理的健康状况。一般而言，老年人的主观身体健康状况受老年人自身生理和心理一系列变化后，会对自身的健康状况更加重视，他们从主观上对自身健康做出的评价会更加仔细和细心。由此可相信以上数据所体现的湖北地区老年人的主观身体健康水平较高的事实具有较高可靠性。

根据中国老年人健康长寿影响因素调查数据集（1998—2018 年）的调查数据显示，我国高龄老人健康自评情况总体较好，自评结果"很好"和"好"的比例之和高达 53.12%，说明我国老年人的健康自评情况都较好。本研究结果也符合这一情况。主观身体状况选择"非常健康""很健康""健康"的人数分别为 67、96、86，合计 159 人，占调查总人数的 84.12%。

表 4-6　老年人主观身体状况与性别、被访者居住的社区类型交叉制表

主观身体状况		非常健康	很健康	健康	一般	差	合计
性别	男	40（59.7）	63（65.63）	56（65.12）	11（55）	17（62.96）	187（63.18）
	女	27（40.3）	33（34.38）	30（34.88）	9（45.00）	10（37.04）	109（36.82）

续表

主观身体状况		非常健康	很健康	健康	一般	差	合计
被访问者居住的社区类型	城市	41（61.19）	74（77.08）	55（63.95）	18（90）	15（55.6）	203（68.58）
	农村	26（38.81）	22（22.92）	31（36.05）	2（10）	12（44.4）	93（31.42）

如表 4-6 所示，在湖北区老年人主观身体健康状况的比较中，老年人主观身体状况与在性别和被访者居住的社区类型中均存在一定的差异。其中男性主观身体状况选择"非常健康""很健康""健康"的分别为 59.7%、65.63%、65.12%，总体高于女性的主观健康程度。在被访者居住的社区类型与主观身体健康状况的比例中，农村老年人的主观身体状况选择"非常健康""很健康""健康"的分别为38.81%、22.92%、36.05%，总体低于城市老年人的主观健康情况。这与城乡老年人的生活习惯、生活环医疗条件等有很大关系。另外农村老年人自感健康一般和差的比率之和远远高于城市老年人，说明自己健康较差的比率较高，这里有一个很大的原因是农村老年人对疾病不够重视，有些"小病"的老年人一般认为自己很健康"没有病"，患有"大病"的老年人往往是严重的"重病"并且已经严重影响了生活质量。

由以上的分析可知，湖北老年人的健康情况普遍较好，老年人总体上的体力状况、慢性病患病情况、主观健康状况和心理健康状况都处于较好的水平。尤其在慢性病患病情况、主观健康状况方面，与全国的平均水平相比，不仅患病的种类少于全国平均水平，每种慢性病患病的人数比例也低于全国平均水平；在主观健康状况方面，老年人主观评价健康的比例也高于全国水平。

体力状况方面，大部分老年人在从事基本的生活活动时并不存在困难，能做到力所能及的简单家务，具备基本的生活自理能力，在一些强度要求较大、持续力要求较长的活动中，大部分老年人觉得存在一定困难，说明在 60 岁以上的老年人中，其体力方面的老化程度较为明显。

（四）老年人心理健康状况

表 4-7 中，大部分老人在心理活动上都有比较积极的评价，本研究调查了老年人"活力""精神健康""社会功能""情感职能"4 个维度。

在活力方面，"觉得生活充实""做事精力充沛"选项中选择"所有时间"

的比例分别占总数的 39%、41.5%，选择"大部分"占总数的 17%，17.5%，比例都高于其他选项。

在精神健康方面，对消极的选项中也可得出同样的结论。从"您是一个敏感的人？您的情绪非常不好，什么事都不能使您高兴起来？您的情绪低落？"这几项针对老年人生活状态的统计结果来看，老年人选择"没有这种感觉"或者"小部分时间"的比例也远超于"所有时间"和"大部分时间"的比例，其中选择"没有这种感觉"的比例分别为 50.13%、40.5%、39.79%，说明大部分老年人在对自己的生活状态的评价中都持有较好的评价，认为自己的晚年生活处在较高的水平线上，有积极的生活态度和生活评价。

表 4-7　老年人心理健康状况-1（活力和精神健康）

	心情	所有的时间	大部分时间	比较多时间	一部分时间	小部分时间	没有这种感觉
活力	您觉得生活充实	39	17	16.67	11	11	5.33
	您做事精力充沛	41.5	17.5	15	12.1	8.9	5
	您觉得筋疲力尽	20.3	13.5	3.4	32.6	19.5	10.7
	您感觉厌烦	8.2	10.7	5.9	42.6	30.3	2.3
精神健康	您是一个敏感的人	1.5	3.2	2.6	19.67	22.9	50.13
	您的情绪非常不好，什么事都不能使您高兴起来	5.2	3.1	1.6	15.5	34.1	40.5
	您的心理很平静	32.6	22.5	10.1	19.9	12.5	2.4
	您的情绪低落	8.5	6.5	4.2	22.5	18.51	39.79
	您是个快乐的人	38.9	18.3	18.5	8.3	10.2	5.8

表 4-8　老年人心理健康状况-2（社会功能和精神健康）

	心情与活动	没有影响	有一点影响	中等影响	影响很大	影响非常大
社会功能	健康或情绪不好是否影响社会交往	42.8	16.67	20.75	12.33	7.45
	不健康是否影响了社会活动	45.12	28.97	15.55	6.21	4.15
情感职能	因为情绪的原因（如压抑或忧虑）是否影响工作和日常活动	40.5	22.15	22.05	10.1	5.2

心理健康会影响个体的社会功能，如抑郁的心情和情绪影响社会交往的频率和质量等，同时心理健康还会对工作和日常生活带来影响。本研究结果表明，湖北老年人的心理健康状况对社会活动、工作、日常生活的影响较小。被调查对象在"健康或情绪不好是否影响社会交往""不健康是否影响了社会活动""因为情绪的原因（如压抑或忧虑）是否影响工作和日常活动"三个选项中选择没有影响的比率分别是 42.8%、45.12%、40.5%，远大于其他选项的比率。

（五）城乡老年人基本情况比较

对数据进行卡方检验，结果显示本研究调查的 296 位老年人的性别（$\chi^2=12.046$）、年龄（$\chi^2=22.801$）、政治面貌（$\chi^2=15.048$）、文化程度（$\chi^2=13.52$）、个人月收入（$\chi^2=10.714$）、抽烟情况（$\chi^2=19.956$）、喝酒情况（$\chi^2=18.052$）和锻炼身体情况（$\chi^2=16.877$）在城乡中的分布存在差异，差异有统计学意义，$P<0.05$；而信仰宗教的情况（$\chi^2=1.368$）、慢性病（$\chi^2=0.713$）在城乡中的分布差异无统计学意义。

表 4-9　城乡老年人基本情况比较

变量	分类	农村	城市	统计量	P 值
性别	男	59（63.44）	128（63.05）	12.046	0.031*
	女	34（36.56）	75（36.95）		
年龄	60～64	38（40.86）	77（37.93）	22.801	0.000**
	65～69	32（34.41）	65（32.02）		
	70～74	9（9.68）	23（11.33）		
	75～79	9（9.68）	23（11.33）		
	80 岁以上	5（5.38）	15（7.39）		
宗教信仰	有	19（20.43）	30（14.78）	1.368	0.242
	无	74（79.57）	173（85.22）		
个人月收入	5 000 元以下	4（4.30）	36（17.73）	10.714	0.039*
	5 000～14 999	15（16.13）	27（13.30）		
	15 000～24 999	30（32.26）	51（25.12）		
	25 000～39 999	27（29.03）	53（26.11）		
	40 000 以上	17（18.28）	36（17.73）		

续表

变量	分类	农村	城市	统计量	P 值
居住情况	独居	51（54.84）	111（54.68）	5.198	0.074
	与家人或他人同住	40（43.01）	71（34.98）		
	养老机构	2（2.15）	21（10.34）		
婚姻状况	有配偶	52（55.91）	56（27.59）	21.892	0.000**
	无配偶	41（44.09）	147（72.41）		
是否党员	是	35（37.63）	73（35.96）	15.048	0.027*
	否	58（62.37）	130（64.04）		
是否参加社保	是	37（39.78）	73（35.96）	0.226	0.634
	否	56（60.22）	130（64.04）		
锻炼情况	规律锻炼	5（5.38）	17（8.37）	16.877	0.019*
	不规律锻炼	88（94.62）	186（91.63）		
抽烟情况	当前吸烟	51（54.84）	112（55.17）	19.956	0.008**
	曾经吸烟	7（7.53）	17（8.37）		
	从不吸烟	35（37.63）	74（36.45）		
喝酒情况	当前饮酒	52（55.91）	113（55.67）	18.052	0.014*
	曾经饮酒	34（36.56）	75（36.95）		
	从不饮酒	7（7.53）	15（7.39）		
慢性病	有	48（51.61）	94（46.31）	0.713	0.398
	无	45（48.39）	109（53.69）		
文化程度	未上过学	6（6.45）	13（6.40）		
	小学	27（29.03）	40（19.70）	13.52	0.028*
	初中	12（12.90）	39（19.21）		
	高中	26（27.96）	64（31.53）		
	大专及以上	22（23.66）	47（23.15）		

注：**表示在 0.01 水平（双侧）上显著相关

*表示在 0.05 水平（双侧）上显著相关

从表 4-9 可以看出，被调查地区的老年人城乡有一定差异。城乡老年人在 60～64 年龄段有较大差异，城市人口在 60～64 年龄段人数较多，在其他年龄段没有显著差异，说明较高年龄段的老年人在城乡分布没有显著差异；在收入方面，城市老年人收入显著高于农村老年人，在城乡老年人的主观健康统计数据是具有一致性。文化程度方面，小学学历的农村老年人显著多于城市老年人。婚姻状况方面，城市老年人有配偶情况低于农村老年人，说明城市老年人单身的比率相对农村老年人较大。在规律锻炼方面，城市老年人规律锻炼做得更好。

总体来看，老年人健康状况随着年龄的增长逐渐下降，尽管在研究中显示出大部分老年人在总体的健康状况中拥有较高的健康水平，各项健康水平处于良好，但同时也显现出一些令人堪忧的问题，如城乡差异大、健康问题的不可预见性问题多等。中国老年人数量处于一个快速增长时期，未来十年或者二十年中国老年人的数量增加两倍或者三倍的时候，越来越多的老年人健康问题、养老问题等将会更加严重。老年人的健康状况之所以备受社会重视，不仅因为其问题严重性，还因为这些问题的复杂性和长期性，以及不可预见的困难。由此，研究和解决这些问题的原因已迫不及待。

二、社会网络与老年人的身体健康

（一）控制变量影响

从表 4-10 中可以看出，年龄、个人月收入、锻炼情况、抽烟情况与老年人身体健康有统计学意义。

表 4-10　社会网络与老年人的身体健康单因素分析

因素	选项	n（%）	身体健康得分	统计量	P 值
性别	男	187（63.18）	2.21（0.44）	8.387	0.591
	女	109（36.82）	2.22（0.44）		
年龄	60～64	115（38.85）	2.13（0.44）	15.999	0.014*
	65～69	97（32.77）	2.20（0.43）		
	70～74	32（10.81）	2.27（0.37）		
	75～79	32（10.81）	2.45（0.47）		
	80 岁以上	20（6.76）	2.33（0.46）		
户口	城市	203（68.58）	2.19（0.44）	7.683	0.66
	农村	93（31.42）	2.23（0.44）		
宗教信仰	有	49（16.55）	2.21（0.41）	6.24	0.795
	无	247（83.45）	2.22（0.44）		

续表

因素	选项	n（%）	身体健康得分	统计量	P 值
个人月收入	5 000 元以下	40（13.51）	2.24（0.46）	30.286	0.000**
	5 000～14 999	42（14.19）	2.14（0.44）		
	15 000～24 999	81（27.36）	2.20（0.47）		
	25 000～39 999	80（27.03）	2.23（0.39）		
	40 000 以上	53（17.91）	2.27（0.45）		
居住情况	独居	162（54.73）	2.20（0.41）	17.875	0.596
	与家人或他人同住	111（37.50）	2.23（0.47）		
	养老机构	23（7.77）	2.27（0.47）		
婚姻状况	有配偶	108（36.49）	2.20（0.44）	8.077	0.621
	无配偶	188（63.51）	2.23（0.44）		
是否党员	是	108（36.49）	2.19（0.41）	11.07	0.352
	否	188（63.51）	2.24（0.46）		
是否参加社保	是	110（37.16）	2.22（0.40）	11.685	0.307
	否	186（62.84）	2.22（0.46）		
锻炼情况	规律锻炼	22（7.43）	2.26（0.41）	−4.837	0.000**
	不规律锻炼	274（92.57）	1.69（0.45）		
抽烟情况	当前吸烟	163（55.07）	1.99（0.44）	−3.457	0.000**
	曾经吸烟	109（36.82）	2.21（0.40）		
	从不吸烟	24（8.11）	3.03（0.45）		
喝酒情况	当前饮酒	165（55.74）	1.88（0.42）	22.804	0.299
	曾经饮酒	109（36.82）	2.01（0.35）		
	从不饮酒	22（7.43）	3.26（0.40）		
文化程度	未上过学	67（22.64）	2.21（0.46）	26.774	0.946
	小学	19（6.42）	2.26（0.44）		
	初中	51（17.23）	2.35（0.40）		
	高中	90（30.41）	2.57（0.48）		
	大专及以上	69（23.31）	3.25（0.38）		

注：**表示在 0.01 水平（双侧）上显著相关

　　*表示在 0.05 水平（双侧）上显著相关

（二）自变量影响

从表 4-11 看出，亲人亲密度与生理功能高度相关，朋友支持与生理职能高度相关。

表 4-11　社会网络与身体健康各维度相关性分析

		生理功能	生理职能	身体疼痛	总体健康
亲人数量	相关系数	0.053	0.051	−0.051	−0.027
	显著性	0.360	0.382	0.379	0.644
朋友数量	相关系数	0.068	0.053	−0.051	−0.019
	显著性	0.238	0.359	0.379	0.742
亲人亲密度	相关系数	0.741**	0.041	−0.041	−0.083
	显著性	0.000	0.478	0.478	0.154
朋友亲密度	相关系数	0.039	0.058	−0.042	−0.014
	显著性	0.497	0.319	0.467	0.804
亲人支持	相关系数	0.042	0.042	−0.046	−0.052
	显著性	0.469	0.465	0.427	0.368
朋友支持	相关系数	0.078	0.631**	0.038	−0.031
	显著性	0.176	0.000	0.518	0.590
参与社交活动	相关系数	0.002	−0.020	0.075	−0.103
	显著性	0.978	0.728	0.194	0.074

注：**表示在 0.01 水平（双侧）上显著相关
　　*表示在 0.05 水平（双侧）上显著相关

将单因素分析与相关分析中有意义的变量纳入回归方程进一步进行多因素回归分析，结果显示：年龄、性别、锻炼身体情况、亲人支持的 sig 值都小于 0.05，对老年人身体健康得分的影响存在统计学意义。另外，年龄、性别、锻炼身体情况、亲人支持的回归系数分别为 −0.233、−0.276、0.47、0.097，年龄和性别的回归系数是负值，可知，年龄越大，老年人身体健康得分越低，年龄对老年人身体健康得分有负向的显著影响。锻炼身体情况和亲人支持的回归系数都大于 0，可知，锻炼身体情况和亲人支持对老年人身体健康得分有正向的显著影响，可见，能够规律锻炼身体的老年人身体健康得分较高，亲人支持得分较得分较高的老年人其身体健康得分也较高。

表 4-12　社会网络与老年人身体健康的回归分析

模型	非标准化系数		标准系数	t	Sig.
	B	标准误差	试用版		
（常量）	1.966	0.223		8.824	0.000
性别	−0.276	0.038	−0.369	−7.253	0.000
年龄	−0.233	0.157	−0.657	−1.483	0.039
户口	−0.031	0.076	−0.034	−0.404	0.687
个人月收入	−0.003	0.017	−0.009	−0.184	0.854
居住情况	0.042	0.035	0.061	1.2	0.231
婚姻状况	−0.034	0.076	−0.038	−0.451	0.652
是否党员	−0.018	0.046	−0.02	−0.393	0.695
是否参加社保	0.015	0.046	0.017	0.332	0.74
抽烟情况	0.011	0.191	0.016	0.057	0.955
文化程度	0.006	0.015	0.021	0.411	0.682
慢性病	−0.022	0.06	0.01	0.195	0.846
饮酒情况	−0.024	0.195	−0.035	−0.125	0.901
锻炼情况	0.47	0.086	0.279	5.482	0.000
社会网络规模	0.053	0.143	0.168	0.372	0.71
社会参与情况	0.012	0.02	−0.03	−0.583	0.561
亲人数量	−0.009	0.063	−0.028	−0.141	0.888
朋友数量	0.018	0.084	0.056	0.216	0.829
亲人亲密度	0.067	0.024	0.147	2.807	0.005
朋友亲密度	−0.003	0.077	−0.011	−0.044	0.965
亲人支持	0.097	0.073	−0.299	−1.341	0.041
朋友支持	0.303	0.156	0.859	1.943	0.053

注：R^2：0.456，调整 R^2：0.471

三、社会网络与老年人慢性病情况

在本研究中，将因变量"老年人慢性病患病情况"分为患有慢性病和没有患有慢性病，分别赋值为 1 和 0，得到统计数值为患有慢性病 156 人，占样本总量的 52%，没患有慢性病者 144 人，占总样本量的 48%，缺失值为 0。如表 4-9 显示，将因变量数据代入回归模型中分析得到，在卡方值为 119.472，自由度为 21 的情况下，其显着度为 0.000（$P<0.05$），说明各个回归方程结果存在显著差异，具有统计学意义。

表 4-13　老年人慢性病患病情况与社会网络的 Logistic 回归分析

	B	S.E.	Wals	df	Sig.	Exp（B）
性别	−0.123	0.261	−0.471	0.221	0.638	0.884
年龄	1.335	1.382	2.302	5.297	0.021	0.037
户口	−0.499	0.500	−0.998	4.996	0.018	1.648
宗教信仰	1.743	0.437	3.985	15.882	0.000	5.713
个人月收入	0.057	0.115	0.495	5.245	0.026	1.058
居住情况	−0.097	0.233	−0.416	0.173	0.677	0.908
婚姻状况	−0.913	0.510	−1.793	3.213	0.073	0.401
是否党员	−0.320	0.307	−1.041	1.083	0.298	0.726
是否参加社保	0.141	0.307	0.460	0.212	0.645	1.152
抽烟情况	15.241	479.618	0.032	0.001	0.975	4 160 253.523
文化程度	−0.046	0.101	−0.456	0.208	0.649	0.955
饮酒情况	−15.240	479.618	−0.032	0.001	0.975	0.000
锻炼情况	0.765	0.574	1.334	1.779	0.182	2.149
社会网络规模	1.560	1.519	1.027	1.054	0.304	4.759
社会活动参与情况	−1.099	0.159	−6.901	47.619	0.000	0.333
亲人数量	−1.478	1.143	−1.293	1.673	0.196	0.228
朋友数量	−0.833	0.513	−1.622	2.631	0.105	0.435
亲人亲密度	−0.010	0.158	−0.064	0.004	0.949	0.990
朋友亲密度	0.669	0.774	0.864	0.747	0.387	1.953
亲人支持	−0.241	0.478	−2.293	4.086	0.037	1.150
朋友支持	−2.293	1.362	−2.052	4.209	0.040	16.358
截距	2.346	1.171	2.004	4.016	0.045	10.446

注：因变量，慢性病

McFadden R^2：0.288

Cox & Snell R^2：0.328

Nagelkerke R^2：0.438

（一）控制变量影响

表 4-13 体现了影响老年人慢性病患病情况的多种因素，其中在显着性

（一）控制变量影响

表 4-13 体现了影响老年人慢性病患病情况的多种因素，其中在显着性 $P < 0.05$ 的情况下，控制变量中年龄、户口、个人年收入情况对老年人患病情况有显着影响。其中年龄越大，得慢性病几率越高；收入越高的老年人，患有慢性病几率就越大，一方面影响老年人的生活方式和生活习惯，一定程度上决定老年人患有慢性病的机会有多少。

而针对老年人户口方面来说，城市户口的老年人一般情况下患有慢性病的机会小于农村户口的老年人，这与两者在生活环境和医疗条件上的差异有巨大关系，一方面，城市有着较好的医疗条件为老年人检查身体和治疗疾病，城市老年人有便捷的条件，和重视健康的态度和条件可以使老年人得到定期或是不定期的身体检查而发现患病情况，或是当身体稍有不适时可以有更好的条件去检查和治疗；另一方面，农村生活环境虽然可能数较之城市中来说更适于老年人生活，但大部分老年人因为长期体力劳作，包括始终保持做家务或是繁重农活，使得他们落下患上疾病的隐患，加上农村医疗条件较城市提供的较差，农村老年人很多情况下为"不增加负担""对小病小痛能忍则忍"的态度也使得他们对慢性病治疗和痊愈的几率降低。

（二）自变量影响

在社会网络方面，社会活动参与情况、亲人支持和朋友支持对慢性病数量显著相关。社会活动参与越频繁，患慢性病的几率越小；朋友和亲人支持越多，患慢性病的几率越小；究其原因，社会活动参与情况与慢性病的关系，说明老年人生活方式上的差异导致了老年人在慢性病患病情况上的差异，同时身体健康的老年人有更多精力参与社会活动。亲人支持和朋友支持对慢性病数量的关系，说明家庭和朋友对老年人的关注和关怀可以降低或预防老年人患病的几率。

综上所述，老年人慢性病的影响因素有以下几个方面：（1）除基因突变的遗传因素外，慢性病的形成是一个长期过程，与环境有极大关系，导致老年人的生活环境差异则成为影响慢性病患病的主要原因。（2）在控制变量方面，户口、收入与老年人慢性病患病情况相关性显着。首先，城市户口和农村户口差异决定了老年人在生活方面获得的基本条件和基本资源的差异，导致城市老年的发生。收入方面，收入较高的老年人在对慢性病的养护方面能够有较好的保障，从而预防一些小病向大病发展。（3）在自变量方面，可以看出社会网络对老年人的慢性病也有一定影响，社会活动参与较多的老年人患有慢性病的几率较小，这是因为慢性病较少的老年人本身身体健康状况好，有更多的精力参与社会活动，另一方面，参与社会活动包括广场舞、下棋等活动大多是一些有利于身心健康的活动，多参加这些活动可以使得老年人身体得到锻炼的同时也交了一些朋友，使老年人的心情愉快，也有利于身体健康和慢性病的预防。在自变量中年，可以看到，朋友和亲人支持越多的老年人患慢性病的几率越小，这是因为朋友和亲人的支持使得老年人在精神和经济上得到很多帮助，让他们在疾病的治疗和康复上能够有更好的保障。（4）慢性病还与老年人生活的各种心理因素有关，其主要原因除老年人性格特征等个人因素外，社会网络中老年人所处的社会地位、老年人经常交流的对象和反应是影响其慢性病患病的重要社会因素。

四、社会网络与心理健康老年人的心理健康

（一）控制变量影响

如表 4-14，老年人的心理健康得分进行单因素分析，结果显示：性别（$\chi^2=-1.916$，$P<0.05$）、户籍（$\chi^2=126.233$，$P<0.05$）政治面貌（$\chi^2=-3.068$，$P<0.05$）、宗教信仰（$\chi^2=-4.405$，$P<0.05$）、文化程度（$\chi^2=13.337$，$P<0.01$）、个人月收入（$\chi^2=10.694$，$P<0.05$）、抽烟情况（$\chi^2=15.295$，$P<0.05$）、喝酒情况（$\chi^2=8.404$，$P<0.05$）对老年人心理健康得分的影响存在统计学意义。

表4-14 社会网络与老年人心理健康的单因素分析

因素	选项	n（%）	心理健康得分	统计量	P 值
性别	男	187（63.18）	3.27（0.68）	-1.916	0.029*
	女	109（36.82）	3.16（0.64）		
年龄	60~64	115（38.85）	3.04（0.54）	68.503	0.062
	65~69	97（32.77）	3.29（0.73）		
	70~74	32（10.81）	3.33（0.67）		
	75~79	32（10.81）	3.27（0.60）		
	80 岁以上	20（6.76）	3.36（0.75）		

续表

因素	选项	n（%）	心理健康得分	统计量	P 值
户籍	城市	203（68.58）	2.79（0.66）	126.233	0.000**
	农村	93（31.42）	3.39（0.55）		
宗教信仰	有	49（16.55）	3.18（0.70）	−4.405	0.047*
	无	247（83.45）	3.20（0.64）		
个人月收入	5 000 元以下	40（13.51）	3.30（0.67）	10.694	0.036*
	5 000～14 999	42（14.19）	3.05（0.60）		
	15 000～24 999	81（27.36）	3.24（0.63）		
	25 000～39 999	80（27.03）	3.14（0.66）		
	40 000 以上	53（17.91）	3.27（0.68）		
居住情况	独居	162（54.73）	3.12（0.62）	25.273	0.504
	与家人或他人同住	111（37.50）	3.28（0.70）		
	养老机构	23（7.77）	3.38（0.58）		
婚姻状况	有配偶	108（36.49）	3.15（0.66）	5.571	0.96
	无配偶	188（63.51）	3.23（0.65）		
是否党员	是	108（36.49）	3.21（0.66）	−3.068	0.043*
	否	188（63.51）	3.20（0.65）		
是否参加社保	是	110（37.16）	3.21（0.66）	7.322	0.885
	否	186（62.84）	3.20（0.65）		
锻炼情况	规律锻炼	22（7.43）	3.22（0.56）	9.355	0.746
	不规律锻炼	274（92.57）	3.20（0.66）		
抽烟情况	当前吸烟	163（55.07）	3.22（0.65）	15.295	0.032*
	曾经吸烟	109（36.82）	3.21（0.70）		
	从不吸烟	24（8.11）	3.03（0.41）		
喝酒情况	当前饮酒	165（55.74）	3.21（0.65）	8.404	0.041*
	曾经饮酒	109（36.82）	3.21（0.70）		
	从不饮酒	22（7.43）	3.06（0.41）		
文化程度	未上过学	19（6.42）	3.30（0.59）		
	小学	67（22.64）	3.14（0.71）	13.337	0.005**
	初中	51（17.23）	3.35（0.65）		
	高中	90（30.41）	3.22（0.66）		
	大专及以上	69（23.31）	3.10（0.60）		

注：**表示在 0.01 水平（双侧）上显著相关

　　*表示在 0.05 水平（双侧）上显著相关

控制变量中户口对老年人心理健康的影响显示，城市户口的老年人拥有较好的心理健康水平，这与城市社会中对心理健康的认识和重视程度，以及老年人相关利益群体给老年人心理健康方面提供的支持有极大关系，由此也可看出农村需要加强在心理健康方面的投入和重视程度。

另外，在控制变量中，我们发现慢性病对老年人心理健康呈现负向影响，患病老年人心理健康较差。究其原因，一方面，慢性病影响了老年人的生活质量，也给老年人带来经济压力，导致老年人心理担心、焦虑等心理现象。另一方面，慢性病影响了老年人身体健康，一定程度影响了老年人的生理功能和活动范围，从一定程度上限制了老年人参与社会活动，影响老年人的社会交往和人际关系，从而影响老年人的心理健康。

（二）自变量影响

表 4-15 为社会网络各维度与老年人心理健康各维度得分的相关性分析，从表中可以看出，朋友数量对数与活力、社会功能、精神健康、心理健康总分高度相关，朋友亲密度与情感职能高度相关，朋友支持与社会功能、心理健康总分高度相关，参与社会活动与精神健康高度相关。

表 4-15　社会网络与老年人心理健康各维度相关性分析

		活力	社会功能	情感职能	精神健康	心理健康的得分
亲人数量	相关系数	− 0.007	− 0.017	− 0.061	− 0.071	− 0.061
	显著性	0.900	0.767	0.294	0.219	0.293
朋友数量	相关系数	0.351**	0.424**	0.016	0.423**	0.637**
	显著性	0.000	0.000	0.785	0.000	0.000
亲人亲密度	相关系数	0.006	− 0.065	− 0.014	0.002	− 0.036
	显著性	0.924	0.262	0.811	0.976	0.534
朋友亲密度	相关系数	− 0.018	− 0.036	0.039*	− 0.077	− 0.076
	显著性	0.761	0.537	0.041	0.183	0.192
亲人支持	相关系数	− 0.027	− 0.040	− 0.040	− 0.083	− 0.086
	显著性	0.647	0.489	0.495	0.153	0.139
朋友支持	相关系数	0.111	0.129*	0.019	0.045	0.156**
	显著性	0.055	0.026	0.746	0.442	0.007
社会活动参与情况	相关系数	− 0.017	0.013	− 0.063	0.215*	− 0.006
	显著性	0.772	0.828	0.277	0.029	0.917

注：**表示在 0.01 水平（双侧）上显著相关

　　*表示在 0.05 水平（双侧）上显著相关

由表 4-16 可知，模型检验了控制变量和社会网络因素对老年人心理健康指数的影响，其中在显著性 $P<0.05$ 的情况下，社会网络变量中，朋友数量、参与社会活动的回归系数分别为 0.37，0.104，都大于 0，可知朋友数量、参与社会活动对老年人心理感健康状况有显著的正向影响关系，也就是说老年人朋友越多、参与社会活动越多，老年人心理得分越高。而控制变量中，在显著性 $P<0.05$ 的情况下，户口回归系数是 0.296，慢性病的回归系数是 -0.173，由此可见，户口对老年人的心理健康状况有显著的正向影响关系，户口是城市的老年人，心理健康得分越高。慢性病回归系数为负值，说明患有慢性病的老年人心理健康情况比没有慢性病的老年人差，可见慢性病对老年人心理健康有显著负向影响。其他因素对老年人主观健康的影响不大。

表 4-16　社会网络与老年人心理健康状况的回归分析

模型	非标准化系数		标准系数	t	Sig.
	B	标准误差	试用版		
常数	1.957	0.233		8.39	0.000
性别	-0.028	0.046	-0.025	-0.6	0.549
年龄	-0.252	0.193	-0.478	-1.307	0.192
户口	0.296	0.065	0.211	4.578	0.000
宗教信仰	-0.072	0.075	-0.041	-0.95	0.343
个人月收入	0.016	0.021	0.032	0.775	0.439
居住情况	0.077	0.043	0.076	1.811	0.071
婚姻状况	0.000	0.058	0.000	-0.001	0.999
是否党员	-0.037	0.055	-0.027	-0.671	0.503
是否参加社保	-0.066	0.055	-0.049	-1.187	0.236
抽烟情况	-0.283	0.235	-0.278	-1.204	0.230
文化程度	-0.017	0.018	-0.039	-0.944	0.346
慢性病	-0.173	0.063	0.132	2.742	0.006
饮酒情况	0.223	0.239	0.215	0.932	0.352
锻炼情况	-0.078	0.104	-0.031	-0.75	0.454
社会网络规模	-0.108	0.143	-0.23	-0.756	0.450
社会活动参与情况	0.104	0.027	-0.008	-0.165	0.000
亲人数量	0.098	0.077	0.205	1.274	0.204
朋友数量	0.370	0.028	0.599	13.354	0.000

模型	非标准化系数		标准系数	t	Sig.
	B	标准误差	试用版		
亲人亲密度	−0.019	0.029	−0.028	−0.656	0.512
朋友亲密度	−0.032	0.093	−0.068	−0.346	0.730
亲人支持	−0.093	0.088	−0.193	−1.058	0.291
朋友支持	0.348	0.191	0.664	1.824	0.069

注：$R^2 = 0.562$，调整 $R^2 = 0.527$。

根据一般经验可知，老年人的心理健康状况主要来自老年人生活上和心理上的满足，当老年人生活上的满足主要由家庭提供和支持后，其心理上的满足则主要来自朋友的陪伴和安慰是影响其心理健康的重要因素。老年人退休以后没有的工作上同事和其他群体的交流，朋友人数就显得更为重要。所以，朋友人数多的老年人，他们的心理健康指数就越高，心理健康状况也就越好，一方面，朋友这一群体主要是与老年人同龄的人群，几乎拥有相同的遭遇和处境，能更好的理解在现实生活中精神和物资的实际需求，可以得到更多的理解，他们可以在相互的陪伴中获得精神上的抚慰，在社会网络中找到自己的位置，发现和找到适合自己的兴趣爱好等，逐渐消除因为老化过程不适应引发的多种问题；拥有较多朋友人数的老年人其社会网络更为广泛，获得的心理支持更多，更有利于老年人获得心理健康的各种资源。心理健康包括老年人在老化过程中的各种心理体验，是否孤独、是否幸福等，主要取决于一种与同龄人群的对比和感受，所以，朋友多的老年人更容易获得对比的资源，而拥有较多朋友的老年人，在其所处的较为广泛的社会网络中也会处于较高的网络位置，拥有较多的社会资源，从而有利于获得较好的心理健康状况。

社会活动参与度较高的老年人心理健康状况更好，究其原因，一方面是因为参与社会活动使得老年人身体得到锻炼，弥补空虚时间的无聊时光，让他们生活变得有意义和有意思。另一方面，参与社会活动使他们所接触的社会网络中的成员相对丰富，社会网络范围也较为宽泛，拥有这样一个宽泛的网络的老年人本身也会处于网络中相对占优势的位置，也能获得更多的信息和资源。社会活动参与度较高的老年人在身体和心理健康上都更有优势。

户口差异主要因为城市和农村两地对心理健康认识和重视程度差异，由于发展程度和面临问题等方面的差异，城市户口的老年人常常能获得更多在心理健康方面的关注，由此能获得更加积极地心理健康资源；农村老年人则更多关注生活的基本需要，例如老年人的养老资金获得、老年人的生活照顾等，虽然近年来对农村老年人心理方面需求的重视越来越多，但因农村各方面条件的限制，在推行关注老年人心理健康的各种措施和活动中仍然不能取得完满的结果，要让农村老年人在心理健康上获得更多资源，还需要更长久的投入和改变。

慢性病影响老年人的心理健康，慢性病一方面通过影响老年人的身体健康进而影响其心理健康。另一方面慢性病给老年人带来经济压力，影响老年人的活动范围，使得老年人在经济预算上，为疾病花费更多，从而用于其他兴趣爱好，如旅游、健身、艺术等的花销减少，影响了老年人活动和交往范围，从而影响他们的心理健康。

第三节　促进老年人身体健康的相关策略与建议

随着社会的发展和进步，老年人越来越多，老年人的普遍健康水平却越来越多的受到各种自然因素和社会因素的影响而越来越低，老龄化给社会和老年人家庭带来的压力成为现代社会最严重的问题之一，这不得不使我们投入更多的时间、精力和其他成本放在解决这一问题的严重性上。未来的更长时间内，尤其我国老龄发展进入高速发展时期，越来越多的人们需要去面对老龄化带来的严峻压力，去投入更多来解决严重老龄化带来的众多问题，建设一个"老有所养、老有所医、老有所教、老有所学、老有所乐、老有所为"的健康老龄化社会。六个"老有"的健康老龄化社会，既要求社会中大多数老年人都健康长寿，也要求这些长寿的寿命质量是在不断提高的，还要求老年人的健康随着老年人的年龄结构变化发生相应变化，把健康的概念引申到社会、经济和文化等诸方面，让更多的人们认识到老龄化的历史性和全面性，一起投入全民为健康老龄化奋斗的努力中来。本书也期望通过社会网络与老年人健康关系的研究，让更多人了解老年人健康的多种影响因素，在解决老年人健康问题时能得到更多的启发或者提示，能在制定各种养老、扶老和激发老年潜能等的政策建议中起到参考的作用，为实现健康老龄化的社会做出贡献。

根据研究所显示的结果可知，老年人的健康还存在很多需要解决的问题，这需要老年人本身、老年人家庭、老年人社区和相关的整个社会为此做出努力而使得老年人的健康状况有所改善。正如我们所知的那样，老年人们在年轻时为社会发展和进步做出了巨大的努力，在年老以后就应该获得与之相对应的权利和优待，很多老年人年迈时依然为社会为国家奉献着智慧和力量，我们在享受着幸福的生活时更应该投入更多来创建一个老年人能"老有所养、老有所医、老有所教、老有所学、老有所乐、老有所为"的健康老龄化社会。由此，本书在老年人健康与老年人社会网络关系研究的基础上提出以下建议。

一、建立健康生活方式，成为健康的社会网络源头

良好的生活方式是获得健康的重要因素，正如良好的生活习惯不仅能让我们改变和拥有一个良好的生活环境，还能让很多疾病随着习惯的改变减弱或者消失。大部分老年人的生活由于身体条件的限制和职业退休的缘故都限制在家庭或者社区中，使得生活方式的好坏成为对其健康的决定性因素，他们在生活中人际交往所获得的有形或者无形的资源也比为年老时所获得的资源重要。

老年人因为自身条件的改变，他们的健康受社会条件影响严重，在众多的社会因素中我们发现，通过社会网络，老年人能获得很多资源来影响自身建立一个良好的生活习惯，从而获得健康。首先，他们能从社会网络中获取更多关于健康生活方式的信息，无论是从社会网络中的同年龄阶段的老年人同伴亦或者是不同年龄阶段的年轻人身上，他们都能获得一些健康知识、健康信息和健康启发，包括饮食、穿着、居住环境、出行、作息和疾病等，这些信息能帮助他们更好的理解健康，改善生活方式。其次，通过社会网络，老年人之间可以形成资源的相互支撑和支持，对比和激励可以让老年人们在相互的交流中形成一种学习和改变的支持模式，有助于他们形成良好的生活习惯，例如对高血压等慢性病的治疗和控制，老年人可以根据个人身体素质差异，通过医生以外的社会网络成员获得其他相关的医疗信息，得到照顾和鼓励等。由此可知，老年人良好的生活方式不仅仅是一个深关自身的大事，还是在老年人社会网络中重要的一环，老年人要合理膳食，注重个人饮食健康，注意卫生环境，改变吸烟嗜酒等不良的生活习惯，形成一个良好生活习惯，成为在社会网络中健康的一个节点，成为以自身辐射出去的社会网络中的一个社会网络源头，这样才能在逐渐扩大自己的健康社会网络，从而加深对自己健康的正向影响。

二、改善家庭支持网络，开发老年人潜能

受中国"孝"文化传统和居住习惯影响，老人年老后一般都与其子女或其他后辈一起居住，家人成为照顾老年的主要群体，家庭成为老年人活动的主要场所，改善家庭支持网络对老年人的健康至关重要。

首先，提供物质支持，确保满足老年人晚年生活的基本需求。老年人退休或者无力劳动获得生活所需的资源时，就需要家庭成员提供基本的生活所需。尤其在中国现在的国情下，养老制度的不完善和养老金、老年人医疗保险金、其他养老保险和保障的缺乏，需要家庭提供主要的物资支持和照顾支持，尤其是子女提供的经济支持和精神支持，形成一个支持老年人晚年生活的社会网络，成为老年人社会网络中至关重要的一环。子女提供给老人的支持，包括每个月生活费用、生活必需的衣物和生活用品等，不仅仅是一种孝道和尊老的体现，给老年人晚年幸福提供保障，更是一种满足老年人心理的基本条件。老年人只有基本生活保障了，对生活满意了，他们才会处于一种更加持续的完满的健康状态。

其次，重视老年人的精神生活，保证老年人晚年幸福生活。老年人的健康越来越重要不仅仅因患病人数多，还因为有很多心理疾病导致的健康问题越来越多，老年人精神方面的需求越来越迫切。事实上，现在社会和经济的发展，子女需要工作持家、照顾孩子和老人的双重压力越来越大，很多年轻人因精力有限不能照顾到家中老年人的精神健康问题，使得老年人因为孤独、抑郁、焦急等造成对健康的极大伤害。所以，家庭成员对老年人的精神问题要倍加重视，要多与老年人沟通见面，与老年人共同居住或者居住在比较近的区域内会更有效，了解老年人的生活所需并使其得到满足，多询问和抚慰老年人的心理问题，在老年人有需要的时候给予老年人适当的生活建议。此外，老年人的照顾者本身也需要拥有乐观、耐心、细心和和蔼的态度去照顾家中老人，老年人们常常因为身体问题或者习惯问题与照顾者产生分歧，这就需要照顾者在情绪上能照顾到老人并能帮助老人解决问题，能让老年人主动表达，感受到亲情的温暖。

最后，注重开发老年人的潜能，走出"年老就体弱"的习惯思维。进入60岁，老年人身体的各项机能下降，容易使得他们产生"自己已经老了""大不如从前""人老了就没用了"的想法，若调节不好，很多老年人会变得消沉，

对很多事情都提不起兴趣。因此，在老年人慢慢接受自己老化的过程中，家庭照顾者尤其是子女要多多发挥老年人社会网络的作用，帮助老年人进行自理自立，积极鼓励老年人参与除之前工作以外的社会活动，参与其他形式的社会再生产活动，提高自己的自立能力，学习更多过去没做过的有意义的事情，如志愿者、兴趣社团等，真正做到"老有所学、老有所乐、老有所为"。另外，还要鼓励老年人多多进行其社会网络中的交往和交流，完善和发挥自己的社会网络作用，让老年人接受除了家庭以外的活动场所，并在其中找到自己的位置和价值。

三、创建社区老年人互助网络，促进全面的健康老龄化

社区，是老年人能够聚集生活在一起活动的主要场所，也是针对性给老年人提供各项服务的主要单位，必须加强社区老年人服务的建设，才能让老年人在晚年生活中得到更加切实的保障。首先，必须保障老年人的基本生活和合法权益，满足当家庭未能保障老年人基本生活条件时所需要的生活保障所需，切实的保障老年人的合法权益，能在老年人权益受到伤害的时候提供信息和维权的帮助。其次，改善社区内老年人的生活，完善社区内老年活动设施和设备，丰富老年人活动，让老年人在富余的时间里找到兴趣爱好或者有意义的事情，可以让老年人有一个专门的、安全的、丰富的活动空间，能促进老年人之间的交流和合作。再次，社区还应该针对老年人的特点提供健全的医疗服务，有相对方便和健全的医疗设施，能适当的进行老年人健康的知识普及和宣传，满足老年人对健康和健康知识的需求，也是对老年人合法权益的一种保护，预防出现老年人因为无知引起"病急乱投医"遭骗或者受到其他伤害的现象。最后，还必须要做到的是对老老年或者失能老人、其他特殊老人的服务和照顾，针对这类老人，即便有家庭服务，照顾老年人的压力依然很大，这就更加需要社区在社区内能提供针对性的上门服务，组织更多的志愿者团队进行培训和服务，给老年人的晚年生活带来更多的安慰。

除以上实际的行动支持，对于专为人民服务的组织来说，还应该在思想和认识上对老年人和其利益相关者进行针对性的服务工作，主要有：第一，提高人们对健康老龄化的认识，正确认识老年人的合法权益和针对老年人的各项责任义务，正确认识老化过程，并能加以适当的利用；第二，在各种老年人服务

活动或是服务项目中，能多方面的争取到各种有效资源，包括资金、人力和各类物资等，以保证服务的有效和持续进行；第三，组织专业和持久的服务队伍进行专业和适合的服务，真正让服务做到改善原来不合理的，完善原来不完备的，适合老年人所需要的。

在社区所能够提供的服务方面，还有很多社区和服务部门有很多需要做好的事情，这是村、街道、社区和各级服务单位必须要做好的针对性服务，但在当前的社会条件和社会问题中，我们不得不提出一定的质疑，现实中老年人因为家庭照顾和社区服务的缺失和不足导致健康或生命出现严重问题的现象也不少见，由此，加强老年人照顾体系的建设是一个必备的过程，老年人互助型社会网络的建设可以部分的弥补这一缺陷。建设一个有效持续的互助性的老年人社会网络，有以下优点：一、可以让老年人找到老化过程中相互陪伴的群体，这样就能有效的减少老年人因为老化过程中不适应引发的消极情绪和其他健康问题；二、能让老年人在这样的网络中找到可倾诉、可信任、志同道合的朋友，扩大老年人的交往范围，获取更多有效资源；三、通过不同老年人的社会网络的交叉，可让老年人在相同或者相近之处找到切合点，可开展更多的活动，增加老年人的社会参与，甚至可以创造出极大的社会生产力和社会成果。目前各地流行的老年协会可部分发挥到老年人社会网络的作用，使得更多的老年人得到切实的服务。但社会网络的作用不仅仅如此，我们需要根据老年人社会网络的不同特点，创建一个社区的老年互助网络体系，才能真正覆盖社区所有老人，起到涉及所有老年人、关照每一个老年人的作用，真正促全面的健康老龄化。

四、全社会共创一个健康的老年人社会网络体系

老年人的社会网络体系需要放到社会中去建立，在一个宽而广的社会体系中，除了老年人自身、老年人家庭、老年人社区这些相关性显著的群体，社会的重要性更需要重视，而且加以合适的利用。社会包括政府、社区、家庭和每一个人，在一个老龄化的社会中，照顾好老人是每一个人的责任和义务。因此，需要建立的是一个包含个人、家庭、社区、社会为一体的老年社会网络体系，协调各部分的功能共同为老年人的健康老龄化服务。

为了能让老年人有一个幸福的晚年生活，全社会都必须朝着一个目标共同

努力，每个人都会老去，都要经历所谓年迈体弱的阶段，由此，我们都需要理解那些老年人比较困难才能做好而年轻人轻易就能做好的事情和活动，对于个体而言，老年人需要建立健康生活方式，非老年人则更需要为建立一个健康的生活方式而努力。首先，为老年人创造一个健康的生活环境，这样的环境至少是干净卫生的，对老年人的健康而言是无害的；其次，规范个人行为，尊老敬老，为老年人创造一个友善和亲切的社会环境；最后，在老年人社会网络中，个体要明确自己所处位置，明确能为老年人健康提供什么样的资源，积极和主动的向老年人提供支持。

处于老年人社会网络中的家庭则是重要的一环，要求家庭注重为老年人提供各种必备的资源，在中国的环境中对老年人晚年生活保障来说还起着最基本的作用，而且在未来很长一段时间内还将继续如此，所以，完善家庭在老年人社会网络中的作用有着极其重要的意义。首先，家庭成员必须明确照顾老年人的必要性和重要性，这样才能长效的保持满足老年人的生活基本需求；其次，每个家庭所能提供给老年人的资源中都有不一样的，要擅长使用有利于老年人健康的不同资源为老年人提供服务，实现网络中的资源的共享。

从社区的角度来说，给老年人提供服务的作用虽然不及家庭起到基础性作用大，但随着社会的发展和进步，社区将在老年人健康方面发挥越来越重要的作用，社区的责任也会越来越大，未来建立完善的社区服务机制，社区可以给老年人提供基础的养老条件，还可以提供扩大老年人社会网络的作用机制，可以给老年人服务更加完备的服务。

但是为了形成一个长效的服务机制，对个人、家庭和社区来说，兼顾双方的利益才是可行的道路，这需要一整个体系的多个因素同时发挥作用，相互补充，相互协调。拿家庭网络中的子女和老年人的关系来说，只有兼顾了两代甚至三代人的利益，才能使得照顾老年人的家庭供养模式得到持续，通过老年人本身的理解和自立努力、其他家庭成员的共同赡养、社区提供更全面的服务、社会其他成员或组织的参与照顾可以让子女的负担减轻，让其更有热情地继续为老年人健康努力，从而实现协调各部分为老年人健康服务的各个部分的功能最大化。

第五章

社会支持与老年人健康的互动

第一节　数据来源、变量选择与研究假设

一、数据来源

本章主要选取中国湖北省仙桃市 GH 镇作为调查对象。仙桃市是湖北省直辖县级市，武汉城市圈西翼中心城市、长江中游城市群重要城市之一，位于湖北中部，江汉平原腹地，北依汉水，南靠长江，东邻省会武汉，西连荆州、宜昌，处在湖北"两江"（长江、汉江）经济带的交汇点上；全市面积 2 538 平方千米，总人口 152.7 万；辖 4 个街道、15 个镇，另有 1 个国家级高新技术产业开发区、2 个原种场、1 个风景区。仙桃市属江汉平原，土地肥沃，农业发达，是湖北省有名的"鱼米之乡"。GH 镇位于仙桃市西南部，是新农村建设试验区扩规乡镇，全镇辖 36 个村（场、居），总人口 37 638 人（2017 年），版图面积 126 平方公里，耕地面积 11 万亩，属于湖北省比较典型的农村地区。借助与该镇良好的合作基础，本章将调查重点集中在该镇 65 岁及以上老年人，并参考北京大学健康老龄与发展研究中心/国家发展研究院组织的中国老年健康影响因素跟踪调查相关数据，将调查内容聚焦在老人及家庭基本状况、社会经济背景及家庭结构、经济来源和经济状况、健康和生活质量自评、认知功能、性格心理特征、日常活动能力、生活方式、生活照料、疾病治疗和医疗费承担。调查时间为 2018 年 9 月 5 日至 10 月 15 日。问卷设计合理，为更好地理解影响人类健康长寿的多方面因素提供数据支撑，也为科学的研究老龄化和改善养老服务提供信息依据。

本章节的研究主题是社会支持对农村老年人健康的影响，根据国际采用的普遍标准，本研究选取的是 65 周岁及以上的农村老年人，然后再进一步的对数据进行筛选，将变量里面缺失值以及答案为"不知道""无法回答"的样本删除后，共得到 2 676 个有效样本。

本章研究内容使用 Stata14.0 分析软件，对 CLHLS 数据库进行初步筛选，得到一个符合本研究新的数据库。分析方法用的是描述性统计分析、相关性分析和回归分析，建立有序多元 Logistic 回归模型和多元线性回归模型分析。根据问卷所涉及的问题，分别选取被解释变量，解释变量和控制变量，利用描述性统计分析来描述社会支持的现状、老年人健康状况的三个维度以及老年人的个体特征，然后用有序多元 Logistic 回归模型和多元线形回归模型分析社会支持对老年人健康的三个维度产生什么样的影响及控制变量对老年人健康的影响。

二、变量选择

（一）被解释变量：老年人健康状况

本书在借鉴了已有的关于老年人健康研究文献的基础上，在衡量老年人健康状况时，认为不能仅仅依靠主观感觉观测进行评估，还应该结合客观的指标，另外本书基于所获得数据的可利用题设，对农村老年人健康这一变量进行了选取和设置，划分为三个维度：自评健康、心理健康及生活自理能力。具体的解释说明如下。

1. 自评健康状况

健康自评指标不但可以反映农村老年人客观的健康状况，还能反映老年人不同的社会支持需求和养老服务需求，由于其具有综合性，目前在学者研究老年人健康领域成为主要的测量指标。任勤，黄洁利用问卷当中自评健康来衡量老年人健康的状况；张苏，王婕也选取了自评健康作为衡量老年人健康的主要被解释变量。本书对于自评健康的评估主要是采用问卷健康和生活质量自评版块的"您如何评价自己当前的健康状况"将答案 1~5（数值越大，健康状况越不好）进行逆向赋值为 5~1，"无法回答"作为缺失值，将其所在样本删除，最终就是值越高，老年人的自我健康状况感觉越良好。

2. 生活自理能力

人体功能是遵循洗澡、穿衣服、上厕所、自主进行户外或者室内走动、能自己控制大小便、一日三餐靠自己进食，进行发育和完善，这六方面是从难到易顺序排列，ADL 指数（也叫 Katz 指数）按照这样一个顺序对人的生活自理能力进行衡量，在制定量表时，Katz 表示这个六个项目顺序最好不要随意变动，最后对每一项评估指标分为 1～3 个功能等级，数值与自理能力相反，数值越大，意味着人在这几个方面自理性越差，也就意味着要完全依赖别人帮助。基于此，本书选取了 CLHLS 日常活动能力版块的六个问题来衡量农村老年人的生活自理能力。如下表 5-1 所示。

表 5-1　生活自理能力测量表

变量名称	选用的问卷题设	赋值
生活自理能力	1. 您是否需要他人辅助洗澡？	1 = 需要 2 = 部分需要帮助 3 = 不需要任何帮助
	2. 您是否需要他人辅助您穿衣服（包括将衣服找出来）？	
	3. 您是否需要他人搀扶着上厕所？（包括用马桶如厕、上厕所时候脱衣服和穿衣服，上完厕所以后洗手）	
	4. 在室内进行一些简单的活动时是否需要他人帮助？（包括搀扶着站起来、坐下去等）	
	5. 是否需要他人帮助才能控制大便或者小便？	
	6. 是否需要他人辅助您才可以进食？	

最后对整个日常生活自理能力六个问题答案进行赋值、加总，得分越高，表明老年人穿衣、吃饭、如厕、室内活动、控制大小便、洗澡这几个方面的自理能力越好。

3. 精神健康状况

姚远、陈立新以 SCL-90《症状自评量表》为基础来衡量老年人心理健康水平，在《社会支持对老年人心理健康的影响》一文中采用了情绪稳定性和孤独程度指标来衡量老年人的心理健康状况。本书在借鉴已有文献的基础之上，选取问卷中的"您会经常产生紧张、害怕这种消极情绪吗？""您在日常生活当中，会经常产生孤独感吗？""随着年龄的增长，您会不会觉得年纪大了，自己一无是处呢？"对三个问题的答案从 1～5 进行赋值，对"无法回答"的样本进行删除，表示老年人产生这种消极情绪的频率随着数值的增大逐渐减少，也就是数值越高，老年人的心理健康状况越好。

（二）解释变量：社会支持

本书把社会支持定义为农村老年人获得的来源于社会和他人的所有物质性和情感性支持的总和，把社会支持分为经济支持、医疗可及、精神慰藉和社会交往。因此，本书选择了问卷中的 4 个问题对社会支持进行研究。

1. 经济支持

选取问卷中的"您现在的生活来源主要是什么？"进行衡量，其总共有 8 个选项，在数据处理过程中，本书对 8 个选项重新编码，将"2. 配偶"编码 1，表示来源于配偶的经济支持；将"3. 子女、4. 孙子女、5. 其他亲属"编码为 2，表示来源于子女和其他亲属的经济支持；将"1. 退休金、6. 当地政府或社团、7. 自己劳动或工作、8. 其他"编码为 3，表示来源于政府和社区的经济支持。

2. 医疗可及

选取问卷中的"您家与最近的医疗机构（包括各种大小型的乡镇卫生院、疾病预防中心等医疗服务机构）之间的距离有多远？"答案为连续变量，在数据处理过程中，将老年人的家到医院的距离取对数。

3. 精神慰藉

选取问卷中的 F11-1 "您平时与谁聊天最多？"进行衡量，问卷当中共有 10 个选项，在数据处理过程中，对这 10 个选项进行重新编码。"将 0. 配偶、1. 儿子、2. 女儿、3. 儿媳、4. 女婿、5. 孙子女或其配偶、6. 其他亲属、7. 朋友或邻居、8. 社会工作者、9. 保姆"编码为 1，表示老年人平时有人聊天，即有精神慰藉支持，将"10. 无人可说"编码为 0，表示老年人平时没人聊天，即无精神慰藉支持。

4. 社会交往

选取问卷中的"您是否参加社交活动？"进行衡量，问卷当中共有 5 个选项，在数据处理过程中，将"1. 几乎每天、2. 不是每天但每周至少一次、3. 不是每周但每月至少一次、4. 不是每月但有时"编码为 1，表明有参加社交活动。将"5. 不参加"编码为 0，表示没有参加社交活动。

（三）控制变量

根据已有的对老年人健康的研究文献，结合调查问卷和数据，筛选出代表老人特征的 10 个变量作为本书的控制变量。总共分四类：个人基本情况、家庭情况和社会经济特征、老年人的生活习惯。

1. 个人特征变量

（1）年龄

受访者的年龄在问卷中用"您的年龄是多少？"进行衡量，将该连续变量进行分类处理，按照不同的年龄段分为三种类型，具体的处理方式如下：65～75 岁的为低龄老人组，编码为 1，76～85 岁的为中龄老人组，编码为 2，大于85 的为高领老人组，编码为 3。

（2）性别

受访者的性别在问卷中选用"您的性别是？"进行衡量。选项包括 1. 男；2. 女。为了研究方便，对数据进行重新编码。将"1. 男"编码为 1，将"2. 女"编码为 0。

（3）受教育程度

受访者的受教育程度根据问卷中"您一共上过多少年的学？"进行衡量，被访问者的回答范围为 0～20，在数据处理的过程中，将受访者按教育程度进行划分，将"0 年"归为未受过教育，编码为 1；将"1～6 年"归为小学，编码为 2，将"7～9 年"归为初中，编码为 3；将 10 年以上归为初中以上，编码为 4。

（4）婚姻状况

被访问者的婚姻状况在问卷中用"您现在的婚姻状况是？"进行衡量，为了研究方便，将该 5 分类变量处理成 2 分类虚拟变量，只要是已婚的，不管与不与配偶住在一起，都归纳为现有配偶，编码为 1，对于离婚、丧偶和从未结过婚的归纳为现无配偶类型，编码为 0。

2. 家庭特征变量

（1）居住安排

被访问者的职业在问卷中体现为"您现在与谁住在一起？"将选项"1. 家人、3. 养老院"编码为"1. 与他人同住"将"2. 独居"编码为"0. 独居"。

（2）家庭总收入

被访者的家庭总收入用问卷中的，"去年一整年，你们全家总共收入了多少元（以元为单位进行衡量，直接填写数额）？"答案为 0～10 万元不等，在处理数据的过程中，对家庭总收入取自然对数。

（3）住房类型

被访者的住房类型选取问卷中的"您当前的住房属于那种类型"将答案"1. 独门独院的房舍"编码为"1. 单独房舍"将"2. 二家、三家或更多家户连在一起的平房"编码为"2. 平房"将"3. 1～3 层的公寓、4. 4 层以上的公寓（无电梯）、5. 4 层以上的公寓（有电梯）"编码为"3. 公寓"；将"6. 可移动的住家（包括房车和渔船上的住家）、7. 其他"编码为"4. 其他"

3. 社会经济特征

选取问卷中"您是否参加社会基本养老保险？"将答案进行编码处理，是编码为 1，否编码为 0。

4. 生活习惯

主要是选取了老年人是否抽烟喝酒来衡量老年人日常的生活习惯，选取了"您现在吸烟吗"将"1. 是"编码为 1，将"2. 否"编码为 0。另外选取了"您现在常喝酒吗"将"1 是"编码为 1，将"2. 否"编码为 0。表 5-2 为不同变量定义及赋值。

表 5-2　变量定义及赋值

变量类别	定义	赋值
被解释变量	自评健康	1＝很不好；2＝不好；3＝一般；4＝好；5＝很好
	心理健康	1＝很不好；2＝不好；3＝一般；4＝好；5＝很好
	生活自理能力	1＝很弱；2＝中等；3＝很强
解释变量	经济支持	1＝配偶；2＝子女和亲属；3＝政府和社区
	医疗可及	数值（千米）
	精神慰藉	1＝有；0＝无
	社会交往	1＝有；0＝无
控制变量	年龄	1＝低龄老人；2＝中龄老人；3＝高龄老人
	性别	1＝男；0＝女
	婚姻状况	1＝现有配偶；0＝现无配偶

变量类别	定义	赋值
	教育程度	1＝未受过教育；2＝小学；3＝初中；4＝初中以上
	家庭收入	数值（元）
	居住方式	1＝与他人同住；0＝独居
控制变量	住房类型	1＝独户；2＝平房；3＝公寓；4＝其他
	抽烟	1＝是；0＝否
	喝酒	1＝是；0＝否
	是否参加养老保险	1＝是；0＝否

三、研究假设

伴随着年龄增长和身体机能的衰退，农村老年人退出工作领域，缺乏收入来源，日常的生活起居变得困难，各项支出受到限制，甚至缺乏现金看病和购买基本的物质生存资料。与此同时，家与最近医疗机构之间的距离较远，交通成本高，外加看病贵，限制了老年人的医疗服务需求，医疗可及性对改善老年人健康状况起到了不可替代的作用，这方面也有很多学者已经有了相应的研究成果，顾大男研究证实患病时能够及时赶到医疗服务机构不仅可以显著提升老年人的自评健康水平，还可以加强其生活自理能力。杨慧康发现老年人能够及时获取医疗资源与其健康呈正相关关系。另一方面，随着城市化的加快推行，农村中大多年轻劳动力外出打工，农村中的空巢老人，失能失智老人越来越多，老年人身边无人陪伴，遇到心事和困难无人求助，老年人心理健康受到严重影响，孤独感和抑郁感日益加重，老年人应该转换思维，即使子女不在身边，他们还有邻居和朋友，应该走出家庭，积极参加社交活动，丰富自己的交际圈，根据马斯洛需求层次理论所提到的，人在解决了基本的温饱问题时，会有更高层次的需要出现，农村老年人在解决了基本的生存问题以后，也会追求更高层次的精神生活，社会交往不仅可以开阔老年人的视野，丰富其精神生活，还可以放松身心，使器官得到锻炼，从而可以改善老年人的健康状态。综上，本书主要提出以下四个研究假设。

第一，经济支持不仅可以改善农村老年人的自评健康及心理健康，此外，对于生活自理能力也有显著的正向影响。

第二，家与最近的医疗机构之间的距离越近，老年人的自评健康状况越好。

第三，老年人在日常生活当中能寻求到精神慰藉，可以改善老年人的自评健康，减少孤独感和抑郁症的发生，提高心理健康水平。

第四，提高参加社交活动的频率，老年人多去户外活动，结交更多的朋友，参加娱乐活动，对老年人的自评健康起到显著的改善，经常使器官得到锻炼，还可以加强老年人的生活自理能力。

四、模型构建

本书解释变量中的自评健康为有序多分类变量，分为"很好""好""一般""不好""很不好"，该答案为有序分级变量，适用于有序多分类 Logistic 回归模型。生活自理能力和心理健康为连续变量，故选择多元线形回归模型。

（一）有序多分类 Logistic 回归模型

设因变量为 Y：$Y=1$，表示农村老年人自评健康不好；$Y=2$，表示农村老年人自评健康很不好；$Y=3$，表示农村老年人自评健康一般；$Y=4$，表示农村老年人自评健康好；$Y=5$，表示农村老年人自评健康很好。影响被解释变量 Y 的 I 个解释变量依次记为 $X_1,X_2,\cdots,X_I$。那么，社会支持与老年人自评健康之间关系的一般表达式为

$$Y = \alpha + \beta X \tag{5-1}$$

P 表示农村老年人自评健康的不同程度发生的概率，那么 P 记为

$$P(Y \leqslant i) = P_1 + P_2 + \cdots + P_i \tag{5-2}$$

事件发生比（Odds）表示农村老年人自评健康的不同程度的概率之比，记作 $P_i/(1-P_i)$，其数学表达式为

$$\text{Odds}(Y \leqslant i) = \frac{P(Y \leqslant i)}{1-P(Y \leqslant i)} = \frac{P_1 + \cdots + P_i}{P_{i+1} + \cdots + P_{k+1}} \tag{5-3}$$

对农村老年人自评健康不同程度的概率之比取对数，即可得到关于社会支持与农村老年人健康状况之间有序多元回归的线形表达式

$$\ln\left[\frac{P(Y \leqslant i)}{1-P(Y \leqslant i)}\right] = \alpha + \sum_{i=1}^{m} \beta_i X_i \tag{5-4}$$

在式（5-1）～式（5-4）中，α 为常数项，m 表示自变量的个数，i 表示老

年人自评健康的不同程度，且 $1 < i < 5$，β 为自变量的系数，反应不同自变量对农村老年人自评健康的影响方向及程度。

（二）多元线形回归模型

由于老年人心理健康和生活自理能力为连续变量，因此本书选用多元线形回归模型来研究老年人的心理健康和生活自理能力，具体的模型设计如下：

$$Y = \alpha + \beta M + \delta Z + \varepsilon \qquad (5\text{-}5)$$

在上述公式中，Y 为农村老年人健康，其中包括心理健康和生活自理能力，α 为常数项，M 代表的是社会支持，其中包括经济支持、医疗可及、精神慰藉和社会交往，β 反映的是社会支持对老年人健康的影响方向及程度，Z 代表的是控制变量，δ 代表了控制变量对老年人健康的影响方向及程度，ε 为随机误差项。

第二节 社会支持对老年人健康影响的实证分析

一、描述性统计分析

（一）老年人健康状况

在样本的自评健康评价中，为"很不好"的老年人有 49 人，占比 1.83%，为"不好"的有 415 人，占比 15.51%，为"一般"的老年人有 1 114 人，占比 41.63%，为"好"的老年人有 824 人，占比 30.79%，为"很好"的老年人有 274 人，占比 10.24%：心理健康为连续型变量，数值是 3～15，平均值为 11.18，标准差为 2.28，可知大部分的农村老年人心理健康状况良好：生活自理为连续型变量，数值是 6～18，平均值为 17.34，标准差为 1.77，可知大部分的农村老年人生活自理能力都很好，这可能是因为农村老年人常年务农或者做一些繁重的体力劳动，器官经常得到锻炼，不仅抑郁情绪较低，生活自理能力也较好。

（二）社会支持的状况

样本中经济来源于配偶的有 79 人，占比 2.95%，来源于子女和其他亲属的有 1 605 人，占比 59.98%，来源于政府和社团的有 992 人，占比 37.07%，平均值为 2.34，标准差为 0.53，可知农村大部分老年人的经济来源都是来源于子女和其他亲属，农村老年人在年轻的时候大多是从事体力劳动，但是在进入老年以后，体能和身体器官衰老，没有收入，大部分是依赖于子女和政府的扶持。医疗可及是连续型变量，从样本中可知，农村老年人家离最近的医疗机构的是 0 公里，最远的是 50 公里，众数为 1 公里，可知大部分老年人家离最近的医疗机构的距离都很近，随着我国医疗水平的进步，基层医疗条件的改善，大部分老年人生病时都能获得及时的救治。有精神慰藉的老年人是 2 601 人，占比 97.2%，无精神慰藉的老年人有 75 人，占比 2.8%，大部分的农村老年人在精神方面都可以寻求到安慰。几乎不参加社交活动的老年人有 2 242 人，占比 83.78%，参加社交活动的有 434 人，占比 16.22%，可以得知，大部分的农村老年人都不参加社交活动，一方面是因为农村娱乐设施不全面，缺少基础锻炼器材和场地，另外很多农村地区没有路灯，天黑以后就早早睡觉没有任何娱乐活动，大部分老年人的社交方式也就是打打牌，坐在一起聊聊天，另一方面可能是因为农村老年人缺少参加社交活动的积极性。

（三）老年人个体和家庭特征

样本中年龄在 65 至 75 的老年人有 584 人，占比 21.82%，年龄在 76 至 85 的老年人有 966 人，占比 36.10%，年龄在 86 以上的老年人有 1 126 人，占比 42.08%，可知调查样本中，大部分都是高龄老年人，女性老年人有 1 459 人，占比 54.52%，男性老年人有 1 217 人，占比 45.48%，现无配偶的老年人有 1 539 人，占比 57.51%，现有配偶的有 1 137 人，占比 42.49%；在受教育方面，未受过教育的老年人有 1 503 人，占比 56.17%，小学水平的老年人有 950 人，占比 35.5%，初中水平的老年人有 162 人，占比 6.05%，初中以上的老年人有 61 人，占比 2.28%，可知大部分的农村老年人都是未受过教育的，这主要是因为大部分农村老年人在年轻时家庭条件比较艰苦，一方面交不起学费，另一方面要很早的就离家务工赚钱补贴家用，因此基本上都没接受过教育；在家庭收入方面，家庭收入最少的为 0 元，最多的为 99 998 元，在家庭收入方面，差距是比较大的，有些老人可以通过技能、养殖或务农等创造收入，但是也有失能或者空巢高龄的老人，无法劳动，没有任何收入；在生活方式方面，不抽烟的老年人有 2 145 人，占比 80.16%，抽烟的老年人有 531 人，占比 19.84%；不喝酒的老年人有 2 224 人，占比 83.11%，喝酒的老年人有 452 人，占比 16.89%，可知大部分的农村老年人都没有抽烟喝酒的习惯；在居住方式方面，有 2 159 人与他人同住，占比 80.68%，有 517 人独居，占比 19.32%，可知大部分的农村老年人都是与他人同住；参加养老保险的有 1 599 人，占比 59.75%，没有参加养老保险的有 1 077 人，占比 40.25%，即使是实行了新农保，但是也有大部分的农村老年人没有被纳入养老保险体系中来，一方面可能是制度原因，另一方面是农村老年人受自身经济条件限制的原因。表 5-3 为变量描述统计表。

表 5-3　变量描述统计表

变量	变量含义与赋值	频数	百分比/%	均值	标准差	最小值	最大值
被解释变量							
自评健康	1=很不好	49	1.83				
	2=不好	415	15.51				
	3=一般	1 114	41.63	3.32	0.92	1	5
	4=好	824	30.97				
	5=很好	274	10.24				
心里健康	连续数值	—	—	11.18	2.28	3	15
生活自理能力	连续数值	—	—	17.34	1.77	6	18
解释变量							
生活来源	1=配偶	79	2.95				
	2=子女和亲属	1 605	59.98	2.34	0.53	1	3
	3=政府和社团	992	37.07				
医疗可及	数值（千米）	—	—	0.10	0.52	0	3.93
精神慰藉	0=无	75	2.80	0.97	0.17	0	1
	1=有	2 601	97.20				
社交活动	0=无	2 242	83.78	0.16	0.37	0	1
	1=有	434	16.22				
控制变量							
年龄	1=低龄老人	584	21.82	2.20	0.77	65	114
	2=中龄老人	966	36.10				
	3=高龄老人	1 126	42.08				

变量	变量含义与赋值	频数	百分比/%	均值	标准差	最小值	最大值
性别	0＝女	1 459	54.52	0.45	0.50	0	1
	1＝男	1 217	45.48				
婚姻状况	0＝现无配偶	1 539	57.51	0.42	0.49	0	1
	1＝现有配偶	1 137	42.49				
受教育程度	1＝未受过教育	1 503	56.17	1.54	0.71	1	4
	2＝小学	950	35.50				
	3＝初中	162	6.05				
	4＝初中以上	61	2.28				
家庭收入	数值（元）取对数	—		9.60	1.63	0	11.51
抽烟	0＝否	2 145	80.16	0.20	0.40	0	1
	1＝是	531	19.84				
饮酒	0＝否	2 224	83.11	0.17	0.37	0	1
	1＝是	452	16.89				
居住方式	0＝独居	517	19.32	0.80	0.39	0	1
	1＝与他人同住	2 159	80.68				
参加养老保险	0＝否	1 077	40.25	0.40	0.49	0	1
	1＝是	1 077	40.25				
住房类型	1＝独户	1 826	68.24	1.15	0.81	1	4

二、社会支持与老年人健康的相关分析

相关分析是分析两个或者两个以上变量之间相互关联程度的一种常用的统计方法，对于分析结果会展示不同变量之间的相关系数，其最小值为－1，最大值为1，将社会支持和老年人健康两变量进行相关分析后，如果结果为负，表示社会支持中的某一变量与老年人健康呈负相关，结果为正，表示社会支持中的某一变量与老年人健康呈正相关，且如果两变量之间的系数绝对值越接近于1，表明两变量之间关联越密切。本书将社会支持按照内容划分为经济支持、医疗可及、精神慰藉和社会交往，农村老年人健康分为三个维度，分别是自评健康、心理健康和生活自理能力。本书就是要运用这种分析方法来探究社会支持与农村老年人健康之间关联程度有多高，社会支持中的四个变量是否对老年人健康都发挥作用。以下是社会支持和农村老年人健康的相关分析结果可知。

在自评健康方面，经济支持与自评健康在1%的统计水平上显著，并且系

数为正，表明经济支持可以加强老年人的自评健康。医疗可及与自评健康在
1%的统计水平上显著，但系数为负，说明家离最近的医疗机构越远的老年人
自评健康越差，精神慰藉与老年人的自评健康在5%的统计水平上显著，其系
数为正，说明有精神慰藉的老年人比没有精神慰藉的老年人自评健康状况好，
社会交往与自评健康的相关性水平为0.01，系数为0.103，表明有社交活动的
老年人比没有参加社交活动老年人自评健康状况好。在心理健康方面，经济支
持与心理健康在1%的统计水平上显著，且系数为正，说明经济支持可以改善
老年人的心理健康状况，精神慰藉与心理健康在1%的统计水平上显著，且系
数为正，有精神慰藉的老年人心理健康状况比没有精神慰藉的老年人好，社会
交往与心理健康的相关水平为0.01，系数为0.06，表明社交活动可以改善老年
人的心理健康。在生活自理能力方面，经济支持与生活自理能力在1%的统计
水平上显著，且系数为正，说明经济支持可以改善老年人的生活自理能力，社
会交往与生活自理能力的显著性水平为0.01，系数为0.113，表明社交活动可
以加强老年人的生活自理能力。详如表5-4所示。

表5-4　社会支持与老年人健康的相关性

变量	自评健康	心理健康	生活自理能力	经济支持	医疗距离	精神慰藉	社会交往
自评健康	1						
心理健康	0.369**	1					
生活自理能力	0.149**	0.120**	1				
经济支持	0.052**	0.070**	0.095	1			
医疗距离	−0.065**	−0.008	−0.028	−0.046	1		
精神慰藉	0.040*	0.070**	0.010	−0.014	0.020	1	
社会交往	0.103**	0.060**	0.113**	0.110**	−0.029	0.013	1

注：**在0.01水平（双侧）上显著相关，
　　*在0.05水平（双侧）上显著相关。

三、社会支持与老年人健康回归结果分析

（一）社会支持对农村老年人自评健康的回归结果分析

本部分主要是实证分析社会支持对农村老年人自评健康的影响。表5-5分

别列出了不加入控制变量模型Ⅰ和加入控制变量模型Ⅱ之后社会支持对农村老年人自评健康状况的回归结果。总体来看，两个模型的显著性都是 0.000，模型Ⅰ的 R 方为 0.006 8，加入了控制变量以后，R 方上升为 0.021，模型的拟合效果进一步提升。

模型Ⅰ中，医疗可及与老年人自评健康在 1%的统计水平上显著，其系数为−0.212，说明家离最近的医疗机构越远的老年人其自评健康越差，老年人患病时不能及时赶到就近的医疗服务机构，错过最好的治疗时机，不仅会使其疾病程度加深，而且还会加重其心理负担，老年人会因为疾病所带来的身体功能降低而感到自卑，因此医疗的及时性对老年人的身心健康都发挥着举足轻重的作用。精神慰藉与老年人自评健康在 1%的统计水平上显著，其系数为 0.465，可知有精神慰藉的老年人自评健康是没有精神慰藉老年人的 3.54 倍，社会交往与老年人自评健康在 1%的统计水平上显著，其系数为 0.487，可知参加社会交往的老年人自评健康是不参加社会交往老年人的 1.63 倍。

模型Ⅰ加入了人口学基本特征和家庭基本特征及社会经济特征和生活习惯等控制变量以后，模型仍然具有显著性，并且模型的拟合效果更好，在模型Ⅱ中，医疗可及与自评健康仍在 1%的统计水平上显著，系数依然为负，可知家离最近的医疗机构越远，老年人自评健康越差。精神慰藉与自评健康仍在 1%的统计水平上显著，系数为 0.595，可知有精神慰藉的老年人自评健康是没有精神慰藉的老年人的 1.81 倍。社会交往与自评健康仍在 1%的统计水平上显著，系数为 0.486，可知参加社会交往的老年人的自评健康是不参加社会交往老年人的 3.75 倍。经模型检验发现经济支持对农村老年人的自评健康没有显著影响。

控制变量方面，高龄老年人相对于低龄老人自评健康状况更好，可能是因为高龄老人不需要再照顾其子女的孩子，也不需要做繁重的体力劳动，生理和精神方面的压力较小，不容易受到生活上的烦心事影响，膝下儿孙环绕，因此健康状况也比较好。在教育程度方面，初中学历的老年人，他们的自评健康状况会比未接受过任何教育的老年人稍微好一些，有一定的学历、接受过教育的老年人可以通过看书，看报纸等消遣时间愉悦身心，了解社会动态发展，紧跟时代步伐，其健康状况相对来说也会更好一点。在家庭收入方面，收入水平越高的老年人其自评健康状况越好。在生活习惯方面，抽烟喝酒的老年人自评健康较不抽烟喝酒的老年人更好，主要是因为老年人遇到烦心事或者压力大、身体比较累的时候，通过抽烟喝酒也是一种发泄方式，通过这种方式排遣不开心，老年人的健康也会有所改善。在住房类型中，居住在多户连在一起的平房中的老年人相较于独户居住的老年人健康状况更好。如表5-5所示。

表 5-5 社会支持对农村老年人自评健康的回归结果

变量类型及名称		模型 I		模型 II	
		系数	标准差	系数	标准差
经济支持	子女和亲属（配偶）	0.063	0.216	_0.059	0.226 3
	政府和社团	0.213	0.219	0.060 9	0.228 1
医疗可及	数值（公里）	_0.212***	0.068	_0.205 4***	0.069 0
精神慰藉	有（无）	0.465**	0.223	0.595 1***	0.225 1
社会交往	参加（不参加）	0.487***	0.097	0.486 1***	0.100 5
年龄	中龄（低龄）			_0.014 6	0.100 4
	高龄			0.221 6**	0.108 3
性别	男（女）			_0.014 4	0.091 2
婚姻状况	现有配偶（现无配偶）			_0.048 2	0.093 8
受教育程度	小学（未受过教育）			_0.079 9	0.086 5
	初中			0.428 4***	0.164 1
	初中以上			_0.003 8	0.245 0
家庭收入	数值（元）			0.152 4***	0.031 1
是否抽烟	是（否）			0.208 2**	0.100 1
是否喝酒	是（否）			0.557 2***	0.104 3
居住方式	与他人同住（独居）			_0.052 0	0.105 2
是否参加养老保险	是（否）			0.030 5	0.075 0
住房类型	平房（独户）			_0.219 6**	0.110 3
	公寓			0.129 7	0.097 3
	可移动住家			0.254 2	0.437 2
Prob＞F		0.000 0		0.000 0	
R-squared		0.006 8		0.021 1	
Observations		2 676		2 676	

注：$N=2676$；***$P<0.01$，即在 1%的水平上显著；**$P<0.05$，即在 5%的水平上显著，*$P<0.1$，即在10%的水平上显著。

（二）社会支持对农村老年人心理健康的回归结果分析

本部分主要是实证分析社会支持对农村老年人心理健康的影响。表 5-6 分别列出了不加入控制变量模型 I 和加入控制变量模型 I 之后社会支持对农村老年人心理健康状况的回归结果。两个模型的显著性都是 0.000，模型 I 的 R 方为 0.018，加入了控制变量以后，R 方为 0.060，模型的拟合效果进一步提升。

表 5-6　社会支持对农村老年人心理健康的回归结果

变量类型及名称		模型 I		模型 II	
		系数	标准差	系数	标准差
经济支持	子女和亲属（配偶）	_0.676***	0.216	_0.525**	0.266
	政府和社团	_0.238	0.265	_0.299	0.268
医疗可及	数值（千米）	_0.006 22	0.083 6	_0.009 81	0.083 0
精神慰藉	有（无）	0.948***	0.265	0.856***	0.263
社会交往	参加（不参加）	0.303**	0.120	0.174	0.120
年龄	中龄（低龄）			_0.032 9	0.120
	高龄			0.074 8	0.129
性别	男（女）			0.152	0.110
婚姻状况	现有配偶（现无配偶）			0.248**	0.113
受教育程度	小学（未受过教育）			0.187*	0.105
	初中			0.406**	0.198
	初中以上			0.324	0.300
家庭收入	数值（元）			0.160***	0.037 1
是否抽烟	是（否）			0.172	0.120
是否喝酒	是（否）			0.366***	0.125
居住方式	与他人同住（独居）			0.262**	0.128
是否参加养老保险	是（否）			0.062 2	0.089 7
住房类型	平房（独户）			_0.136	0.132
	公寓			0.429***	0.118
	可移动住家			0.111	0.542
Constant		10.71***	0.375	8.509***	0.512
Prob>F		0.000 0		0.000 0	
R-squared		0.018		0.060	
Observations		2 676		2 676	

注：$N=2\,676$；***$P<0.01$，即在 1%的水平上显著；**$P<0.05$，即在 5%的水平上显著，*$P<0.1$，即在 10%的水平上显著。

　　模型Ⅰ中，来源于子女和其他亲属的经济支持对农村老年人心理健康在1%的统计水平上显著，其系数为−0.676，可知子女和其他亲属对老年人的经济支持对老年人的心理健康有负向影响。精神慰藉与老年人的心理健康在1%的统计水平上显著，其系数为0.948，可知有精神慰藉的老年人心理健康比没有精神慰藉的老年人更好。社会交往与老年人心理健康的显著性水平为0.05，系数为0.303，可知参加社交活动可以缓解老年人的消极情绪，增强老年人的心理健康水平。

　　模型Ⅱ在加入控制变量以后，子女和亲属的经济支持与老年人心理健康在5%的统计水平上显著，其系数为−0.525，可知子女和亲属经济支持对老年人的心理健康呈显著的负向影响，这可能是因为子女给予的经济支持削弱了老年人的成就感，使老年人觉得自己一无是处而且还成了子女的负担，产生自卑感，所以其心理健康状况会比较差，这方面也有学者得出类似结论，郑涌、杨晶晶认为子女为父母提供的帮助控制在合适的范围内对老年人健康会产生积极作用，但是如果提供过度的帮助会抑制老年人的积极性，对其身心健康反而不利。所以，代际支持要在提供帮助和接受帮助上把握两者间的平衡，子女对父母的代际支持应该控制在一定的范围之内，才会对老年人身心健康起到积极作用。精神慰藉与老年人的心理健康在1%的统计水平上显著，其系数为0.856，可知有精神慰藉的老年人的心理健康是没有精神慰藉老年人的2.353倍。

　　在控制变量方面，目前有配偶的老年人心理健康状况优于那些丧偶、离婚或者从未结过婚的老年人，因为家里有配偶的话，老年人在遇到困难或者烦恼时就有了倾诉对象，夫妻之间相互扶持也会减少老年人孤独感和抑郁症状的发生。在受教育程度方面，小学和初中学历的老年人心理健康状况较未受过教育的老年人更好。家庭收入越高的老年人心理健康状况越好。喝酒的老年人心理健康水平优于不喝酒的老年人，俗话说得好"借酒消愁"，遇到不开心的事情时，喝酒也是一种排遣方式，将内心的不愉快排遣出去，老年人患抑郁症的概率也会降低。与他人同住的老年人心理健康状况比独居的老年人好，与他人同住的老年人不管是身体上还是心灵上都能得到照顾，遇到困难时能够得到及时的帮助，平时也有人陪着说话谈心聊以慰藉。住多人或者多层公寓的老年人心理健康状况较住独门独户的老年人好。

（三）社会支持对农村老年人生活自理能力的回归结果分析

本部分主要是实证分析社会支持对农村老年人生活自理能力的影响。表 5-7 分别列出了不加入控制变量模型 I 和加入控制变量模型 II 之后社会支持对农村老年人生活自理能力状况的回归结果。两个模型的显著性都是 0.000，模型 I 的 R 方为 0.022，加入了控制变量以后，R 方为 0.090，模型的拟合效果进一步提升。

表 5-7　社会支持对农村老年人生活自理能力的回归结果

变量类型及名称		模型 I		模型 II	
		系数	标准差	系数	标准差
经济支持	子女和亲属（配偶）	_0.164	0.202	0.096 1	0.203
	政府和社团	0.182	0.205	0.234	0.205
医疗可及	数值（公里）	_0.065 1	0.064 7	_0.068 4	0.063 4
精神慰藉	有（无）	0.094 4	0.205	0.071 1	0.201
社会交往	参加（不参加）	0.489***	0.092 5	0.301***	0.091 7
年龄	中龄（低龄）			_0.125	0.091 8
	高龄			_0.722***	0.098 5
性别	男（女）			_0.150*	0.084 2
婚姻状况	现有配偶（现无配偶）			0.235***	0.086 0
受教育程度	小学（未受过教育）			0.120	0.079 9
	初中			0.066 5	0.151
	初中以上			0.048 6	0.229
家庭收入	数值（元）			0.057 0**	0.028 3
是否抽烟	是（否）			0.255**	0.091 6
是否喝酒	是（否）			0.336***	0.095 2
居住方式	与他人同住（独居）			_0.582***	0.097 4
是否参加养老保险	是（否）			0.075 7	0.068 5
住房类型	平房（独户）			0.273***	0.101
	公寓			0.026 3	0.089 8
	可移动住家			_0.048 3	0.414
Constant		17.27***	0.290	17.22***	0.391
Prob＞F		0.000 0		0.000 0	
R-squared		0.022		0.090	
Observations		2 676		2 676	

注：$N=2\,676$；***$P<0.01$，即在 1%的水平上显著；**$P<0.05$，即在 5%的水平上显著，*$P<0.1$，即在 10%的水平上显著。

　　模型 I 中，社会交往与老年人生活自理能力的显著性水平为 0.01，系数为 0.489，表明参加社会交往可以加强农村老年人的生活自理能力，老年人融入社交活动中使身体经常得以锻炼，对其身心健康都百利而无一害。医疗可及虽然没有通过显著性检验，但是可以看出其系数为负，说明家离最近医疗机构越远的老年人生活自理能力越差。精神慰藉也没有通过显著性检验，但是系数为正，说明有精神慰藉的老年人生活自理能力比没有精神慰藉的老年人好。

　　模型 II 在加入控制变量以后，社会交往与农村老年人生活自理能力显著性水平依然为 0.01，系数为 0.301，可知经常进行社会交往的老年人，他们的生活自理能力是那些不经常进行社会交往的 1.35 倍。经济支持、医疗可及和精神慰藉仍然没有通过显著性检验。

　　在控制变量方面，高龄老人的生活自理能力较低龄老人的差，因为高龄老人伴随着年龄的增长，身体器官、活动能力等方面都在衰退，生活自理能力也会变得相对较差。男性老人的生活自理能力较女性老人的差，这可能是因为女性在家庭中承担了主要的家务活，常年的体力劳动使其生活自理能力也更好，这一点可以用"用进废退"来解释，另外男性老人在年轻时充当家里的主要劳动力，主要是在外务工赚钱，对家务劳动和日常起居琐事不熟练，因此在退出劳动领域以后，生活自理能力也较差。在家庭婚姻特征方面，目前有配偶的比目前没有配偶（比如离婚、丧偶或者从未结婚）的相对好一些。在家庭经济情况方面，锦衣玉食的老年人其生活自理能力也较好，因为家庭收入高的老年人可以获得更好的医疗服务，不会因为家庭经济状况拮据而在生病时不敢就医，医疗保健需求也能得到满足。抽烟喝酒的老年人生活自理能力也较不抽烟喝酒的老年人好。与他人同住的老年人生活自理能力相较于独居的老年人更差，可能是因为农村老年人如果是与配偶和子女同住或者居住在养老院，这种情况下就会有人帮忙照料，而老年人也会形成依赖，过度依赖他人的照顾，自己的生活自理能力也就下降。住在很多户连在一起的平房的老年人，其生活自理能力相较于独门独户居住的老年人好。

第三节 实证研究归纳总结及其相关政策建议

一、实证研究归纳总结

中国的老龄化进程不断地加深，城市化进程也在加快，大量农村年轻劳动力外出务工，农村老年人的健康问题日益突出。本书利用中国老年人健康长寿影响因素调查（CLHLS）数据，采用 Stata14.0 分析软件，根据研究要求剔除相关数据后，建立有序多元 Logistic 回归模型和多元线形回归模型，通过实证分析得到如下结论。

第一，医疗可及对农村老年人的自评健康具有显著的负向影响。本书通过样本回归分析可得家离最近医疗机构的距离对农村老年人自评健康状况存在显著的负向影响，即家与最近的医疗机构距离越远，农村老年人的自评健康状况越差。农村老年人在患重病时能够得到及时治疗有利于改善老年人自评健康状况。一般来说老年人进入老年以后，身体机能和自理能力也会相应的变差，尤其是农村老年人，很少参加定时体检和不注重养生，年轻时候又从事的大多都是又苦又累的体力活，容易落下病根，有一些疾病会毫无征兆的发作，在疾病发生时如果不能获得就近的医疗机构治疗，会使疾病进一步加重，原来可以治愈的疾病，但是却因为就医不及时，不能赶到最近的医疗机构，病情被耽误，病情进一步的加深。另外因为疾病所带来的心理伤害也是不可逆的。因此，老年人为了避免疾病损害其健康，在发病时一定要第一时间赶到医疗服务机构，这样一来就可以加强对老年人的健康保障，老年人是否能赶到就近的医疗机构，其中一个影响因素就是老年人家庭到最近医疗机构的距离，也就是医疗服务的可获得性。医疗服务机构的距离也影响了老年人的就诊率，很多小病直接在家附近的卫生所或者社区服务站能够得到及时治疗，不但可以改善老年人的健康状况，还可以加强老年人的安全感。想要改善老年人的社会支持网络，医疗支持网络也是其中很重要的一部分，老年人的社会支持获取不仅是来源于家庭内部的，还应该包括一些政府和社区提供的物质和实质性的。在农村多增设一些卫生服务点，保证每个村都能就近治疗，以及农村居民在生病时都能获得及时救助，对农村老年人的健康水平得到极大提升。

第二，精神慰藉对农村老年人的自评健康和心理健康具有显著的正向影响。

因为在农村大多是留守老人，很多年轻劳动力外出务工，老年人没有可以聊天和倾诉的对象，大部分老年人都是在家务农兼照护孙子女，不仅身体上有负担，精神上也有压力。遇到不开心或者情绪低落的时候只能自我消化，如果有配偶，可以和配偶倾诉，没有配偶的就无人诉说，长此以往，对老年人的心理造成很大的影响。老年人遇到心事或想法，能够有人诉说或者在日常生活中能有人陪伴聊天等，都可以宽慰老年人的心灵，及时抒发心理的不愉快，降低他们失落感，使老年人对生活充满向往，减少其抑郁症和孤独感的发生，对其认知功能也会带来积极作用，相较于那些不能获取精神慰藉的老年人，获取的精神慰藉越多，老年人的自评健康也会更好，为了改善老年人的心理健康，增强其生活的积极性，可以鼓励子女多回家看看，给予老年人精神慰藉支持。另外从大的方面来说，可以振兴乡村，让农村青壮年在家乡就可以获得工作机会，不用远离家乡外出务工，一边可以陪伴父母和孩子，给老年人提供日常起居照料，一边也能降低生活压力，家庭内部支持也是社会支持中不可或缺的一部分，改善老年人健康需要发挥家庭的作用，注重家庭扶持，内部和外部的社会支持网络尽可能的完善，对老年人的生理和心理健康的改善都有显著提升。

第三，参加社会交往的老年人，自评健康和生活自理能力优于不参加社会交往的老年人。

因为农村老年人常年缺乏体育锻炼，也很少会去医院进行体检，平时生活中也很少注意养生，身体器官是用进废退的，生命在于运动，人一旦闲下来，对身体器官的保健作用也很不利。积极参加社交活动可以丰富农村老年人的晚年生活，开阔其视野，增加老年人社会网络的紧密度，结交更多的朋友，对其自评健康都具有显著的正向影响。另外，经常参加社交活动会使得老年人的身体器官得到锻炼，对其生活自理能力也会带来显著的促进作用。社交活动还可以提升老年人的生活积极性，在参加社交的同时，可以经常与志同道合的人聊聊天，获取新知识，老年人身心也会愉悦。现阶段我国的农村老年人可以参加的社交活动有限，不仅是因为场地的限制，也因为基础设施并不完善。城市老年人饭后可以在公园散步，在广场跳广场舞等，但是农村的基础设施不发达，甚至很多偏远地区连路灯都没有安装，老年人日出而作，日落而息，没有精神活动，天黑了以后就早早休息，为了能提供便利的社交活动场合和机会，政府应该在农村增设基础设施，比如村村通，修路，便利各村之间的交通，安装路灯，在村中心开发一片土地，适当的投放一些基础设施锻炼器材，或者在村委会举行一些集体活动，鼓励农村老年人的参与，让老年人参与到活动中来，彻底释放身体和精神的压力，锻炼其身体，调动他们的积极性，社会网络的扩大有利于老年人获取实时信息，掌握有利于改善健康的方法和生活习惯，从整体上改善老年人的健康水平，加快实现健康老龄化。

第四，子女和其他亲属的经济支持对老年人的心理健康有显著的负向影响。

这可能是因为接受来自子女和其他亲属的支持，会削弱老年人的成就感，让其感觉到自己的家长地位被弱化，年轻时期，男性扮演家庭的主要劳动力，承担一个家庭的负担，依靠种田或者外出务工为家庭带来收入，但是伴随着身体机能的衰退，他们不能再依靠自己的劳动养活自己甚至是家人，而必须是从子女和其他人那里获取过多经济来源会使他们觉得自己是儿女的累赘和负担，对子女感到亏欠，从年轻时候的给予转变为年老时候的依赖，而且那种自豪感和一家之主的地位被降低。因此，其心理健康也就受到影响。也有学者得出类似结论，宋璐、李树茁研究发现虽然子女的生活照料和经济支持对与老年人健康有相关关系，但是子女给予的生活照料过多反而对男性老年人的健康状况不利，给予的经济支持过多反而会对女性老人不利。费尔德曼发现对男性老年人来说，子女提供工具性支持对其健康不利，因为男性老年人在年轻时充当主要劳动力，在丧失收入来源时接受来自子女的扶持会削弱其自豪感，而子女提供的经济性支持与女性老年人的自评健康状况呈负相关。老年人在晚年也想获得尊重，我们应该尊重老年人的意愿，给他们创造能依靠自己能力获取生活来源的条件，比如靠土地种菜、卖菜，种植新鲜蔬果，满足其自给自足的生活，农村老年人除了医疗方面，对生活的要求水平是非常低的，所以子女与其给予老年人经济支持不如多给予精神支持和生活照料，多陪伴老人聊聊天，在家务劳动和日常作息方面给予其帮助，保障老年人晚年生活也能体面和有尊严的生活。

第五，在控制变量方面，年龄对农村老年人的自评健康有正向影响，对生活自理能力有负向影响，随着年龄的增长，老年人对生活中的变故心理承受能力也提升了，世事变迁很难影响老人的心境。但是随着老年人身体机能退化，日常生活起居，穿衣吃饭和上厕所逐渐变得困难，生活自理能力变差，这时候子女的生活照料显得尤为重要。女性老年人的生活自理能力比男性老年人好，因为女性老年人自始至终一直承担着家务劳动，洗衣烧饭，打扫卫生，长此以往熟能生巧，生活可以有条不紊，但是男性老年人年轻时主要承担的是经济重担，很少做家务劳动，日常生活起居的事情也很少涉及，因此退出劳动领域以后，自理能力也相对较差；现有配偶的老年人其自评健康和心理健康比现无配偶的老年人好，因为有配偶的话，无论是生活上还是精神上都可以得到安慰和帮助；接受过小学和初中教育的老年人其心理健康和自评健康比未接受过教育的老年人好，主要是因为受教育程度高的老年人可以通过读书、看报和上网等方式了解社会的动态发展，紧跟时代步伐，同时还可以放松身心。因此，健康状况也比较好；家庭收入越高对老年人的自评健康、心理健康和生活自理能力越好，家庭收入高的老年人可以享受很好的医疗条件，饮食起居也能有所提升，而且在满足家庭生活基础之上还能享受精神生活，跟老伴出去旅游或者进行医疗保健等，另外也可以有多余的钱补贴子女，自豪感和存在感得到提升，相应的心理健康水平也得到提升；在日常生活中，有抽烟喝酒习惯的老年人自评健康、心理健康和生活自理能力好；与他人同住对老年人心理健康有显著的正向影响，但是对生活自理能力有显著的负向影响；居住在多户连在一起的平房和多层公寓的老年人健康状况比独门独户居住的老年人好，多户连在一起的老年人，日常生活中可以一起坐着聊聊天，互相聊家常，遇到问题和困难可以及时找邻居求助。遇到不开心的事也可以找邻居倾诉，心理健康状态相应的会得以改善，从这一角度出发，在农村建立养老院，将高龄老人集中供养不失为一个合理的方式方法。

二、相关政策建议

通过对研究结果的分析和整理，结合我国未富先老，家庭养老功能弱化和经济新常态的现实背景，为了改善农村老年人健康状况，本书提出以下对策建议。

（一）发挥政府与社会的积极作用，提高农村老人的经济保障水平

在老龄化趋势加快、经济体制改革和人口大规模流动等的大背景下，我国传统的家庭养老模式已经不能适应社会的动态发展和老年人对于养老服务方

面的需求。为了让农村老年人"老有所养",给他们营造一个幸福的晚年生活氛围,不仅需要家庭和自身的共同努力,而且还需要国家和政府发挥重要作用,农村养老最缺乏的是资金和服务。政府需要建立一套完备的社会支持系统来保障老年人的生活水平。

一方面我国虽然已经建立了养老保障体系,但是我国的社会基本养老保险起步晚,发展慢,总体保障水平低,并且大多数老年人在年轻时并未缴纳养老费用,在进入老年以后也仅仅是获得微薄的养老金不足以支撑老年人的基本生活开支,政府应适当提高养老金水平,将更多老年人纳入养老保障体系当中。

另一方面农村老年人的经济状况直接影响了其参加社会保障的能力,农村老年人面临的养老问题最主要的就是缺少收入来源,自己供养自己的能力不足。没有稳定的经济来源,老年人就不能很好的安享晚年。我国农村老年人家庭经济状况普遍较差,家庭经济水平这一要素在老年人的日常生活中是很重要的,也是提高老年人健康水平必须要考虑的因素,政府当务之急是完善最低生活保障制度,随着经济发展,物价水平提高,原本的补贴标准已经不能维持农村老年人的基本生活,补贴标准应随着物价水平动态调整。对于家庭特别贫困的农村老年人,抓住精准扶贫的契机,提高扶贫的效率,健全贫困救助制度,改变单纯依靠政府财政划拨的单调局面,拓宽救济金的来源渠道,如社会福利机构捐赠的慈善资金及村里部分发达的村民反哺捐赠的资金。另外农村里有很多留守的高龄老人,其日常生活需要长期看护,但是在当今社会请护工成本非常高,另外护工的素质和专业技能也有待进一步的提升,这就亟待政府在农村开展居家养老模式,破解高龄老人、失能老人的养老难题。与此同时,国家在做出相应的改善老年人长期护理方面的举措时,应从长期利益出发做好长远规划,在这方面可以借鉴荷兰和德国为老年人建立的长期护理制度。

(二)提高农村医疗服务供给能力,丰富农村医疗服务内容

医疗条件在老年人健康状况改善中发挥着重要作用,也可以预防老年人因病致贫和因病返贫,农村老年人生病时经常会拖着不去看病,不仅是因为看病贵,还因为很多老年人居住在偏远地区的山村,就近的地方根本没有医疗卫生服务机构,出去看病的时间和交通成本也比较高,在生病时不能及时赶到医院也限制了老人的医疗方面消费,降低老人健康水平。在基层增设卫生院,通过

农村广播或者居委会宣传栏告知农村老人卫生院的联络电话，这不仅可以方便老年人随时就诊看病，也有利于分级诊疗的推行，我国当前的就医现象就是不管大病还是小病，人们都往大医院跑，导致基层医院基本是闲置状态。另外随着"村村通"的推行，政府也应该在农村开展方便村民进城看病的专线班车，由于很多农村到市里距离很远，还没有通往城市的公共汽车，老年人患重病需要到大医院治疗时求助无门，这就需要为老年人创造便利的交通，使老年人生病时能够及时赶到医疗服务机构。加大对基层医疗机构的器械和资金投入，定期给乡镇卫生院的医护人员进行培训，更新他们的知识和技术，提高基层医疗机构医护人员的专业水平，此外政府通过制度方面的支持和奖励来吸引优秀的医疗服务人员愿意扎根在基层，为农村老年人的健康服务，以此改变我国现在优秀的医生都往大医院和大城市跑的现状，另外可以在农村建立中医专区，利用农村的天然优势种植一些中医药，让乡村医生真正掌握适宜技术，保障老年人能够就近诊治，并且得到优质的治疗方案。

对于地处偏远、交通不便利的地区，定期组织医疗团队下乡为农村老年人进行免费体检和咨询，健全农村的医疗保健制度，扩展新农合的筹资途径，除了老年人自己缴纳之外，可以从村集体划拨一部分资金为老年人补贴，加大新农合的报销比例，将更多的疑难杂症纳入报销范围内，农村中患高血压、冠心病、糖尿病等慢性病的老年人比较多，医疗机构应该积极的给老年人科普如何护理慢性病，患慢性病的老年人需要常年服药维持基本生活，而且我国近年来药价攀升，这无疑对本就不富裕的家庭雪上加霜，因此，对于那些有患慢性病的家庭，除了新农合报销以外，将更多治疗慢性病的药物纳入医保范围，此外还要给予一定的药物补贴。

（三）积极宣传我国的传统"孝"文化，重视夫妻间的相互扶持

研究发现，精神慰藉支持对老年人的精神健康和自评健康有很好的促进作用，自古以来，家庭就是农村老年人养老的基本载体，尤其在贫困的农村地区，政府和国家的保障不到位，老年人只能依靠家庭其他成员的帮助，对亲属群体的依赖性比较高，子女的支持作为家庭养老的主要支撑直接影响着农村老年人的健康状况。在传统思想观念加速流失的今天，大力弘扬"孝"文化显得尤为迫切。首先，要开展尊老、敬老和爱老的孝文化宣传活动，教育和鼓励子女经

常看望父母，与父母聊天交流，有时间常回家看看，经常与父母互通电话以表问候，特别是对待农村地区独居的空巢老人，子女应该给予更多的关心，精神上的慰藉才是他们最重视的东西。其次，鼓励子代与亲代建立起良好的代际关系，两代人之间应做到相互理解相互包容，减少隔阂，重视沟通，增加代际间的互动频率，努力消除因思想观念不同而产生的代沟，重视家庭代际关系的教育，建立和谐而平等的代际关系。最后，利用地方电视台等媒体工具，建立社会舆论监督机制，对那些积极赡养老人的子女进行表扬，而对于忽视老年人、不履行赡养义务甚至是虐待老年人的行为，要坚决予以曝光，由此形成一个养老、敬老、爱老的良好的社会环境。

是否有配偶对老年人的健康状况有显著的正向影响。在与子女分居的状态下，配偶在生活上的照顾和精神上的交流对老年人的整体健康水平有不同程度的影响。除了子女对父母所提供的经济支持、精神支持和日常照料之外，配偶之间的相互照顾、相互陪伴、相互支持显得尤为重要，加强夫妻间相互支持能够更加完善家庭养老模式。

（四）丰富老年人活动场所种类和数量，鼓励老年人参加社交活动

广辟农村老年人参与社交活动的途径，社会交往可以丰富农村老年人的日常活动，有益于老年人的身心健康，现阶段在城市化快速发展的大背景下，大部分的农村青年劳动力都外出打工，家中仅剩老人与小孩，老年人转变了生命周期，行动不便反应力下降，容易产生孤独和抑郁的情绪，农村区域，地广人稀，村与村之间距离比较远，联系不密切，人们仅有的社交活动就是邻居们之间坐在一起打牌，聊天。缺少活动场所是限制老年人社交活动的首要因素，尤其是户外活动设施，政府可以在居委会或者村中心安装老年人健身器材，专门留出一定的区域方便老年人日常锻炼，根据老年人的爱好、兴趣和特长等因地制宜的组织老年人开展身体力行、形式多样、内容丰富的文体活动，譬如音乐、书画、钓鱼等。另外可以积极推动老年人自发成立各种兴趣社团，比如唱歌、跳舞、打太极等，定期举行社团活动，从而拓宽了老年人社交活动的渠道。此外，可以根据农村的块状区域特征，适当的在每个村里建立小型的娱乐活动场所，还可以在农村建立老年大学，对于未受过教育的老年人教他们读书识字，授人以鱼不如授人以渔，老年人识得汉字以后可以通过自己看书、看报纸消遣

时间，还可以教老年人使用智能手机，紧跟时代发展，老人可以通过智能手机与远在他乡的子女互通电话和视频聊天，以安慰老人对子女的思念之情。最后，鼓励老年人参与社交活动是一项负重致远的工作，需要老年人所处的社会支持网络中的各个主体发挥积极的作用，可以通过居委会的宣传栏、村村通广播、村主任到老年人家庭中座谈等方式积极向老年人宣传社交活动的价值和重要性，培养老年人参加社交活动的积极性，增加他们的人际交流，尽可能的引导老人多去外面的世界看看。

（五）振兴乡村，增强家庭照料功能，激发家庭扶持活力

利用农村得天独厚的地理条件，开发适合于农村发展的产业，政府和农村集体可以提供经济扶持，比如大棚产业种植瓜果蔬菜，种植中草药，开发农家乐等，使农村的经济实力提升，能够提供大量的就业岗位，减少农村大量年轻劳动力外流的现象，让农村年轻一代切实体会到在家乡依然可以丰衣足食。我国千百年的传统造就了家庭养老模式居于我们养老模式的主要地位，老年人的健康与家庭息息相关，家人的照顾和呵护能够改善老年人的健康水平。另外，当年轻人能够留在家乡时，孩子也可以自己照看，老人起到辅助作用，这样照顾孙子女的负担也就从农村老年人的肩膀上卸了下来，对老年人的健康还可以起到预防机能衰退的作用，而且子女都在身边不仅可以缓解老年人内心的寂寞，还能给老年人的日常生活提供帮助。在实现健康老龄化的过程中，需要注入家庭扶持理念，农村老年人对于生活水平的要求很低，并不需要每个月有很多的开支和花销，给子女带来的负担是很小的，最需要的是来自子女的陪伴和慰藉。由于农村现代化水平低互联网普及率并不高，很少有老人会用智能手机，想看到远在他乡的子女也只能在过年子女回家的时候。乡村振兴，提供大量的就业岗位，子女可以在家务工，老年人时常看到子女，有任何困难都可以及时得到帮助，可以适当激发家庭扶持的活力。

第六章

社会工作与老年人健康的互动

第一节　当前老年人健康管理现状及其存在问题

随着医疗水平和生活水平的提高，我国国民的平均寿命延长，人口老龄化问题日益凸显，我国老年人对健康、长寿的需求日益增加。如果没有较好的健康管理，很可能使老年人的身体健康和心理健康出现问题，从而产生严重的社会问题。在我国加强社会治理体系与治理能力现代化的今天，以社区为单位的社会工作对老年人的支持和服务就显得非常重要，同时老年人的社区参与已引起社会的广泛关注。社会工作作为第三方社会力量介入到社区参与之中，既是自身的优势表征，也适应时代发展所需。2017 年出台的《关于加强和完善城乡治理意见》中，明确在城市社区治理中社会工作的地位，提出社会工作是引导服务对象摆脱困境，弥补社区治理弱项、提升社会和谐的重要一环。2020年 8 月，中央首次提出"设立基层社工站"，社会工作服务站建设被正式纳入国家层面的制度安排。

本书以社会工作为研究视角，关注湖北省社区老年人的健康管理情况，分别选取湖北的城郊社区 DQ 社区作为研究对象，笔者使用观察、问卷和访谈了解社区工作与老年人的健康情况。

一、社区基本情况介绍

DQ 社区位于武汉郊区，辖区内共有 1 748 户，总人口 4 219 人；其中男 2 243人，女 1 976 人，辖区党 69 人，居民小组 4 个，辖区内企、事业单位 13 个，有小学和社区居委会，社区内商业设施齐全，有餐馆、超市、菜市场等，社区内还有 1 所卫生服务站，社区内还有一些居民休闲娱乐场地和健身公共设施。辖区内没有养老院等专养老机构，社区老年人大多数选择居家养老模式。

本书对 100 个老年人进行了问卷调查，对其中 20 位老年人进行了访谈。调查样本中，男性占 41%，女性 59%，年龄主要集中在 60 岁到 100 岁之间。通过问卷调查和访谈，在社区进行走访、与社区老年人谈话后，发现社区工作对老年人健康有较大关注和参与，但是在社区在老年人的健康管理现状存在一些问题，如社工及志愿者组成不够稳定、健康管理专业知识欠缺、老年人对健康认证不足、健康行为和健康习惯有待改善等。其中老年人健康管理问卷调查涉及四个方面，第一部分是自我健康感知，接着是老年人的健康行为调查和健康知识的了解，最后是健康需求的调查。样本分布情况如表 6-1 所示。

表 6-1 调查对象基本情况和占比

项目	类别	人数	所占比例
性别	男	41	41%
	女	59	59%
年龄	60~80 岁	74	74%
	80~100 岁	26	26

在调查社区老年人的身体健康情况时，针对问卷上一些实际可用观察到的问题就选择不给予访问，针对一些具体需要了解的老年人身体情况进行调查。在日常生活功能的调查部分，多数老年人可以自己完成日常生活的事，有些老年人需要他人协助，有些老年人完全没有办法生活自理。

二、老年人健康管理存在的问题

（一）老年人的认知存在误区

在本书进行调查和对调查数据进行分析后，发现部分老年人在健康认知上存在误区。

误区一：有病不就医。在调查过程中，问到"在大多数情况下，如果您身体不舒服会怎么做"这一问题时，有 28%的老人表示忍一忍就好了，有 37%的老人表示会吃药，有 20%的老人表示会去社区诊所看一看，还有 15%的老人则表示会选择到大医院就医。很多老人不选择就医的原因除了是经济方面以外，更多的是其自我认识方面存在一定的误区。

访谈对象 A：我们老了，身体也慢慢变差了，精力明显感觉不足，如果去大医院看病不仅要排很长的队，浪费精力，而且费用也比较高，孩子们上班赚点钱不容易，我这都是老毛病了没必要花这些冤枉钱，忍一忍也就过去了。

误区二：对药品服用的习惯问题存在误区。在问到："服用药物的时候是按照规定的时间和数量去服用吗"的问题，有25%的老人表示总是按照规定的时间和数量去服药，38%的老人表示他们大部分时间是按规定服药，27%的老人表示自己偶尔是按照规定服药，10%的老人则表示自己从来不按规定去服药（如图6-1所示）。本书对于老年人的这一情况进行了访谈，并对老年人的回答进行记录。

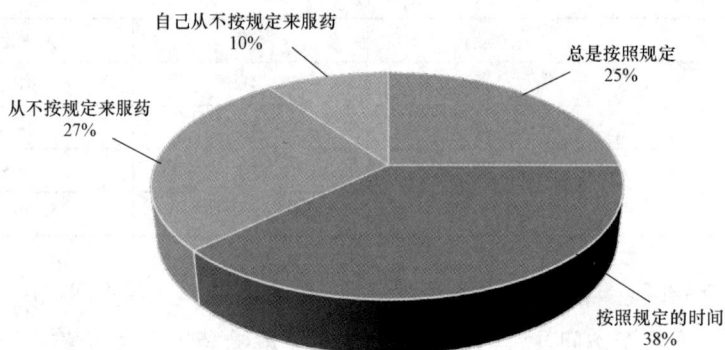

图 6-1　药品服用情况

访谈对象 B：吃药啊，我有时候记得会按照医生说的那样吃药，那我老了记性不好，记得就吃不记得就不吃了。

访谈对象 C：我吃药我会按医生说的吃啊，就是我吃了感觉差不多后，我就不吃了，我觉得没有必要再吃了，是药三分毒嘛。

误区三：认为高血压是每个人老了以后都会出现的问题，不用特别去控制和治疗。本书在调查和开展社区活动时，发现有些老年人并不知道自己患有高血压，有些老年人认为自己年纪大了高血压是正常的。受访老人王某说："我觉得人上了年纪以后都会出现高血压的问题，我身边的很多邻居和朋友都有高血压，但是并不怎么影响生活，还都过得好好的，这都是非常正常的事，我的身体还是很强壮的，没必要去特意关注这个事，该吃就吃。"社区里还有很多老人是和王某想法差不多的,要知道这样的认识误区会给他的身体带来很不好的后果。社区里就有一位老人有高血压的问题但自己并不重视,由于没有及时治疗,最后脑血栓导致其残疾。所以,老人一定要走出误区,对高血压问题予以重视,以免因为这些错误认知影响了自身的健康,甚至导致严重后果。

（二）健康行为和健康习惯不佳

针对"您是否对身体进行定期体检"这一问题,14%的老年人表示会定期进行体检,11%的老年人表示偶尔体检,58%的老年人表示自己很少进行体检,17%的老年人表示自己从未进行过体检(如图 6-2 所示)。

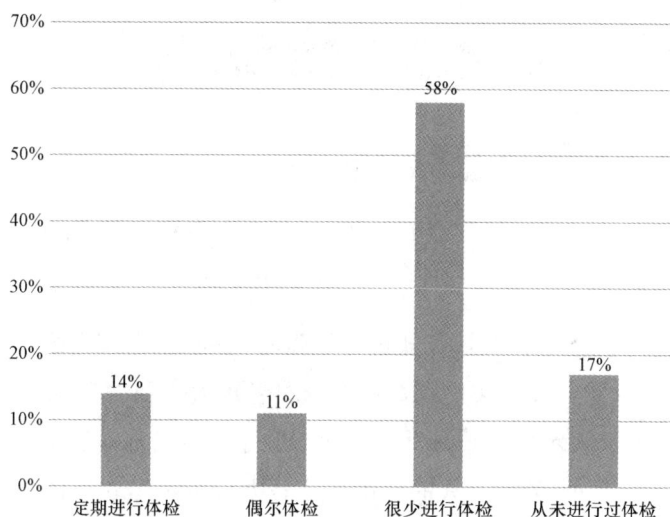

图 6-2　体检情况

第二个方面就是饮食习惯问题,在问到"您重视日常的饮食搭配吗?"的时候,有 34%的老人表示非常重视,而有 17%比较重视,32%的老人不太重视,17%的老人根本就不重视(如图 6-3 所示)。有些老人在饮食上节俭习惯了,平时舍不得为自己做丰富的饭菜,只会在子女回家的时候才会做些好吃的。还有部分老人是由于个人观念的影响,在饮食上并未意识到搭配的问题。以下是部分被访谈者的谈话。

访谈对象 E:老了,对吃的也不在乎,随便吃一口就行。

访谈对象 F:我平时还是比较注重饮食搭配的,经常吃一些水果、蔬菜、肉蛋也少不了，反正就是什么都吃点，这样营养才能均衡。我们家乡就产水果，价格也不贵，每年我都会买一些应季水果吃。

　　访谈对象 G：就我和我老伴两个人，孩子们都不在身边，所以对吃没什么讲究，平时随便吃点什么也就饱了。像中午炒个菜，剩了晚上再吃，这样还省时省力，还能节约粮食。

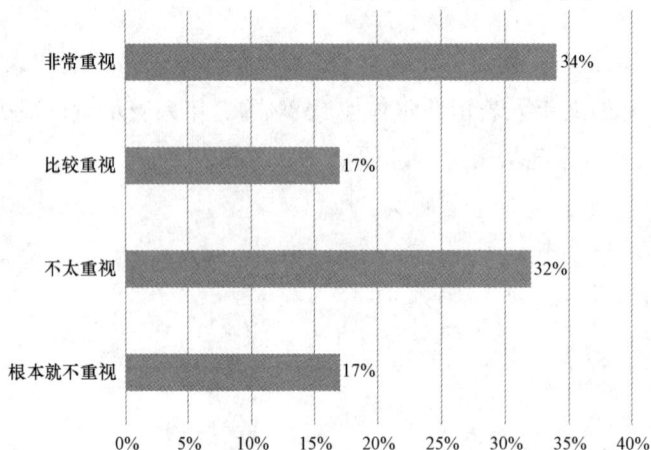

图 6-3　饮食搭配情况

　　在进行老年人的身体锻炼方式进行调查时，34%的老年人很重视健康，他们积极锻炼的主要方式是跳广场舞；24%的老年人主要的锻炼方式是户外散步；17%的老年人表示自己平时做一些简单的家务就当是锻炼身体了，没有时间去做别的锻炼，4%的老年人的锻炼方式是太极拳等运动项目，这些运动项目在社区里没有开展相关的活动。出于老人自身认知和社区条件的限制，还有家庭的因素。有些老年人还要在家帮忙，更是没有时间锻炼身体。而运动对于身体的健康是非常有必要的。

　　访谈对象 G：我啊，没事吃完饭，还有空的时候也都喜欢到附近走走，散个步，这样我感觉对身体比较好。

　　访谈对象 H：我还是在有活动的时候，喜欢去会场看看足球比赛什么的，但我老了运动不到了。

（三）健康知识欠缺

　　对老年人所掌握的健康知识进行了调查，发现他们其中大部分人对于健康知识都掌握的不多。其中有 64% 的老年人觉得身体没有疾病就代表着健康，有 21% 的老年人反对这一看法，还有 15% 的老年人表示不太清楚。由此可见，在大部分老人看来，只要身体没有什么明显的毛病就代表着健康，这样的健康也只是传统观念下的健康，并不科学。对于针对"吃得越多，代表身体越好，您认同这一说法吗"这一问题，35% 的老年人表示认同这一说法，有 51% 的老年人则表示反对这一说法，甚至还有 14% 的老年人表示不知道。另外，在对老人就一些关于健康的常识问题进行询问时，老年人也都表示不太清楚。

社区内的老人对于健康方面信息的获取主要通过听朋友和家人、述说、讲解的渠道，从医院医生的口中也能得到一些有用的信息。另外，从电视、广播、报纸等渠道也能获得健康方面的知识。不过由于老人自身身体机能退化的原因，如出现视力、听力减退等问题，就难以通过书籍、报纸等渠道获取更多的健康知识，所以主要还是依赖于身边家人、朋友的口头嘱咐。但是通过这样的方式获得的知识有可能并不科学。

三、社区开展相关健康活动情况

通过对社区进行走访和调查，发展关于社区老年人方面的活动不多，偶尔开展一些厨艺比赛、书法比赛之类活动，更多的是以低保政策宣传、慰问等活动为主，偶尔也会有医院和社区合作，开展简单的量血压和艾灸等（如表 6-2 所示）。在走访过程中，研究者对社区的工作人员和老年人进行访谈，询问社区活动开展的情况，发现社区开展活动的形式多是以社区活动为主，在内容也多是以体检为主。以下是研究者访谈老年人的情况。

访谈对象 I：社区里也没有供老人活动的活动室，对于组织的关于老人健康的活动我们也不太清楚活动开展的时间和地点，我们也很想参加这样的活动，什么时候我们才能参加这样的活动？

访谈对象 J：我听说过社区会组织这样的活动，上次就有邻居喊我去参加活动，顺便看看自己的身体情况，但是年纪大了走路都变慢了，自己家里也有别的事，我去到的时候活动都结束了。有时候这样的活动都要几个月才组织一次，太少了，应该多组织一些，我和家人们都非常愿意参加。

表 6-2　社区关于开展健康服务的情况

活动时间	活动
2018.3	社区义诊活动
2018.4	健康知识宣传活动
2018.5	困难人员低保政策宣传活动
2018.6	慈善救助大病申请政策宣传活动
2018.7	义诊，拔罐体验活动
2018.8	社区上门爱心义诊活动

四、社区健康服务类社会组织情况

经走访调查得知该社区现有 9 个比较活跃的社区社会组织，其中志愿互助类有 5 个，分别是手工社、社区宣传队、爱心义工队、老兵志愿服务队、爱心楼长团。老年人可以参与的文体艺术类有 4 个，分别是广场舞艺术团、育儿公益课堂、老友茶牌社、老年京剧队等。该社区大力倡导和支持社区公益组织的成立，活跃氛围激发动力的同时引导规范化发展。拓宽了老年人活动空间，丰富了老年人社会活动参与种类，为老年人社区参与提供了更多的选择和可能，以社区需求为本，拓展、培养、发展社区社会组织类型，培育社区志愿者，推动社区深度治理。这些社团中，爱心义工队主要对有困难的居民及老年人提供帮助，包括搬运生活物品、取快递、义诊活动、陪护就医等。

五、社区志愿者情况

社区联合物业积极发展本社区志愿者，鼓励社区居民加入到志愿者队伍投入社区活动，最终参与社区建设。社区现有志愿者 300 余人，主要包括社区居民、党员、社区双报到单位成员、驻社区单位成员。在社区的支持、社工的引导下，社区志愿者队伍坚持服务在社区，紧紧围绕群众需求，为社区居民排忧解难。但是据调查和访谈了解到，志愿者不太稳定。一是，人员不够稳定，因为该小区流动人口较多，不少志愿者因为工作等搬迁离开小区。二是，志愿者工作时间不稳定，志愿者多为兼职。在老年人需要帮助的时候，可能不能及时赶到。三是，志愿者和义工对健康管理方面的知识掌握不专业，尤其是在老年人健康出现紧急状况时，不能提供专业的处理和帮扶方案。

第二节　社会工作介入老年人健康管理的实务过程

一、个案工作介入老年人健康管理的实务过程

（一）服务对象的背景资料

服务对象张某，是一名 77 岁的女性，轻度失能。和丈夫结婚以后育有一儿一女，儿子结婚多年，育有一儿一女，女儿已经嫁人，育有一女。张某的老伴在两年前去世了，目前她独自居住在儿子住所附近的小房子中，每天由儿媳妇负责送饭。儿媳目前在家中照顾老人和小孩，没有上班，家里的经济压力比较大。张某的女儿与服务对象关系融洽，但由于家不在该社区，平时也忙于照看孩子和谋生没有时间常来探望老人，一般都是会等到节假日的时候会抽空回家看望母亲，女儿的家庭条件也不太好。张某平时主要是坐在家里，连屋子都不出去，对什么事都提不起兴致。同时其血压也有些高，生活自理能力明显下降。服务对象在屋子里待久了之后就更不爱出门晒太阳了，之前还出现过缺钙、法理等问题。两年前丈夫去世以后就情绪不稳定，总是发脾气。由于之前发过病，所以她自己对健康问题也很担心和焦虑。再加上其家人工作也比较忙，她总是会感觉到孤独，所以经常失眠，食欲不振、对生活的态度越来越消极。

（二）服务对象张某健康管理的需求预估

通过前期和社会工作者的沟通和接触，服务对象不再变得沉默寡言，对社会工作者也多了一份信任，有了自我改变的想法和动力，在进行全面评估和有效了解的基础上，研究决定尝试开展此次个案服务工作。

预估就是收集资料和认定问题的过程，是把所有有关服务对象的资料组织起来并使其具有意义的专业实践活动。研究者根据张某目前的情况发现出现这一问题的主要原因在于突如其来的疾病及丈夫的去世。服务对象开始担忧自己的身体状况，需要消除情绪上的焦虑，建立对疾病正确的认识，提高自己的健康管理问题，改变身体的健康情况。情感上需要慰藉，服务对象和家人缺乏对疾病正确的认识。

1. 就医的需求

服务对象目前需要及时进行就医，了解自身的身体情况，对现阶段的病情及时进行介入，早日恢复身体健康。

2. 健康行为的需求

由于老年人味觉系统功能减退，使得他们平日里比较喜欢吃一些腌制的咸菜，导致他们平时钠盐的摄入量相对较高，大大增加了老年人患上心脑血管等疾病的几率。当服务对象既存在饮食不健康的情况，同时又存在不运动的情况时，社会工作者就要帮助这些服务对象改变不健康的生活方式。

3. 健康知识的需求

在进行个案服务时，社会工作者要改善服务对象出现的各类症状及不良情绪，帮助服务对象了解与健康相关的各类知识，纠正自身对健康的认识误区，从而提升自身对健康的管理能力。

4. 健康长寿的需求

在社会工作者与服务对象进行交谈时，可以了解到服务对象对自己晚年生活及健康方面是有一定要求与期许的。而这些期许与要求其实并不高，只要自己能够做到心情愉快，生活能够自理，同时还能与家人共享天伦之乐便是自己的理想中的晚年生活，从一定的侧面能够帮助老人拥有相对健康积极的心态，坦然地面对自己的老年生活。

（三）服务对象张某的问题预估

1. 健康知识缺乏

由于老年群体对疾病的认知较少，导致他们极易产生焦虑与恐慌心理。社会工作者为服务对象进行了焦虑自评量表测试，测试最终结果为 50 分，而标准分为 60 分，由此可以看出，张某目前的心理处于中度焦虑状态。

2. 身体健康问题

服务对象身体缺钙，且患有高血压，若不及时进行控制会对身体造成不良影响。服务对象之前又常待在屋子里，不经常进行运动。

（四）个案工作介入张某的介入计划

1. 个案目标

针对张某目前的心理状态，社会工作者采取了直接接入与间接接入相结合的服务策略。社工帮助服务对象逐渐调适心理状态，消除消极情绪，建立健全的认知观念，使其能够客观地看待自身的晚年生活，保持良好心态，使得服务对象的身体机能与病痛得以有效恢复与缓解，从而学会积极地面对人生，扩大交际圈，在与他人建立良好关系的同时，也能提高自身的生活质量。

故此，要想使得张某始终保持健康的心态，就要确保其与家人、朋友、同事之间的良好互通，这种与外部世界的链接的建立、在一定程度上，可以帮助服务对象从低落的情绪中走出来，并能够始终保持住健康的生活与心理状态。

2. 个案服务计划

研究者主要采用危机介入模式来对服务对象进行介入提供个案服务。在服务活动开展前期，经过对服务对象问题和需求的全面评估和有效分析，社会工作者将此次的个案服务计划分为五个阶段。在不同的个案服务阶段，个案服务目标和服务内容都应该有不同的侧重点。社会工作者只有严格按照服务计划制定的内容开展每个分阶段的目标任务，服务对象的问题才有可能得到有效解决和不断改善。社工尽最大可能帮助服务对象实现身体、心理和精神相协调的健康，给服务对象的晚年生活带来更多的快乐和欢笑，改善服务对象情绪波动，缓解服务对象生理病痛，转变服务对象不良认知，重塑服务对象生活信心，提升服务对象自我价值，强化服务对象支持网络，以实现生活质量改善的总目标。

（1）第一阶段

社工与服务对象第一次会面，主要目的在于对张某的基本情况与心理特征有一个初步了解，也是建立信任关系的初级阶段。第二次会面是社工正式对服务对象进行服务的第一步，在初次会面的基础上，为其制订科学合理的实施方案，并对服务对象进行更深一层的了解，与张某一起共同探讨自身存在的问题与具体需求，制定出具有个性化与针对性的实施目标，改变其非理性的行为方式。

（2）第二阶段

根据张某目前的身体状态，进行医学干预，协助其及时就医，清楚自身所存在的实际问题，并与其家人沟通，鼓励积极地参与到张某的康复行动中，包括其自身健康饮食习惯的培养等。此外，从心理层面出发，通过科学的医学检测，了解服务对象的产生焦虑的真正原因，社会工作者采用较为理性的情绪疗法，使其情绪得以舒缓与放松，并就其焦虑情绪产生的根源进行解决，让张某能够客观理性地对自身情绪问题有个清晰的认知。

（3）第三阶段

结合服务对象的实际情况，积极鼓励其通过运动消除自身焦虑情绪，可以通过播放健康操视频，让其跟着进行体育锻炼，一方面可以提高身体素质，另一方面还可以在一定程度上缓解服务对象的不良情绪。此外，由于张某的丈夫刚刚过世不久，在情绪上需要得到身边人的安慰，因此，其家人与朋友应当经常拿出时间陪伴她，让她不至于感到孤独寂寞，使得悲伤情绪有所缓解。

（4）第四阶段

本阶段社会工作者协助服务对象和家人运用机构的相关经费，协助老人购买拐杖，帮助老人更好地行动。并且鼓励和协助老人到户外晒晒太阳，呼吸新鲜空气，促进钙吸收。社会工作鼓励服务对象主动和社区的邻居、朋友进行联系，增强其社会支持。

（5）第五阶段

该阶段与服务对象的关系更为密切，社会工作者帮助服务对象对整个人生进行回忆，回顾案主过去的经历和她过去没有解决的问题。通过这种人生回顾，案主能够更好领悟生活，生活的更满意。鼓励张某多讲述自己的人生经历，发现其女红很好这一优点和兴趣爱好，鼓励其为社区邻居做一些手工，提高自己的生活意义。

（五）个案工作介入张某健康管理的介入过程分析

1. 了解情况，协助就医

社工通过与家属进行交谈了解张某的具体情况，对其存在的问题进行简单的梳理与分析。基于此，社工首先需要协助服务对象到附近的正规医院就医，了解自身的真实状况，一方面有助于自身健康的恢复，另一方面通过就医行为拉近了彼此之间的心理距离。

社工是在前期的社区义诊活动中初次接触到案主的，经过义诊及义诊过程中的攀谈，使得社工对张某的情况有了初步的了解，并产生了与之进一步接触的愿望。由于义诊过程中发现其身体状况堪忧，急需医学介入，对其进行有针对性的治疗。由于此前案主与家人较少到正规体检中心进行定期体检。由于长期不出家门，卧床休息，极少与外界接触，导致张某的精神状态以及身体关节各部位都存在着不小的问题。并且在义诊过程中，社工发现由于长期缺乏身体锻炼，使得张某的肢体出现水肿现象，当时便建议张某应当及时就医。针对张某的具体情况，社工与张某的家人及本人进行了沟通，认为要想改善张某目前的身体状况，减轻身体上的不适感，应当到正规医院进行就医，并接受专业治疗，通过此次就医，让其对自己的身体健康状况有一个全面的认识与了解，并在一定程度上使其掌握更多的健康常识。

社工：阿姨，我来了。奶奶，今天感觉如何了？（面带微笑）

案主的儿媳：你好，谢谢你今天能来看我婆婆。（热情）

案主：你来了，我今天感觉还是浑身没有力气，不过感觉比之前好点了。（有点虚弱）

社工：奶奶，您先躺着休息一下。上次我来看您的时候，郑医生和我们一起看了您，您的这个情况还是需要去医院看下。

社工从服务对象的身体情况进行入手，让服务对象感觉到社会工作者对她的关心，且不会引起服务对象的反感，并引导和鼓励服务对象主动表达自己的感受，增加对社工的信任感，加快了良好专业关系的建立，为服务的开展奠定基础。案主的儿媳：我这段时间在家有些忙，照顾孩子，没时间带老人去。（不好意思的表情）

社工：奶奶这个情况，我们还是要带她去看下，拖下去对奶奶的身体不好。我们社工这边可以陪您一起去。（鼓励）

案主：我还好，一点小事而已，没什么大不了，我忍忍就过去了，去医院多花钱。

服务对象感觉自己忍忍就会过去了，并且认为就医会花费很多钱。社会工作者从服务对象的角度出发，给服务对象讲解了就医的必要性，并对服务对象担心的费用问题进行回应，鼓励服务对象进行就医。社工在向服务对象提出建议的时候，要思考清楚此建议对服务对象有什么帮助，是否可行。在语气方面要和气、温柔，不能让服务对象感觉到是在强迫她。

社工：奶奶，身体不舒服就要去医院看看。您也不用担心要花很多钱，之前我跟阿姨了解过了有医保可以报销的。而且您目前就是去检查检查，这样对您自己的健康也有好处嘛。

案主的儿媳：妈，小廖的说法是有道理的。我们可以看下约下时间，到时

候去医院检查下。您身体这样不舒服您也难受，我们做家人的也心疼您。（着急的脸色）

案主：好，那我们看看约个时间一起去医院检查。

经过上述社工与服务对象及其家属的交流与沟通之后，他们决定一同带着张某前往医院就医。经过一系列的检查之后，医生发现张某患有高血压，并且体内严重缺乏钙元素。针对这一情况，社工在结束了医院之行后，结合医生的诊断结果及社工查阅的相关医疗资料，为案主进行了系统的健康知识的普及。社工向服务对象及其家属将健康常识的详细信息进行了讲解，从疾病的成因、不良反应及疾病带来的身体损伤等内容进行了详尽的阐述，让患者及其家属对此有个正确的认知，使其正面疾病带来的危害，以及如何进行科学有效的治疗等，并且嘱咐患者应当尽量保持情绪的愉悦与平和。

由于服务对象的身体情况存在一定的问题，在一定程度上加重了其心理负担，由此导致常年失眠，出现了精神衰弱等状况。社工通过前期义诊阶段对张某的身体状况有了初步认识，为其提供相应的帮助，使其心理与生理上的病痛得以缓解，并建立起彼此之间的信任关系。此后，工作人员帮助服务对象及其家属树立了健康意识，普及了健康常识，包括详细介绍了自身健康问题的注意事项。

2. 走出家门，亲近自然

社会工作者通过同理、肯定的方式使患者认识到自身存在的优势，并鼓励张某要经常走出家门，呼吸大自然的新鲜空气，通过观赏自然界中的优美景色，使得其身心得到放松与宽慰，在此过程中，使得服务对象一方面结交了好友，另一方面又使得身体得以锻炼，在一定程度上有助于身心的全面发展。除此之外，社会工作者在日常观察中发现，服务对象居住的小区附近也有一些老人经常在此锻炼身体，或者组织一些娱乐活动，诸如唱歌、跳舞、下棋等，为了让服务对象尽快恢复健康，鼓励其走出家门，积极参与到这些娱乐活动中去，愉悦身心，增强体质。同时，社工还鼓励服务对象与之前的同事、朋友保持联系，通过双方情感上的交流与沟通，也能缓解服务对象焦虑的情绪。

3. 增强健康管理能力，拥有健康未来

在介入治疗之前，社工已经与案主张某建立了良好的信任关系，在与张某进行沟通之后，了解到造成张某身体状况欠佳的原因在于其对健康相关的知识

知之甚少。并且在此之前，张某的情绪一直处在相对非理性的状态，基于此，社工向张某及其家人进行了较为详尽的健康知识普及与传播，在一定程度上提高了他们的健康管理能力。

社工向张某及其家人普及了详尽的健康常识，其中就包括食盐的少量摄入，并且为其提供合理的健康建议是多多出门，晒太阳，确保每天不低于三十分钟的户外运动，从一定程度上有助于钙质的吸收，使得骨质得以强化。在饮食方面，讲究食谱的合理搭配，有些食物是不能同时食用的，否则会给身体健康带来一定的危害，如高钙类食物骨头汤、鱼汤，不可与含草酸较多的食物，诸如莴笋、菠菜等同时食用，以避免出现钙质与草酸的结合，从而影响人体对钙质的吸收。社工将此类健康常识以纸质的方式发放给张某及其家人。此外，经过社工与张某及其家人的沟通与交流，了解到服务对象行动不便的情况，社工出面与家人共同为其选购了合适的拐杖，帮助服务对象能够顺利出行。通过一系列的言语与行动上的接触，使得案主在认知层面发生了转变。

社工鼓励案主应当常出门锻炼身体，并为其推荐了适合的运动类型及详细讲解，并与其和家人共同观看了相关的视频资料，并为其打印了相关的图片，便于日后自己进行体育锻炼时使用。案主对此深表感谢，高兴地对社工说道："这个操不错，我自己在家无聊也可以做，而且做起来感觉很舒服也不是很难。"

社工：张奶奶，我这次来下了这个操的视频，我和您一起看看，看您能不能模仿尝试一下，这个可以活动筋骨，对您身体有好处。

案主：可以呀，那你快教教我。（迫不及待的样子）

社工：好。慢慢来，不急。我来教你，你看我的动作。（鼓励的眼神）

4. 回顾人生，温暖的家

服务对象的丈夫去世较早，案主的家人也比较忙，服务对象一个人呆在家里容易多想，心情也不好。社工决定运用缅怀往事疗法，与服务对象进行交流，回忆她生命中的事件，帮助其宣泄情绪，倾听和陪伴案主。缅怀往事疗法是基于老年人的心理特点发展而来的，该理论认为老年人回忆过去的事情，能够对其身心进行调整。社会工作者在谈话过程中表达对案主的关怀及向案主了解她的想法和感受，及时给予她回应，让案主感受到工作人员的真诚。

社工：张奶奶，您给我说说您以前和爷爷的事嘛。你和爷爷怎么认识的呢？

案主：我呀，我和他两个人是自己谈的。他在厂里见过我后，就相中我了。

我和他在一起那么多年我两都没有吵过架，感情很好，他对我也很好。（陷入回忆中）

社工：奶奶，你年轻的时候肯定更美，你们感情真的很好。

案主：是呀，我丈夫以前在的时候很多人都夸他人好。我以前是去广东打工的，在那认识他的，他会开车，有时候运货的时候带着我，那时候很穷，但是看遍了美丽的风景，也去过不少地方。

……

案主开始和服务对象谈起自己年轻时候的事情，并去回顾自己以前的人生，从其过去一些具有成就感的事情中，服务对象也重新审视了自己。服务对象重新建构生活和生命的意义，找回对生活和康复的自信心，鼓励服务对象保持积极乐观的生活态度，提升自我价值感，提高生活质量满意度，鼓励服务对象多和家人沟通交流，增进彼此之间的情感交流。

二、小组工作介入老年人健康管理

小组工作是社会工作的三大基本专业方法之一，广泛应用在妇女、儿童、残疾人、老年人、学生、患者等多重领域中都得到了广泛的应用。小组工作方法有其自身的专业特点和适用性，小组工作方法适用于同质性强的团体活动，小组成员有相同或者相似的问题并且愿意通过小组活动来达到改变自己的认知，增强对小组目标的认同，学习新的方法和技巧，从而最终达到小组成员态度和行为的转变。本研究通过招募同质性较强的小组成员，为了共同的目标开展团体活动，因此运用小组工作方法比较容易达成小组预期目标。

（一）组员招募与组员组成

本次小组组员的招募主要由工作者及另一位社工实习生共同完成，招募办法主要有推荐法，即工作者根据社区便民服务中心现存的有关社区退休老年人的个案资料，由社区主任结合相关资料及招募对象的问题和需求向社工推荐。

本研究对小组成员的情况（见表 6-3）及其健康管理方面的需求进行了分析。根据调查结果，笔者发现有些老年人对于健康知识掌握的明显不足，而且身体比较差，锻炼身体的机会也比较少，身体素质有待提高，还有部分老年人有慢性病或者顽固的病症，如关节疼痛、抵抗力差等，这都与长期在家坐着不经常出去锻炼有关。老人们也缺乏健康饮食及医疗健康方面的知识，遇到身体不舒服的情况总是想着忍忍就过去了，或者是吃了些药感觉身体恢复了就停止吃药。这些不科学的行为都对老人的身体有不好的影响。另外，还有一些老人的支持体系也比较弱，很多都是只有两位老人一同生活，或者是老伴去世了，自己一个人住，子女们很少会抽出来时间去探望老人，子女对于老人的陪伴关系越来越弱。基于这样的情况，虽然老人自己有提高身体健康管理水平的意愿，但是由于各种条件的限制，这一想法便很难实现。对此，社会工作者可以以小组为平台，通过促进老人之间的交流与沟通为其提供非正式的支持。

表 6-3　小组成员情况简介

序号	编号	性别	年龄	情况
1	A1	女	63	和丈夫一起居住，低保户。身体情况尚可，平时有病都是忍忍，很少参与社区活动，很少和邻居聊天
2	B2	女	65	为人健谈，自己和家人一起开办了一个棋牌室，患有高血压，间断性用药
3	C3	女	68	糖尿病，平时服药进行控制。与家人一起居住
4	D4	女	70	身体情况总体还可以，目前也是与家人一起居住。患有风湿病，到下雨天关节就很疼
5	E5	女	67	高血压，做过心脏手术，身体情况不太好，平时服用药品
6	F6	男	70	身体情况还可以，但总担心自己得病，希望多掌握一些健康方面的知识
7	G7	男	65	总体情况良好，但曾经做过甲状腺手术，希望保持健康
8	H8	男	68	与子女一起居住，身体情况尚可

社区老年人的健康管理需求分析如下：一是对健康知识的需求，了解自身健康管理的现状，认清误区，形成正确的认知，提高自身健康管理的水平。二是了解自身的健康情况，依据自身的健康情况，制定适合其自身的健康管理方案。三是促进健康行为的需求，通过社工提供服务，帮助组员培养良好的健康行为。四是健康长寿的需求，良好的情绪和心理有利于老年人的健康长寿，通过小组活动为提供情感支持、促进社会交往、培养良好的精神状态，为老年人提供情感慰藉。

（二）社会工作者在小组工作过程中的角色定位

在小组工作中，工作者通常会扮演以下几种角色：小组创始者、推进者、观察者、小组成员协调者、支持者、信息或意见的寻求提供者、小组评估记录者。工作者在介入社区退休老年人人际关系调适的整个过程中无疑发挥着重要作用，如果不能很好地控制自身在小组活动中的角色位置，那么对于整个小组活动的开展就会产生重大的影响。因此，要达到小组活动的预期目标并且让小组成员获得真正的成长和蜕变。

（三）小组活动计划的制定

1. 小组基本情况

参加本次活动的组员们全部都是社区内的老年人，他们目前都在社区范围内生活，基本上每个人都患有高血压、风湿关节痛等疾病，并且都出现了身体弱化的情况。他们之所以会参加这次活动，目的是掌握更多的与身体保健相关的知识，想要通过参加活动来提高自身的健康管理能力。组员由三名男性和五名组成。全部都是 60 岁以上的老年人，这些老年人对于自己的身体健康问题十分关注，都想有一个健康的身体，想改善自己目前的健康状况。

小组名称："健康你我他"老年人健康教育小组

小组性质：封闭性

服务对象：8 位 60 周岁以上的老年人，生活情况能够自理

节数：7 节

2. 小组目的与目标

（1）小组目的

通过小组活动的开展，使组员们可以掌握更多健康方面的知识，让组员充分了解自己的健康状况，并对自己已掌握的关于健康管理方面的问题进行检查，使老年的自我健康管理能力得到提升，并且通过活动的组织，为老人们提供互相交流和沟通的机会与平台，老人们可以在互相交流的过程中丰富自身的健康管理知识，还能在互帮互助中使老人们的心情更加愉悦。

（2）小组目标

为成员们提供一个轻松、愉快的交流空间，使组员们以良好的心态去学习相关的健康管理知识，并且能在交流的过程中互相帮助和鼓励，彼此在相互学习和分享的过程中都能有所提升，都能获得成长和进步，具体来说，小组目标有如下四点。

第一，营造轻松、自由的小组氛围，为组员提供良好的小组环境，促进组员可以在身心放松的状态下大胆的发表自己的看法或者是分享一些经验和知识，并且学习有关健康管理方面的知识，对自己的身体状况有一个客观的了解，清楚出现一些身体上的问题是什么原因引起的。第二，学习关于饮食健康的知识，掌握饮食方面的知识，知道如何吃得健康。第三，鼓励社区老年人进行合理的动安排，掌握健康运动方面的知识，学习一些健康操。第四，通过小组活动的参与，使组员们能够积极主动的进行经验的分享，帮助老人们走出一些健康管理方面的误区，形成正确的认知，从而更科学的进行身体的管理。

3. 小组活动整体方案设计

根据小组组员情况和小组成员的需求，社会工作者设计了 7 节小组活动，以下是小组的整体方案（表 6-4）。

表6-4　小组活动方案

活动分节	活动主题	活动目的
第一节	认识你我他	组员之间彼此认识，了解健康管理的内容，尝试初步制定出小组规范，小组初步形成，组员建立对小组的基本信任感
第二节	了解身体健康	组员分享和检查自己的身体健康状况，了解这些情况造成的原因，医生为成员讲解
第三节	饮食健康不可少	学习饮食健康知识，讨论如何健康的饮食，依据组员的情况来为自己制定饮食方案
第四节	健康误区别踩雷	了解组员的健康行为以及关于健康的想法，帮助组员形成正确的认知
第五节	健康运动一起来	学习健康操，了解健康运动的知识，讨论老年人自身可以采纳的运动帮助组员健康运动
第六节	健康未来展望	学习情绪的相关知识。百岁老人讲解自己的健康秘诀与社区工作者进行交流，回顾组员学习到的知识，处理离别情绪
第七节	健康心声你我述	总结活动体验和收获，巩固成果

三、"健康你我他"小组工作介入的方案的实施

通过七节小组活动，为老年人讲解相关的健康知识，帮助老年人认识到自己的非理性认知，形成正确的认识，提升他们的健康管理水平，使其拥有一个健康的生活。

（一）个人层面的增能：了解常见的疾病知识

老年人的身体抵抗力较弱，提高老年人的自我健康管理能力是非常有必要的。本小组的成员有些受高血压等其他疾病的影响，心理上也承担着压力。第一节，让老年人相互认识，让老年人了解健康知识相关学习的渠道是非常重要的。

第 2-5 节是核心内容，该活动的主要目的是协助组员掌握一些常见的疾病知识，从而更加了解自己的身体状况，另外还要向组员们强调一些平时日常生活中也需要注意的事项。主要常见病的饮食方式，食疗方案、运动注意事项等。目的是通过给组员们讲解与健康有关的知识来帮助老人培养健康的生活方式，并且使老人健康管理能力得到提升，进而获得一个好的身体。社工为组员邀请了专业的医生来给小组组员讲述关于身体健康的知识。组员们听完以后都非常期待本环节的内容。组员对于平时身体出现的一些症状可能不太了解是由于什么引起的，医生给组员介绍下这方面的知识，组员有问题的欢迎提出来，并且还安排了测量血压的环节，可以帮大家测量下自己的血压情况。医生介绍了高血压的严重性，也介绍了预防保健的一些措施，还有一些诊疗方面的信息。本节的小组活动就是为了让组员了解自己的身体情况，同时通过医生会讲解一些常见的症状，帮助组员分析自己身体出现问题的原因，使老年人掌握相关的身体知识。由于条件所限，在活动过程中可能会出现医生无法为组员提供准确答疑服务。对此，社会工作者哟提前做好说明，将那些无法解答的问题记录下来。

医生还介绍了常见的头晕、头疼、风湿病，痛风等相关信息。老年人们听得津津有味，有的反映原来是这样。紧接着组员对自己的情况对医生进行提问。组员们就自己的情况对医生进行了提问，并且彼此之间也开展了讨论，讨论自己之前的想法，彼此之间交流经验。

（二）个人层面的增能：缓解焦虑，认识情绪

组员们在刚加入这个小组的时候心理及反应都各不相同。有的组员会非常积极主动与他人交流，想要赶快与别人熟络起来，但大部分组员都因为在陌生的环境里缺乏一定的安全感，而不敢与人接触怕遭到对方的拒绝。对于拥有这样心理的组员，社工们要多对其进行鼓励，帮助他们积极与他人交流，从而使

其尽快适应小组环境。社会工作者在第一节活中设计了简单手指操环节和传鼓认识你我，还有第六节健康未来你我享中的热身环节和"我和情绪的小小拥抱"环节。

通过小组活动后，组员们积极展现自己的不同情绪，社工在观察之后会引导组员们去思考哪些属于不良情绪，这样的情绪会对自己及其他人造成怎样的影响。不好的情绪会影响老人的心情，甚至也关乎到身体健康，同时还会给周围人带来一定的伤害。情绪指的就是人们对于外界的态度体验，如开心、生气、难过等都属于情绪，好的情绪会带来好的心情，同时也有利身体健康。每个人采用的消除负面情绪的方式都是不一样的，社工会邀请组员们来分享自己消除负面情绪的方法，说一说自己曾经因为什么事情产生过消极情绪，又是怎样排解的。

组员们分享了自己排解不良情绪的方法以后，社工做了一个比较全面的总结。首先，要先走出包裹自己情绪的外壳，将自己当时的感受说出来，要正视自己的情绪。其次，放松自己的身心，理性思考问题。最后，仔细思考解决问题的方法，或者是做什么事能够帮助自己排解情绪就去做，转移自己的注意力。另外，社工们也分享了处理生气的三个原则，一是要意识到生气是每个人都会有的情绪，对此，可以选择不同的方式去表达和发泄。二是不能伤害自己，也不能伤害别人，还不可以破坏其他东西。三是在排解情绪时要避开指责、辱骂等发泄方式。社工们向组员们分享了通过组员的发言而总结的排解消极情绪的方法步骤，同时还讲解了排解消极情绪的三原则，紧扣活动主题，可以使组员们在日后出现消极情绪时能够发挥一个引导作用。

（三）家庭层面的增能：提高家庭的健康管理能力

通过这些活动，服务对象和他们家人之间的距离被慢慢拉近，同时，也能帮助服务对象本人及其家属了解更多的关于健康保健方面的知识。还有一个环节是社工对老人及其家属就所讲解的健康方面的知识进行提问，这样可以使其学到的知识得到进一步巩固。同时，社工还引导服务对象的家人去思考这样的问题：除了平时生活上的基础性的照顾，有没有多抽一些时间去陪老人聊聊天、散散步？听到这个问题之后，在场的服务对象的家属都沉默了，因为对于大多数家庭来说，可能家人对于老人的照顾更多的是对其身体上的照顾，却忽视了其精神与心理上的需求，因此在意识到这一问题之后，一定要去重视对老人的陪伴，满足其精神上的需求。当然，照顾老人往往会承受一些压力，除了身体上辛苦以外，更多的是年轻人由于工作的关系，平时的空闲时间是非常有限的，因此，社工可以给予照顾者情绪上的支持和具体的一些知识讲解，让照顾效率更高，更有收获，还可以鼓励老人掌握自我保健的相关知识。对于"百岁老人分享健康秘诀"环节，组员及其家人们都非常感兴趣。林奶奶是社区内的百岁老人，她目前的年龄是105岁，但是其身体却依然非常硬朗。社会工作者是在社区进行家访时接触到这位老人的。通过林奶奶的分享，可以给参加小组的老年人带来信心，并通过向榜样的学习，使组员及其家人能够学习到一些相关的健康知识，从而增强组员和家庭成员的健康管理能力。

经过百岁老人的分享，组员对自己的健康未来也更加充满信心，也从另一个方面去反思自己日常健康管理中可能存在的误区。通过每节活动的资料共享和邀请组员的家庭成员参与到小组活动中来，并以这样的方式提高老年人及其家人的健康管理能力。

（四）社区层面的增能：促进健康服务

对于老年人的健康管理问题，除了关系到老年人自身以外，对于老人的家庭也有着非常严重的影响。因此，要向更多的人普及健康管理的概念，让人们了解到老人对健康服务的需求，让社区也能及时了解社区老人的真实需求。近些年来人口老龄化问题是我国的一个重要问题，相关部门考虑到老年人的健康问题也从硬件设施与服务方面进行了完善，但是由于各个地区经济发展情况不同，所以在设施服务方面也有着一定的差异，部分社区所提供的服务并不能很好地满足老人的需求，因此，老人们肯定也有很多话想说，基于这种情况，为了了解服务对象的心声，从而切实改善自己的服务质量，社会工作者们借助这次活动，增加第七节的活动"健康心声你我述"。本节活动的目的是促进老年人和社区工作者的交流，搭建沟通交流平台，了解老年人对于健康服务的期望。另外也邀请了社区主任讲解社区将提供给社区内老年人的服务。社工也留出充足的时间供大家互相交流，给组员时间来表达自己的心声，以便于社区更好地为老年人提供服务。

很多老年人在活动刚开始的时候，部分组员都比较拘谨，并不愿意主动说出自己的想法，于是，社工们会主动邀请那些平时比较开朗、积极的组员先进行分享，起到一个带头的作用，这样也能拉动其他的组员都能够参与进来，在此过程中，社工要注意做好相关的记录。

第三节　社会工作介入老年人健康管理的实务评估

一、个案工作介入老年人健康管理的实务评估

（一）过程评估

社会工作者接触到这一案主是通过在前期参加社区活动时和社区人员上门义诊时接触到的。社区人员对张某的基本情况进行了介绍后，社工与案主通过访谈接触了解情况，针对服务对象的需求和问题进行了预估。社会工作者向服务对象进行自我介绍，对服务对象进行介入。

为了向案主提供比较专业的服务，社会工作者与案主张某开展了六次正式会谈，基于服务对象的问题与需求制定了相关的服务计划。研究者介入到老年人健康管理这一个案中，根据专业要求，社会工作者基于张某的健康问题及其他情况进行了论文综合评估，然后与案主及其家人一起设计了相关的服务目标与计划。共设计了 6 节个案计划，通过不断努力，发现案主的情况有了明显的改善。首先服务对象的就医问题由社工进行协助，同时社工还为其本人及其家人讲解相关的健康保健知识，使他们的健康保健知识掌握的更加丰富，从而提高其家庭的照顾能力。另外，服务对象对自身的非理性信念有了一定的认识，并在社工的帮助下得到纠正。社会工作者在介入过程中出现了资源链接能力不足的问题，导致没有将相关资源进行有效链接，使得服务效果受到了影响。

（二）服务效果评估

通过社会工作者对服务对象的干预服务，案主张某的行为有了明显的改变，在敢于之前，张某晚上经常失眠，而干预之后，其失眠的次数明显减少，睡眠质量有了明显提高。另外，社会工作者针对服务对象的非理性认知进行了专业介入，通过对案主思想上的改变来改变其行为。此后，服务对象之前的非

理性信念发生了改变，开始按时服药，并主动锻炼身体（见表6-5）。

表 6-5　服务对象行为前后测对比

	干预前	干预后
失眠	3	1
按时服药	3	5
做运动	0	3
和他人交流	1	3
感到焦虑	4	2

通过社会工作者对案主张某的后续跟进，其家人和邻居反馈案主的改变很大，主动与他人交流了，也出门去散步，心情也好多了，对于健康知识的掌握程度提高了。

邻居陈女士：以前我见她都不怎么出门，现在偶尔会看到她出来散散步，有时候还会主动找邻居们聊聊天，改变挺大的，这样挺好，如果总是自己一个人呆着就容易想太多，这样多出来走走、晒晒太阳、呼吸一下新鲜空气挺好的，对她的身体也有好处。

张某女儿：我妈现在的情况有了很大的改变，她以前不爱出门，不爱与外人接触，现在愿意出去了，还经常和附近的邻居一起聊天散步，心情变好了，睡眠质量也有了提升。现在也按时吃药，不像之前总是催着吃。之前你跟我说要多陪陪她，现在我和女儿还有我丈夫经常陪她聊天。还有在饮食上我在做饭的时候都会少放油和盐，还会经常买一些水果，每一餐都搭配蔬菜，不做高脂食品。

在提供个案服务的过程中，社会工作者鼓励案主张某相信自己是拥有能力的。案主张某也主动和家人还有社区其他老人进行更多的互动交流，一方面服务对象的社会交往需求得到了满足，另一方面也进一步为服务对象扩展社会支持网络，使得服务对象从心理还有情感上得到了支持。服务对象从社会支持度较小18分，慢慢有所转变，提高到了25分，处于一般性的社会支持，社会支持方面有所改善。社工介入后服务对象的焦虑程度有所缓解，干预前社工对服务对象的焦虑情况测量得分为62分，干预后测量得分为50分，服务对象的焦虑程度从中度焦虑降低到轻度焦虑（见表6-6）。

表 6-6　服务对象焦虑情况前后测对比

	干预前	干预后
得分粗分	50	40
标准分	62	50
焦虑程度	中度焦虑	轻度焦虑

二、"健康你我他"小组的实施过程和实施效果评估

（一）"健康你我他"小组过程评估

小组评估指的是社会工作者对小组服务的过程和服务效果进行系统评估，总结小组介入过程，考查服务介入的效果是否有效，是否完成了预期的目标过程。通过评估，来发现服务中存在的问题、总结经验，改进活动设计、活动开展中的不足，以便更好地提供服务，提高服务的水平和效果。

1. "健康你我他"小组的前期阶段

（1）小组氛围评估

在小组刚刚成立的时候，组员们大都比较沉默且拘谨，组员之间不愿意沟通和交流。为了消除组员之间的这种距离感和陌生感，使组员之间产生信任感和认同感，社会工作者开始通过游戏的方式来帮助组员"破冰"，以营造出一种轻松、欢快、温馨的环境氛围，同时还向组员们交代，成立小组的目的是帮助老年人改善错误的健康管理认知，丰富老年人的健康管理知识，使其健康管理水平得到提升，从而过上健康、幸福的晚年生活。

"传鼓认识你我"环节，社会工作者介绍成员之间互相认识，建立成员和工作者之间的联系，打破组员间的陌生感，使成员之间彼此熟悉，能为彼此提供支持。工作者介绍"传鼓认识你我他"的规则，两次游戏传两轮，音乐停止时，请手中抱着小鼓的成员简单介绍前面组员的名字和兴趣爱好。音乐响起时，组员传递小鼓，音乐停止时，请抱着鼓的成员介绍坐在自己右边的成员。轮到下一位成员介绍时，他要结合之前组员的介绍来介绍自己，到最后一名组员结束。本环节从左边顺时针轮里一次，反方向也轮了一次。这样下来以后，组员之间基本上能彼此相互知道对方的名字。虽然在过程中，有些组员想不起来其

他人的名字，但是其他组员会提醒。在这个过程中，有些组员不好意思，但工作者及时地对其进行鼓励，最后组员也纷纷起来介绍了自己，小组成员之间初步认识对方。有些小组组员表现比较消极，社会工作者和其他组员对他进行倾听并进行疏导。

在结束了第二节的小组活动以后，组员们也就是参与了活动的老年人表示，社工们讲解的很多知识都非常实用，对自己进行身体保健和管理有着非常重要的作用，不过有一点就是讲解的内容稍微多了一些，所以有很多知识没能记住。对此，社工们表示所讲解的所有内容都会以纸质资料的形式发放到老人的手中。自从开展了第二节小组活动以后，小组的气氛明显有了很大的改善。在第一节小组活动中，组员们还稍稍拘谨一些，有些组员还不愿意发言，不愿意沟通交流，而现在组员们都变得非常积极、活跃，会主动发表自己的观点，主动和其他人进行交流。慢慢的小组氛围愈发融洽，组员之间也慢慢熟络起来。通过本节活动，老人们不仅掌握了很多与健康保健相关的知识，还对小组活动产生了浓厚的兴趣，同时对社工们也更为信任了。本节活动对时间的把握存在一些问题，没有考虑到医生需要时间去讲解知识，另外老人提问也需要一定的时间，以后在活动安排中会充分考虑这一问题。

（2）小组成员的表现

社工们通过"我一天的生活"这一环节对组员的日常生活作息有了一定的了解，这对于以后小组活动的开展有着非常重要的作用。有老人表示："我觉得这个活动非常好，给我们老年人提供了学习健康知识的机会，我们到了这个年纪啊，没有什么是比有一个好身体更重要的了。"由此可见，大家对这样的健康活动都有非常浓厚的兴趣，都希望多参加这样的活动来丰富自己的健康知识。社工们也组织了自我介绍环节，使组员之间以及组员和社工之间有了初步的了解。在讨论与分享的环节中，组员们还是稍微显得有些拘谨，对此，社工要及时予以关注和鼓励，帮助组员们轻松发言。

2. 健康你我他小组的中期阶段

（1）小组氛围

在本次小组活动中社会工作者运用鼓励、分享、自我披露等沟通技巧。在这样一个信任、放松的氛围，社工鼓励组员去分享自己的故事、感受，同时让其他组员对他们的分享做出自己的回应。小组氛围十分活跃，组员们积极地学习健康操，有不懂的也主动的提问。健康操虽然简单，但是老年人们学习起来并不容易，要考虑到他们的身体，选择一些动作幅度不是那么大的进行教授。并且在教授过程中，如果有成员因为身体问题有些动作无法做的，也不用勉强，避免意外发生。社工对其进行鼓励，并邀请学会的组员来教一些不会的组员。

（2）小组内容的评估

小组活动还能帮助老人掌握和健康饮食相关的知识，从而使其走出一些平时没有意识到的饮食误区，然后养成正确的饮食习惯，这对于组员的身体健康也有很大的帮助。组员们反应，通过学习饮食相关的知识，开始对自己平时的行为进行反思，张某表示，以前他觉得吃过夜的饭菜对身体健康没有什么太大的影响，通过活动的学习他才知道这样的想法是不对的，以后也会去有意识的改变这样的饮食习惯。由此可见，饮食知识的学习对于组员正确认知的形成和健康管理能力的提升大有助益。在饮食答疑环节，组员的兴致较高，都非常积极的提问，社工和营养师都忙于回答组员的问题。为了解答大家的疑问，使得活动时间延迟，社工应鼓励组员之间交流答疑，调动组员之间的积极性，增进组员之间的成就感。总体来看，本次小组活动的效果是不错的。其次，大部分小组成员都表示营养师讲解的知识对他们来说是十分有用的。

（3）小组成员的表现

当小组成员们彼此熟悉之后也会互相打招呼，通过一句简单的"你好"，就能将两个人的距离被慢慢拉近，然后展开进一步的沟通和交流。社工们还向老人们询问了诸如平时是否锻炼这样的问题。在"健康运动一起来"的小组活动中，社工们非常积极地教组员们一些锻炼技巧，使组员在学习的过程中锻炼了身体，同时也活跃了气氛。有部分老人会觉得自己年纪大了再做什么运动也是没有必要的了，并且社区内的活动场地也非常有限，还不如就在家里坐着。第五节活动主要教授的就是在家里就可以进行的运动，同时还会将运动相关的知识讲给组员们去了解。要让组员们明白，运动需要长期坚持，如果从不运动突然进行高强度的运动，身体是吃不消的。还有就是长期不运动，身体肌肉就会慢慢退化，这对身体机能会造成非常严重的影响。海某主动发言说道："我在空闲的时间就喜欢散步，或者去公园里锻炼锻炼，可是如果遇到了雨天就没法锻炼了，只能呆在家里，但是学了这个可以自己在家完成的运动之后，我就不用担心雨天不能锻炼了。"社工还强调说，从一定程度上讲，运动具有延缓衰老的作用，随着年龄的增加，人的身体机能也会逐渐衰退，尤其是对于老人来说，如果总是呆着屋子里，长时间不运动，身体的肌肉就无法得到锻炼，这不仅会导致老人的肌力下降，运动能力降低，还会使其体重下降，严重的话还有可能出现肌肉萎缩的情况。所以，适度运动对于老人的肌肉与呼吸系统有着非常多的好处，老人们都对此表示认可。本次活动的志愿者是社区的居民，他非常耐心地教组员们做健康操，组员们都兴趣十足，对于自己能够通过活动来锻炼身体都表示很开心。

3. "健康你我他小组"的后期阶段

（1）小组氛围

小组的成员之间已经比较熟悉，组员可以耐心倾听其他人的分享，对小组具有较高的认同感，成员们面临分离。活动有一位成员因为脚疼没有前来，但是提前告诉社工他的情况。其他的组员也询问了这位组员的情况，并且对他的情况表示十分关心，还有组员提出结束活动后去看看这位组员。通过这些可以看出小组组员之间关系的变化，组员之间感情的增加。后面社工把握好时间的安排，帮助组员进行知识记录、小组总结。最后结束总结的时候告知大家活动即将结束，请大家做好心理准备，并且给大家布置了回去复习健康操的任务。

（2）小组内容的评估

活动的目的是使小组组员的健康行为与意识得到巩固与提升。如果组员能够将活动中讲解的知识全部掌握，势必会对其以后的生活安排大有助益。不过在最后一节中，由于社工的经验不足，对于离别情绪的处理并不是很好。社工可以在最后离别环节中让组员之间进行互相表达，使组员之间相互鼓励、相互支持，可能会取得更好的效果。在活动接近尾声的时候，社会工作者还为组员们准备了礼品，整个活动在最后的掌声里结束了。但是，活动虽然结束了，社工们依然要将后续的跟进工作做好。比如带领组员们对活动的内容进行回顾，引导组员去感受和分享自己的收获及改变。社工要让组员们知道，即便是活动结束了，但服务永远不会结束，如果他们需要帮助，还可以组织相关的活动，并鼓励组员们积极改变自己在健康保健方面的错误行为，把正确的知识运用到实际生活中去。

（3）小组成员的表现

社会工作者在小组开始时就已经告诉组员小组设有七节活动，在第六节活动时告知服务对象小组即将结束的消息。在最后一节活动时，社会工作者向成员了解其对小组的感受、评价、优缺点。在小组开展时，社会工作者邀请每一位小组成员分享自己参加的小组活动感受和自己的改变。小组成员在分享过程中能够积极主动的分享自己的感受，发表自己的观点和见解。成员分享后，社会工作者进行总结，对以往的知识和小组做了整体回顾，鼓励小组成员在以后的生活中要主动学习健康知识、要养成良好的健康行为和习惯。

（二）"健康你我他"小组效果评估

每节小组活动结束以后，社会工作者都要对活动过程做好记录，对活动效果进行评估，并对小组组员及工作人员的表现进行评价，同时还要对活动中的不足之处进行反思，然后抓住问题的关键进行完善与改进。在中后期，社会工作者与组员的家人共同努力帮助服务对象把通过小组活动学到的知识和技巧运用到日常生活中。同时，社会工作者也会就小组目标达成的情况展开评估，通过服务对象及其家人的反馈及社会工作者跟进的情况发现，服务对象的行为及认知都发生了改变。小组活动的开展是根据社会工作者之前制定的计划进行的，小组成员都有着比较高涨的参与度。在提供专业服务前，研究者通过访谈法、问卷调查法等对服务对象的健康情况有了一定的了解。并且通过前期的调查，研究者对社区老人的健康情况及他们的需求有了一定的了解，同时会根据这些情况进行设计服务。因为研究者设计的服务计划是基于组员情况与需求进行设计的，也就是说社会工作者清楚组员存在哪些健康管理的误区，因此可以进行有针对性的服务，使服务对象的健康知识得到丰富，自身健康管理能力得到提高，所以这样的介入可以取得很好的效果。社会工作者在前期的工作中通过搜集资料已经和社区的老人有过交流与沟通，彼此之间比较熟悉了，所以在以后邀请他们加入小组及开展小组活动的时候并不会有太多的阻碍。在服务过程中，研究者结合增能理论设计并开展专业性的服务，小组活动围绕着提前制定好的目标层层递进。到了后期的介入阶段，社会工作者注重的是对服务对象自身能力的培养，通过提高小组成员健康管理能力使其获得一个良好的身体状况。

当七节小组活动都结束以后，社工依然有工作需要完成，要对组员及其家属就活动的满意度及想法和建议进行访谈和跟进，在此过程中发现，小组对老人健康管理有着一定的积极影响，使老人们在健康管理方面有了一定的改善。一是组员以往不正确的认知已经被改变，进而这种思想上的改变也从行为上得到了体现。二是从研究者在后期的调查及组员之前的反馈中发现，组员的健康管理知识已经得到了充实，变得更加丰富了。研究者通过对组员的访谈发现，大多数组员非常满意这次的活动安排。

1. 小组目标的实现情况

小组活动前后分别对组员进行调查，观察组员的前后变化，通过调查来了解小组成员健康管理的能力是否提高。基于以上调查，研究者对小组目标实现程度进行如下分析。

（1）组员行为的变化

表 6-7　组员行为的变化

组员	参加小组前的情况	参加小组后的情况
A1	感到不舒服时总是选择忍忍，不就医	初步转变了这种行为，在感受到不适时会视情况而选择就医
B2	不吃早餐，早上不吃东西，等着中午一起吃午饭。患有高血压未服药控制	开始买面包，自己做早餐吃，开始服用降压药
C3	喜欢吃肉，吃油条等油炸食品，不喜欢吃蔬菜	饮食变得清淡，食少吃油炸食品，多吃水果
D4	不爱锻炼，喜欢在家坐着不运动	和组员认识后，开始和小组其他组员相约出门运动，出门散步
E5	喜欢看电视，在睡眠休息方面不太注意	现在尽量每天睡8小时，在12点入睡，规律作息
F6	情绪有时不好，担心自己得病，睡眠不好	从其他组员的分享中，学会了处理情绪，保持一个良好的心态，没原来那么焦虑
G7	蔬菜过夜食用，平时吃饭凑合吃，不太注意饮食搭配	减少过夜蔬菜的食用，少食多餐，注意饮食的搭配
H8	希望长寿，爱吃槟榔，喜欢抽烟，没有体检的习惯	关注身体健康情况，有计划地进行体检，减少吃槟榔的次数和数量。抽烟由原来的一天一包，变成两天一包

组员们对于健康管理相关知识的掌握明显得到了增强，同时也意识到了自己在认知方面的一些错误。在整个小组活动中，社工设置了多个活动环节，如饮食知识的讲解，还有运动知识、保健品知识的讲解等。通过这些活动环节，使得组员之间有了更多互动和分享的机会，组员们对于健康管理相关知识的掌握明显更加丰富了。在活动结束以后，从社工的调查及组员的评价中可以看出，活动的分目标以达成。

（2）改变健康管理的不正确认知

社会工作者设计了七节小组活动，通过社工的引导和组员间的互动，小组组员对于健康管理的有了更多的认识和了解。在此过程中，小组成员改变自己原先一些不正确的认知（见表6-8）。

表6-8 组员认知的变化

参加小组前的情况	参加小组后的情况
认为保健品具有治疗功能，能代替药物	保健品的功效是保健，不能代替治疗药物使用，并且只有一个天蓝色像戒指一样的标志才是经过国家食品监督管理总局批准的保健品
是药三分毒	药物的作用是及时的对病菌等进行攻克
高血压是小病，没什么打不了的	如果忽视小病，后期可能出现严重后果，高血压若不及时进行控制，后期可能造成脑血栓，瘫痪等后果。需要服用降压药
健康就是身体健康，只要不生病就可以了	健康包括身体和心理健康，保持积极的情绪有利于身心健康
人老了腿脚不利索了也不用运动了	腿脚虽然没有年轻人那么利索，但是还是可以运动的，可以按照自己的身体情况做一些常见的运动，运动有利于身体的健康

2. 小组满意度

基于组员对小组满意度的调查发现，组员对于小组活动氛围的满意度还是比较高的，而且在说到活动优点的时候也特别指出了通过活动营造出来的小组氛围使组员们觉得非常的温暖。从最终对于活动内容的调查结果来说，有 5 人表示非常满意，3 人表示满意，从整体上看，"健康你我他"的组员对于设置的活动内容具有较高的满意度。对于活动形式的调查结果来看，给出满意评价的组员占 25%，给出非常满意评价的组员占 75%。可见，这样的活动形式深得组员们的喜爱。对于有关社工满意度的调查结果显示，八名组员中有七名选择的是非常满意，有一位选择的是满意。总体来说社工的表现还是可以的，但还需要继续努力。最后见表6-9是对小组的总体评价，组员们都给出了非常满意的评价。

表6-9 小组成员满意度（人）

问题	非常满意	满意
社会工作者能使我明白活动内容	7	1
对投入小组活动的投入程度	7	1
对小组活动内容设置是满意的	7	1
对于小组活动的形式	6	2

组员对小组活动内容的设置有很高的评价，特别是"健康操"环节和"健康误区你我他"这两个环节。

社会工作者对小组的优缺点进行调查，组员反应在场地的选择比较单一，希望有一些户外活动的场地。另一个缺点是小组活动的节数有些少，不能学习更多的健康知识。对于这两个缺点，社会工作者在今后的活动中要注意链接资源，尽量场地能够选择多样。调查表显示总体上来看，组员对小组活动是满意的，满足了组员的健康管理需求，达到了预期的目标。社会工作者通过和组员进行谈话和调查，发现不论是在健康管理能力提升方面，还是在小组活动上面，小组组员整体上对本次小组较为满意。在"健康你我他"小组活动的最后一节，老年人之间表现出小组的留恋。小组组员对小组和工作者的评价和满意度较高，还表示希望以后有机会还能参加这样的小组活动。

第四节　社会工作介入老年人健康管理的反思建议

一、社会工作者层面

（一）进行调研，了解服务对象的需求

社会工作者要以服务对象的需求为基础为其提供服务。有的时候，社工们看到的问题可能只是问题的表面，而没有深入到问题的本质。那么，社会工作者要想对这些问题背后深层次的本质进行挖掘，就要对这些问题及需求进行预估，然后基于服务对象的实际情况为其打造个性化的服务计划。在介入到老年人健康管理工作之前，对社区老人的健康管理情况进行了调查，调查的内容涉及老人身体状况、心理状况、健康知识掌握情况等多个方面。不过本次调查依然存在一定的不足之处，比如调查对象的代表性不够、访谈内容及调查内容不够全面等。社会工作者要基于这些不足之处多加改进和完善。

（二）要善于反思并运用督导机制

社会工作者之所以会开展服务，就是为了使服务对象的需求得到满足。当然，在服务过程中肯定会出现一些突发状况，如移情或者反移情的情况，甚至

可能会因为遭受了挫折感而产生放弃的想法，因此，在这些突发情况的影响下势必会使活动无法像先前计划的那样一帆风顺。同时，部分社工存在专业知识欠缺、专业能力不足的情况，因此在为老人服务的过程中可能会感觉自己力不从心或者是考虑问题不周全，甚至是遇到一些难题以后不知自所措，不知道该怎么去解决，基于这种情况，社工首先要意识并正视自己的不足之处，然后学会运用机构的督导机制来增强自己的专业能力，丰富自己的专业知识，另外还要学会情绪上的自我调解，从而为服务对象提供更好的服务。

（三）强调社会工作者角色的多样化

社会工作者在为老年人提供服务时所扮演的角色是多样化的。社会工作者不但要链接相关的资源，还要促进老人与家属间的沟通，帮助老人了解涉及其利益的政策信息，帮助老人们去争取自己的利益。社会工作者在老年人健康管理服务中扮演着多种角色，所以，社会工作者们应找准自己的定位，对自己在不同阶段中的角色定位及认知进行整合。社会工作者们要为老人提供帮助与支持。根据服务对象的身心特点制定个性化的服务方案，对于不同情况的老年人采取不同的介入行动，从而提高老人的健康管理能力，提高其生活质量。在老年人健康管理服务中，社会工作者还可以进行角色拓展，进行志愿者培训、为老人进行健康知识讲解、搭建平台、链接资源等服务。另外，社会工作者还可以为社区工作人员提供服务，使社区工作人员的健康管理知识得到丰富，这样才可以保证其能为老人们提供良好的健康管理服务。

（四）尊重、接纳服务对象

专业价值观要求社会工作者在服务过程中要接纳、尊重和理解服务对象。如果社会工作根据自己的经验可能对老年人形成刻板的看法并影响对待老年人的态度，甚至还会影响为老年人制定服务的方案，造成应有服务的缺失。因此，在提供专业服务时，社工工作者要认真反思自己的价值观，学习有关老年人的知识，以便消除对老年人的错误理解和认知。社会工作者在为提供专业服务的过程中，不是作为服务对象的朋友、家人等角色，在前期并没有相对亲密的关系。在前期介入时，老年人对社工还存在防备、不信任的心理，主动和服务对象进行交流，与其建立信任、良好的关系这是社工首先要做的事。这样才能更好地达成服务目标。

（五）找准角色定位

在不同的服务时期社会工作者扮演着不一样的角色，对自己在不同阶段的目标加以明确。比如在小组活动开展之前，社工的工作就是对服务对象进行鼓励与引导，通过破冰拉近组员们之间的距离，消除陌生感，帮助组员之间建立初步关系。但是如果在这个时候，社工们急于让老人们接触健康管理的相关知识，就很有可能达不到理想的效果，严重的话还会引起老人们的反感。到了中后期，社工们扮演的应该是建议者的角色，其工作就是为组员提出一些有用的建议。社会工作者要找准自己的定位，明确自己的服务目标及想要取得的效果，这样对于活动的开展有着非常重要的作用。

在本系列小组活动中，工作者特别邀请到社区主任作担当每节小组活动的观察者的角色，在间接参与小组活动的同时还可以发现一些工作者没有发现或者没有注意到的重要细节。社区主任表示，这种小组活动可以拉近社区居民和社区工作人员的情感距离，以便社区居委会更好的为社区居民提供服务，同时也可以提高社区社工室的知晓度。也可以使得社区社会工作服务项目得到快速落地，使更多的社区居民享受到专业社会工作服务带给他们的益处，进一步增进社区和谐，提高社区居民的整体生活幸福感。

二、老年人个人层面

老年人要提升自己的健康管理意识，学习健康管理的知识，提升健康管理的能力，了解健康的相关知识，加强身体的锻炼，保持良好的生活习惯。通过平时的健康管理，提高老年人晚年的生活质量。

三、社区层面

第一，多方参与共同促进健康服务。社区卫生院、社区、社会工作机构等社会组织要参与老年人健康管理内容的制定与指导执行，同时要整合社区及外部各类资源，更好地为老年人提供健康管理服务。老年人的健康管理是全方位的，老年人的问题容易牵涉到其他方面的工作，做好老年人工作需要多方的合作。工作人员要学会协调、链接不同的资源共为长者提供健康服务，这样才可以把得工作做好更好地完成服务目标。社区方面要开展健康管理知识宣传，要选择一些人流量较多的地方，比如公园、广场等来散发一些关于健康管理知识的手册，为社区的居老年人宣传健康管理的理念和知识。

第二，社区要发展老年人健康管理服务，根据社区的情况，积极主动地与其他社会组织、爱心人士进行合作，探索适合自己社区的老年人健康服务内容与模式，为社区老年人建立健康管理档案，对社区老年人的健康情况有所了解，以便更好地为社区老年人提供服务。针对社区高血压、关节炎等不同类型的老年人和身体情况良好的老年人开展不同的服务，更好地满足社区居民的需求，建立社区良好的健康管理模式。

四、国家层面

第一，政府要建立老年人健康管理的相关福利保障制度，关注老年人健康管理问题，引导社区加强老年人健康方面的制度建设。老年人的健康管理与其身心健康、生活质量息息相关。若是老年人能够拥有良好的健康管理，能够有效降低我国在社会医疗方面的支出。国家需要为提供健康服务的社会组织、相关企业提供优惠政策，简化审批手续，如为企业相关的政策支持，对刚起步的企业等进行税收减免，调动企业的积极性。此外，对提供健康服务的企业加强监管，完善管理机制，有利于我国健康服务产业的发展。

第二，增加老年人健康方面的投入，政府购买健康服务提供给社区老年人。培养健康管理方面的人才，例如健康管理师、医学专业的人才，做好人才的引进和培养工作，以便更好地为老年人提供健康服务。此外，加大在社区健康设施建设方面的投入，比如健身器材，按摩椅等设施，还有社区棋牌、舞蹈活动室、公园等场地的建设，以便为老年人提供活动设施和场地。

参考文献

[1] 刘军. 社会网络分析手册下［M］. 重庆：重庆大学出版社，2018.

[2] 茨韦特瓦. 社会网络分析方法与实践［M］. 北京：机械工业出版社，2013.

[3] 郑路，杨松，曹立坤，等. 社会网络分析方法与应用［M］. 北京：社会科学文献出版社，2019.

[4] 黎春娴. 高校贫困生的社会支持及其对价值观影响的研究［M］. 长春：吉林人民出版社，2018.

[5] 王红艳. 理解社区：从还原入手［J］. 学海，2012（3）：16-23.

[6] 肖鸿. 试析当代社会网研究的若干进展［J］. 社会学研究，1999（3）：3-13.

[7] 王露燕. 格兰诺维特的社会网络研究综述［J］. 学理论，2012（3）：17-18.

[8] 威尔·耐特. 社交网络并不能扩大社交圈：专访罗宾·邓巴［J］. 科技创业. 2012（9）：26.

[9] 陈云伟. 社会网络分析方法在情报分析中的应用研究［J］. 情报学报，2019，38（1）：8.

[10] 蔡萌，杜巍，任义科，等. 企业员工社会网络度中心性对个人绩效的影响——度异质性的调节作用［J］. 当代经济科学，2014，36（1）：108-115，128.

[11] 赵婉先. 社会网络的命题分析［J］. 群文天地，2009（1）：83.

[12] 陈成文，潘泽泉. 论社会支持的社会学意义［J］. 湖南师范大学社会科学学报，2000（6）：26-32.

[13] 周林刚，冯建华. 社会支持理论——一个文献的回顾［J］. 广西师范学院学报，2005（3）：11-14，20.

[14] 张惠，唐莉，戴冰. 社会支持对流动老人积极老化的影响：有调节的中

介作用［J］．现代预防医学，2022，49（3）：472-475，566．

［15］李丹．农村丧偶老人心理健康与社会支持相关性研究［J］．湖北农业科学，2022，61（2）：168-171，194．

［16］郑研辉，郝晓宁．社会支持对流动老人健康状况的影响研究［J］．人口与社会，2021，37（6）：76-84．

［17］蔡玉晴，柴菲菲，胡斌．徐州市农村空巢老人社会支持现状及影响因素［J］．江苏卫生事业管理，2021，32（6）：837-840．

［18］张军，陈思．灾后农村留守老人的社会支持体系重构——基于 X 社区的实地研究［J］．苏州科技大学学报（社会科学版），2021，38（3）：56-62．

［19］姜兆权，周诗雪，孙蕊．空巢老人人格特征、社会支持与其主观幸福感之间关系研究［J］．现代预防医学，2020，47（13）：2396-2399．

［20］赵晓航，李建新．丧偶对中国老年人健康的影响：社会连结的调节作用［J］．人口学刊，2022，44（1）：58-75．

［21］宋月萍，刘志强，王记文．子女离婚对老年人健康的影响研究——基于CLASS 数据的实证分析［J］．人口学刊，2022，44（1）：76-86．

［22］吴晶，郎颖．医疗服务可及性对老年人健康的影响［J］．中国卫生统计，2021，38（6）：912-915．

［23］李春玉，唐琳熙，金锦珍，等．社区老年人的内在能力及外环境因素对健康老龄化的影响［J］．解放军护理杂志，2021，38（12）：22-25．

［24］刘霖，宋洁，姜倩倩，等．童年逆境与中老年人健康关系的研究进展［J］．解放军护理杂志，2021，38（12）：73-75．

［25］高婷，张丽青．老年人健康管理应用社区以医助养模式的效果观察［J］．中国社区医师，2021，37（33）：177-178．

［26］邵子煜，罗萱，郭晨．我国城乡老年人健康差异的影响因素研究［J］．内蒙古科技与经济，2021（21）：3-7．

［27］杨丽潇，周春兰，叶孝灵，等．国内外老年人健康需求评估工具的研究现状及启示［J］．护理学报，2021，28（21）：36-40．

［28］韩春蕾，谢壮壮，曲德鑫，等．老年人健康影响因素的多水平模型分析［J］．中国老年学杂志，2021，41（20）：4574-4577．

［29］任婧．养老保险对老年人健康的影响效应研究［J］．现代营销（经营版），

2021（10）：50-52.

[30] 付桉瑞，张之峰，田文泽. 新农合制度对农村老年人健康的影响——一项基于 CLHLS 数据的实证检验［J］. 山东农业大学学报（社会科学版），2021，23（3）：105-112.

[31] 刘丹. 农村老人社会支持网络的构建研究［J］. 农业经济，2018（6）：78-79.

[32] 王君昌. 社会支持网络视角下农村老年社会福利实践研究［J］. 社会福利（理论版），2018（3）：11-14.

[33] 包福存. 流动老人的社会支持问题研究［J］. 牡丹江教育学院学报，2018（1）：78-80.

[34] 刘岩. 构建社会支持网络温暖失独老人心田［J］. 中国社会工作，2017（15）：59.

[35] 朱文芬. 老年公寓老年人生活质量与社会支持网络的相关性［J］. 中国老年学杂志，2016，36（14）：3576-3578.

[36] 孟娣娟，徐桂华，林丹，张敏，张姮. 社区老人社会网络的现状及影响因素分析［J］. 南京中医药大学学报（社会科学版），2016，17（2）：118-121.

[37] 雷敏. 农村留守老人社会支持网络和生活满意度研究［J］. 学理论，2016（5）：87-89.

[38] 姜海宏. 社会支持网络视角下社会工作者介入失能老人养老问题研究——以济南市某社区为例［J］. 湖南工业职业技术学院学报，2016，16（1）：33-36.

[39] 陈莹. 失独老人精神赡养的社会支持网络建构［J］. 闽南师范大学学报（哲学社会科学版），2015，29（4）：50-56.

[40] 章啸天. 赋权理论视角下社会工作对城市孤寡老人养老的介入［J］. 商，2015（46）：36-37.

[41] 张云熙. 农村老年人社会支持网的再造和延伸：云南藏区农村老年协会［J］. 改革与开放，2015（6）：63-65.

[42] 丁华. 老年人社会支持网络——基于 2010 年"中国家庭追踪调查"数据［J］. 中国老年学杂志，2015，35（2）：545-547.

［43］聂志平，傅琼. 农村空巢老人的社会支持网络构建研究——基于江西部分农村地区的调查［J］. 农林经济管理学报，2014，13（3）：328-332.

［44］唐咏，王逸品. 流动老人生活质量与建立社会支持网络——对深圳流动老人的调查［J］. 经营与管理，2014（4）：132-134.

［45］田田. 农村集中供养特困老人社会支持网络的社会工作介入研究［D］. 乌鲁木齐：新疆大学，2020.

［46］金可. 农村独居老人社会支持网络的构建［D］. 武汉：华中师范大学，2020.

［47］卢利芳. 社会支持网络视角下随迁老人社区融入研究［D］. 广州：广州大学，2018.

［48］裴勇凯. 社会支持网络与老人家庭地位变迁研究［D］. 沈阳：沈阳师范大学，2017.

［49］张德林. 老年人社交网络、社会支持与主观幸福感的关系研究［D］. 上海：上海师范大学，2015.